新能源汽车专业系列教材

电动汽车动力电池管理系统原理与检修

朱升高　王国涛　韩素芳　编著

机械工业出版社

本书紧紧围绕现代电动汽车动力电池的先进技术，详细阐述了动力电池技术、电池管理系统的结构与原理，包括动力电池的数据通信与动力电池的充放电技术，全面、系统地论述了动力电池故障产生的机理、常见故障分析与诊断维修，深入浅出地讲解了系统原理与检修的必备知识。本书首先讲述了动力电池关键技术发展、动力电池的性能评价、回收拆解标准与制造工艺，然后全面地介绍了电动汽车动力电池类型、动力电池结构、动力电池检查维护与更换、动力电池管理系统、动力电池状态检测与均衡管理、动力电池充放电管理、动力电池通信与信息管理，最后详细讲述了动力电池常见故障的分析、诊断与维修方法。

本书可作为职业院校及应用型本科汽车类专业新能源汽车方向相关课程的教材，也可作为社会相关机构进行技术培训、车辆维修的参考资料。

图书在版编目（CIP）数据

电动汽车动力电池管理系统原理与检修/朱升高，王国涛，韩素芳编著. —北京：机械工业出版社，2021.12（2025.3 重印）

新能源汽车专业系列教材

ISBN 978-7-111-44838-9

Ⅰ.①电… Ⅱ.①朱…②王…③韩… Ⅲ.①电动汽车－蓄电池－管理－高等职业教育－教材 Ⅳ.①U469.720.3

中国版本图书馆 CIP 数据核字（2022）第 017412 号

机械工业出版社（北京市百万庄大街 22 号　邮政编码 100037）
策划编辑：王　婕　　　　　责任编辑：王　婕　丁　锋
责任校对：陈　越　张　薇　　封面设计：马精明
责任印制：张　博
北京建宏印刷有限公司印刷
2025 年 3 月第 1 版第 4 次印刷
184mm×260mm・15.75 印张・382 千字
标准书号：ISBN 978-7-111-44838-9
定价：59.90 元

电话服务	网络服务
客服电话：010-88361066	机　工　官　网：www.cmpbook.com
010-88379833	机　工　官　博：weibo.com/cmp1952
010-68326294	金　书　网：www.golden-book.com
封底无防伪标均为盗版	机工教育服务网：www.cmpedu.com

前　言

电动汽车是我国未来汽车技术的主要发展方向，动力蓄电池（本书简称为动力电池）技术是推动电动汽车发展的关键。随着生态环境的日益恶化和能源危机的加剧，传统汽车产业的发展受到威胁，纯电动汽车迎来了前所未有的发展机遇。动力电池作为电动汽车的主要动力源，已经成为纯电动汽车行业竞争的关键。虽然电动汽车销量的增长带动了动力电池产量的增长，并取得了很大的技术进步，但从国内外情况来看，它的发展仍面临诸多挑战。技术进步是动力电池发展的基础，必须突破关键技术瓶颈。

从使用角度看，动力电池技术的成熟和完善，直接影响电动汽车的市场销售、使用的便利性和安全性。当前受动力电池技术的制约，电动汽车还存在许多共性的技术问题，特别是电机、电控等核心技术，还包括电池材料技术、电池冷却系统、安全系统、充电平衡系统、充电基础设施和其他技术，另外，电池续驶里程不尽人意、安全问题突出。在新技术更迭的背景下，电动汽车比传统汽车维修难度更大、安全性要求更高、专业化程度更高。面对电动汽车不可逆转的发展趋势，我国新能源汽车人才紧缺、专业人才素质不高等问题，严重影响了电动汽车产业的健康快速发展。

本书共分为九个学习项目，主要包括动力电池发展与制造工艺、电动汽车动力电池类型、动力电池结构、动力电池检查维护与更换、动力电池管理系统、动力电池状态检测与均衡管理、动力电池充放电管理、动力电池通信与信息管理、动力电池管理系统故障检修等内容。除了介绍专业知识，本书还强调培养学生的工匠精神、安全意识和环保意识，引导学生树立正确的职业观和价值观。通过深入了解动力电池管理系统的核心技术，激发学生的创新精神和探索欲，鼓励他们为新能源汽车产业的发展贡献自己的力量。同时，本书注重培养学生的实践能力和团队协作精神，通过案例分析与实操训练，提升学生的职业素养和社会责任感，为培养高素质、复合型的新能源汽车技术人才奠定坚实基础。

新时代的青年学子，要树立科技报国的理想，将所学知识转化为服务社会的实际行动；同时，还要秉持严谨求实的科学态度，对待每一个技术细节都要精益求精，为推动我国新能源汽车产业的发展贡献智慧与力量。

本书内容新颖，覆盖面广，重点、难点处理得当，语言通俗易懂。本书的出版，有助于促进我国电动汽车领域的发展和职业人才的培养。

在编写本书过程中，参考了一些专业技术文献和资料，在此向相关的作者表示衷心的感谢！由于编者水平有限，疏漏之处在所难免，恳请广大读者提出宝贵的意见和建议。

编　者

资源总目录

二维码索引

素材名称	小程序码	页码	素材名称	小程序码	页码
动力电池发展历程		1	太阳能电池		47
动力电池		1	超级电容器		47
车用动力电池的回收		13	氢燃料电池概述		47
锂电池与三元锂		33	电池管理系统的基本构成和功能		49
锂电池过充过放情况分析		33	动力电池的保养与维护		73
铅酸动力电池概述		41	动力电池常见故障和处理方法		73
镍氢电池概述		42	动力电池的拆装		86
飞轮电池		43	纯电动汽车能量管理系统		93
锌空气电池		45	单体电压检测方法		104

（续）

素材名称	小程序码	页码	素材名称	小程序码	页码
电池温度采集方法		104	动力电池冷却系统检修		149
电池工作电流采集方法		104	电动汽车充电技术概述		151
动力电池的安全管理		109	电动汽车充电机和充电站		163
SOC 估算精度的影响因素		120	纯电动汽车充电系统故障		174
精确估算 SOC 作用		120	动力电池的数据通信		183
SOC 估计常用的算法		120	电池管理系统的工作模式		187
均衡管理的目的和分类		132	动力电池管理系统检测		212
能量耗散型均衡管理		138	动力电池的故障检修		219
非能量耗散型均衡管理		141	动力电池的故障检修案例		225
动力电池的热管理		143			

特别提示：本书二维码观看前，请先扫描封底"天工讲堂"二维码并刮卡注册。

目 录

前言
二维码索引

项目一　动力电池发展与制造工艺 …… 1
　学习目标 …………………………… 1
　1.1　汽车动力电池技术发展 ………… 1
　　1.1.1　动力电池系统的发展历史与现状 … 1
　　1.1.2　我国动力电池的未来技术发展方向 …… 4
　　1.1.3　动力电池关键材料技术发展 …… 7
　1.2　动力电池相关标准 ……………… 11
　　1.2.1　欧、美电动汽车动力电池标准体系 …… 11
　　1.2.2　中国对动力电池的测试标准要求 …… 12
　　1.2.3　动力电池回收拆解标准 …… 13
　1.3　动力电池电芯制造工艺与流程 …… 18
　　1.3.1　电池电芯的制造流程 …… 18
　　1.3.2　动力电池组的PACK生产流程 …… 24
　思考题 ……………………………… 27

项目二　电动汽车动力电池类型 …… 28
　学习目标 …………………………… 28
　2.1　动力电池应用要求 ……………… 28
　2.2　电动汽车常用动力电池的种类 …… 32
　　2.2.1　锂离子蓄电池 …………… 33
　　2.2.2　其他电池 ………………… 41
　思考题 ……………………………… 50

项目三　动力电池结构 …………… 51
　学习目标 …………………………… 51
　3.1　电芯 ……………………………… 51
　　3.1.1　电芯的类型与结构 ……… 51
　　3.1.2　动力电池连接的方法 …… 55
　　3.1.3　动力电池成组安全性能与成组要求 …… 56
　3.2　电动汽车动力电池结构与组成 …… 60
　　3.2.1　动力电池的总体结构 …… 60
　　3.2.2　特斯拉动力电池结构 …… 67
　思考题 ……………………………… 72

项目四　动力电池检查维护与更换 …… 73
　学习目标 …………………………… 73
　4.1　动力电池常见失效原因与检查方法 …… 73
　　4.1.1　动力电池失效原因 ……… 73
　　4.1.2　动力电池外部检查与性能检测 …… 76
　　4.1.3　动力电池内部检查与性能检测 …… 83
　4.2　动力电池更换方法 ……………… 86
　　4.2.1　动力电池包的拆装 ……… 86
　　4.2.2　电芯更换 ………………… 90
　思考题 ……………………………… 92

项目五　动力电池管理系统 ……… 93
　学习目标 …………………………… 93
　5.1　动力电池管理系统基本结构与原理 …… 93
　　5.1.1　动力电池管理系统功能 …… 93
　　5.1.2　动力电池管理系统基本结构 …… 99
　5.2　动力电池管理信息读取与数据采集故障检查 …… 104
　　5.2.1　锂离子蓄电池常见故障诊断模型 …… 104
　　5.2.2　动力电池管理系统的信息读取 …… 105
　思考题 ……………………………… 108

项目六　动力电池状态检测与均衡管理 …… 109
　学习目标 …………………………… 109
　6.1　动力电池状态检测与分析 ……… 109
　　6.1.1　电压检测 ………………… 109
　　6.1.2　电流检测 ………………… 113
　6.2　SOC与SOH估算 ………………… 120
　　6.2.1　SOC …………………… 120
　　6.2.2　SOH …………………… 126

6.3 动力电池均衡与热管理 …………… 132
  6.3.1 导致动力电池不一致的原因 …… 132
  6.3.2 动力电池均衡方法 ……………… 134
  6.3.3 被动均衡 ………………………… 138
  6.3.4 主动均衡 ………………………… 141
  6.3.5 动力电池热管理 ………………… 143
  6.3.6 动力电池热失控故障检查 ……… 149
思考题 …………………………………… 150

项目七　动力电池充放电管理 …………… 151
学习目标 ………………………………… 151
7.1 动力电池充电系统的组成 …………… 151
  7.1.1 充电方法与接口定义 …………… 151
  7.1.2 DC/DC 变换器 …………………… 159
  7.1.3 车载充电机 ……………………… 163
  7.1.4 充电桩 …………………………… 166
7.2 充电控制 ……………………………… 169
7.3 充电过程的常见故障 ………………… 174
  7.3.1 车载充电机的故障检查 ………… 174
  7.3.2 充电桩的故障检查 ……………… 179
思考题 …………………………………… 182

项目八　动力电池通信与信息管理 ……… 183
学习目标 ………………………………… 183
8.1 概述 …………………………………… 183
  8.1.1 动力电池通信网络结构 ………… 183
  8.1.2 动力电池 CAN 总线故障检查 … 186
8.2 电池状态显示与信息交互 …………… 187
  8.2.1 动力电池状态检测 ……………… 187

  8.2.2 基于软件系统的工作模式 ……… 190
  8.2.3 动力电池上、下电的软件
       控制逻辑 ………………………… 203
  8.2.4 动力电池数据测试与分析 ……… 206
思考题 …………………………………… 211

项目九　动力电池管理系统故障检修 … 212
学习目标 ………………………………… 212
9.1 动力电池管理系统常见故障分析 …… 212
  9.1.1 动力电池管理系统故障项目
       诊断技术条件与要求 …………… 212
  9.1.2 动力电池管理系统故障诊断的
       控制策略 ………………………… 216
  9.1.3 动力电池管理系统故障
       检测方法 ………………………… 219
9.2 动力电池管理系统故障诊断与维修 … 219
  9.2.1 动力电池管理系统故障码的
       读取 ……………………………… 219
  9.2.2 动力电池管理系统常见
       故障检查 ………………………… 223
9.3 车辆充电故障 ………………………… 225
  9.3.1 车辆充电异常故障类型 ………… 225
  9.3.2 充电系统常见故障检查 ………… 228
  9.3.3 吉利 EV300 车辆充电异常
       故障检查案例 …………………… 234
思考题 …………………………………… 243

参考文献 ……………………………………… 244

项目一

动力电池发展与制造工艺

学习目标

1. 说出动力电池技术的发展历史与主流发展方向。
2. 解释动力电池材料关键技术的发展现状。
3. 复述国内外动力电池的相关标准与要求。
4. 复述国内动力电池拆解回收的标准与要求。
5. 知道动力电池电芯的制造工艺流程与要求。

1.1 汽车动力电池技术发展

随着世界经济的发展,能源危机和环境污染、人居安全等问题越来越严重,这是世界面临的共同问题。我国是人口大国,石油供应很大部分依赖于进口,能源问题更加突出。因此世界各国相继公布禁售燃油汽车时间表,进一步加快了汽车产销向新能源汽车转变的速度。

1.1.1 动力电池系统的发展历史与现状

电动汽车自1831年在法国诞生以来已有190年的历史。无论是在电动汽车出现的早期,还是在电动汽车的繁荣时期和目前的回归期,其发展的成败都离不开电池技术的发展。

1. 伏特电池

早在1799年,意大利人伏特将一块锌板和一块银板浸在盐水中,发现有电流通过连接这两种金属的电线。因此,他在锌板与银板之间垫上很多用盐水浸泡过的丝绒或纸片,然后把它们平叠在一起。当用手触摸两端时,会感到强烈的电流刺激。1800年,伏特用这种方法成功地制成了世界上第一个电池(图1-1),这个电池被称为"伏特电堆"。这种电堆成为早期电气实验和电报机的供电电源。

图1-1 伏特向拿破仑展示"伏特电堆"

1836年,英国人丹尼尔对"伏特电堆"进行了改良。他使用稀硫酸作为电解液,解决了电池极化问题,制造出第一个不极化、能保持平衡电流的锌-铜电池,又称"丹尼尔电池"。

2. 铅酸蓄电池

1859年,法国科学家普兰特·加斯东(Plant Gaston)使用铅片浸泡于硫酸溶液中,隔层为橡胶,发明了一种能够产生较大电流的可重复充电的电池,在此之前,电池只能使用一次。

他发明的铅酸蓄电池至今仍应用于各个领域。普兰特和他发明的铅酸蓄电池如图 1-2 所示。

3. 锂离子蓄电池

1901 年，爱迪生发明了铁镍电池（图 1-3），铁镍电池又称爱迪生电池，放电时的总反应为

$$Fe + Ni_2O_3 + 3H_2O = Fe(OH)_2 + 2Ni(OH)_2$$

图 1-2　普兰特和他发明的铅酸蓄电池

图 1-3　爱迪生和他发明的铁镍电池

1984 年，荷兰的飞利浦（Philips）公司成功研制出 LaNi5 储氢合金，并制备出 Ni – MH 电池，Ni – MH 电池是早期的镍镉电池的替代产品。

1991 年，可充电的锂离子蓄电池问世，在实验室中制成的第一只 18650 型锂离子蓄电池容量仅为 600mA·h。

1992 年，索尼公司开始大规模生产民用锂离子蓄电池。

1995 年，索尼公司首先研制出 100A·h 的锂离子动力电池，并在电动汽车上应用，展示了锂离子蓄电池作为电动汽车用动力电池的优越性能，引起了广泛关注。

目前，电动汽车上使用的主流动力电池的性能对比见表 1-1。

表 1-1　电动汽车上使用的主流动力电池的性能对比

电池类型	铅酸蓄电池	镍镉蓄电池	镍氢蓄电池	锂离子蓄电池
能量密度/(W·h/kg)	35～40	55	60～70	120
功率密度/(W/kg)	130	170	170	1000 以上
循环寿命/次	400～600	500 以上	1000 以上	1000 以上
优点	技术成熟、廉价、可靠性高	能量密度较高、寿命长、耐过充放性好	能量密度高、寿命长	能量密度高、寿命长
缺点	能量密度低、耐过充放性差	镉有毒、有记忆效应、价格较高、高温充电性差	价格高、高温充电性差	价格高、存在一定安全性问题

注：1. 能量密度又称比能量，是指从蓄电池的单位质量或单位体积所获取的电能，单位为 W·h/kg 或 W·h/L。
　　2. 功率密度又称比功率，是指从蓄电池的单位质量或单位体积所获取的输出功率，单位为 W/kg 或 W/L。
　　3. 循环寿命是指动力电池容量减少到规定值之前所能进行的充放电循环次数。

纵观动力电池的发展，国际动力电池企业大都从 21 世纪初开始加速动力电池的研发和积累，那时候动力电池行业尚处于初级发展阶段，当时国内的动力电池技术多数存在于实验室之中。

项目一　动力电池发展与制造工艺

而随着各国新能源汽车相关政策的不断出炉,新能源汽车产业开始快速发展。索尼、松下、三星等电池生产厂商巨头的技术研发也不断成熟,不仅占据了世界电子领域的市场份额,同时也逐渐覆盖到新能源汽车领域上。

中国从"十五"开始对电动汽车技术进行大规模有组织的研究开发。"十五"期间,国家863计划"电动汽车"重大科技专项确立了以混合动力汽车、纯电动汽车、燃料电池汽车为"三纵",以多能源动力总成控制系统、驱动电机和动力电池为"三横"的电动汽车"三纵三横"研发布局,全面组织启动大规模电动汽车技术研发。

2019年初,全球锂离子蓄电池制造能力达316GW·h,其中中国锂离子蓄电池产能位居世界首位。中国正主导着全球锂离子蓄电池供应链。在"中国制造2025"行动纲领中,明确了动力电池的发展规划:2020年,电池能量密度要达到300W·h/kg;2025年,电池能量密度达到400W·h/kg;2030年,电池能量密度达到500W·h/kg。锂离子蓄电池发展历程及其发展趋势如图1-4所示。

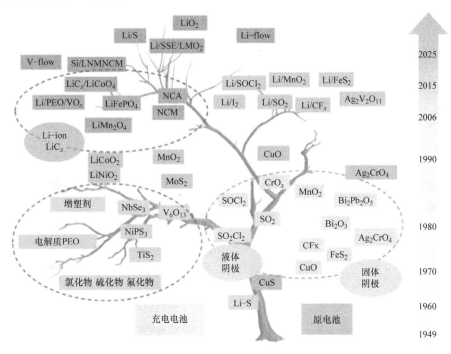

图1-4　锂离子蓄电池发展历程及其发展趋势

从技术发展来看,目前三元锂电池和磷酸铁锂电池已成为主流企业的主要技术路线,但在技术上仍有进一步的改进空间。我国磷酸铁锂电池的能量密度已经超过了150W·h/kg,比亚迪公司在磷酸铁锂电池技术研发上已经取得了一定的突破,能量密度有望达到200W·h/kg,三元锂电池的能量密度达到200W·h/kg以上。

近年来,全球主流汽车企业纷纷部署新能源汽车开发,汽车动力电池产业链正迅速影响新能源汽车的大规模推广。装配了三元锂动力电池的车型,续驶里程基本可以达到或超过350km。动力电池是电动汽车的核心部件,电动汽车具有加速、爬坡、行驶里程等综合性能要求,所以动力电池将直接影响车辆的使用性能与市场的接受程度,应具有明确的电池容量、能量密度、功率密度、循环寿命和充放电率等技术性能要求。

1.1.2 我国动力电池的未来技术发展方向

经过"十五"计划的锰酸锂电池研发、"十一五"规划的磷酸铁锂电池推广和"十二五"规划的三元锂电池推广,我国锂离子蓄电池产业规模开始快速增长,在2015年超越日本和韩国成为世界第一,近年来继续在扩大领先。目前,磷酸铁锂电池(图1-5)和三元锂电池已成为新能源汽车使用的主流电池。对于锂硫电池、金属空气电池、固态电池等其他电池的研发,许多技术都取得了突破,但是在实际应用中仍有许多问题需要解决。

1. 磷酸铁锂电池技术的发展

锂离子蓄电池正极材料主要有钴酸锂、锰酸锂、镍酸锂、三元材料、磷酸铁锂等。磷酸铁锂电池是指以磷酸铁锂为正极材料的锂离子蓄电池,电池能量密度提高到150W·h/kg,它是一个方形铝壳电池,阳极材料包括磷酸铁锂和三元材料,磷酸铁锂动力电池组的结构分解如图1-6所示。磷酸铁锂电池热稳定性好,安全,开发成本较低,一直是汽车制造厂家的优选电池。比亚迪公司在新电池的研发中,在磷酸铁锂电池中加入锰,形成了一种新型磷酸铁锰锂电池,能量密度达到200W·h/kg,基本接近理论极限。

磷酸铁锂电池的优点有:

1)寿命长,循环寿命可达2000次以上;在同等条件下,可使用7~8年。
2)使用安全。经过严格的安全测试,即使在交通事故中也不会发生爆炸。
3)快速充电;使用专用充电机,电池在1.5C下40min即可充满电;耐高温,热空气值可达到350~500℃。
4)容量大。
5)无记忆效果。
6)环保、无毒、无污染、原料来源广、价格低廉。

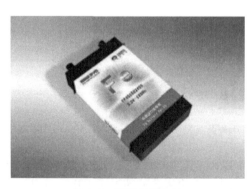

图1-5 磷酸铁锂电池

图1-6 磷酸铁锂动力电池组

在2020年6月,比亚迪首款搭载刀片电池的比亚迪汉发布,该车的综合纯电池续驶里程为550km和605km,百公里加速仅为3.9s,从电池续驶里程来看,刀片电池已经达到了消费者的要求,在动力电池安全性上迈上一个新台阶。

比亚迪汉的电池模组由100多块电芯组成,形状像刀片,具有超高强度,不易弯曲,被称为刀片电池。如图1-7所示,呈现出"扁平"和"长"的外形,其长度约为65cm。比亚迪在原电芯尺寸的基础上,通过减小厚度,增加长度,将电池拉长变薄。其电芯包括外壳和内部的芯组件以及多个电芯组，这些电芯可以串联或并联排布。刀片电池可以长达2m，但厚度非常薄，可以安装更多的电芯或模组，空间利用率比传统电池组提高50%。刀片电池是基于磷酸铁锂技术的创新，具有放热启动温度高、温升慢、产热低、分解不释放氧气等优点，整体散热比较好；其次，电池短路的电路比较长，而且产生的热量比较少，再结合比亚迪高温"陶瓷电池"技术，大大提高了刀片电池的安全性，且有寿命长、强度高的优点。

图1-7　比亚迪汉电动汽车刀片电池模组

在安全性能方面，比亚迪公司公布的针刺安全性测试结果显示，在实验过程中，三元锂电池在针刺的瞬间，其表面的温度超过500℃，出现了极端的热失控现象，放在动力电池模组上面的鸡蛋被炸飞；传统的磷酸铁锂电池被针刺穿后没有明火，电池泄压阀喷出烟雾，表面温度达到200~400℃，电池表面的鸡蛋被高温蒸熟；刀片电池经针刺穿后没有明火，甚至没有烟雾，电池表面的温度只有30℃左右，电池表面的鸡蛋没有变化。测试表明，刀片电池几乎完全解决了电池短路时自燃的危险。

2. 三元锂电池技术的发展

三元锂电池是指使用了镍钴锰酸锂或锂镍钴铝酸锂三元正极材料的锂离子蓄电池。将镍盐、钴盐和锰盐调整为三种不同的组分比，堆芯的能量密度可达到250W·h/kg，低温下仍能保证良好的放电性能，能量密度较高，充放电效率较高。目前，全球大多数纯电动汽车公司都在使用它，特别是特斯拉电动汽车上市后，甚至引领了三元锂电池的发展。

三元锂电池是电动乘用车的主流应用电池，具有体积小、容量密度高、耐低温、循环性能好等优点。但是，三元锂电池的化学性能却相对活泼，在高温条件下，三元锂电池的三元材料会在200℃下分解，产生剧烈的化学反应，释放出氧原子，极易在高温下发生燃烧或爆炸。因此基于安全考虑，工业和信息化部于2016年1月通过专门文件，规定禁止三元锂电池在纯电动公交车上使用。目前它在乘用车上的使用量明显高于磷酸铁锂电池。而磷酸铁锂电池的耐热温度可达到500℃左右，在使用上安全性更高。三元锂动力电池组如图1-8所示。

3. 锂硫电池技术的发展

锂硫（Li-S）电池（图1-9）以硫为正极，理

图1-8　三元锂动力电池组

论质量能量密度可高达 2600W·h/kg。元素硫成本低，对环境友好。但是，锂硫电池也存在许多问题没有得到很好的解决。

1）电极循环性能差。
2）锂负极的充电性能问题很难在短时间内解决。
3）锂硫电池的体积能量密度相对较低。

目前，主要解决办法有两种：

图 1-9 锂硫电池及动力电池应用

第一种是改性电解液，在电解液中加入一定量的添加剂，可以有效地缓解多硫化锂化合物的溶解。第二种是改性阴极材料与正极材料，在电解液中加入固体电解质、凝胶电解质或氨-硝酸锂离子液体，以限制电极反应过程中产生的多硫化锂的溶解，降低"飞梭效应"，提高硫的利用率与锂硫电池的循环性能。对于正极材料的改性，主要是将导电性好、结构特殊的基体材料与硫元素结合，制备出高性能的硫基复合正极材料。实验表明，通过将活性物质硫与活性炭、介孔炭、纳米碳纤维、多壁碳纳米管、石墨烯、聚丙烯腈、聚苯胺、聚吡咯结合，采用特定结构的基体材料制备硫基复合正极材料，可以显著提高锂硫电池的循环性能和倍率性能。

锂硫电池由于具有高的理论比容量和能量密度，以及硫的低成本和环境友好等优势被视为最有应用前景的高容量存储体系之一。但是锂硫电池仍存在很多问题，例如，提高锂硫电池的实际能量密度和循环稳定性、固体硫化物的绝缘性、可溶性长链多硫化物的穿梭效应以及充放电期间硫的体积变化大等问题。这些问题通常导致硫的利用率低，循环寿命差，甚至一系列应用安全问题。

4. 其他电池技术的发展

目前，在金属空气电池领域，锂空气电池是研究的热点，重点是突破锂金属/合金负极材料制备技术，提高其在电解液中的耐蚀性，提高锂空气电池的工作电压和比功率。实验中已经获得了能量密度大于 700W·h/kg 的锂空气电池。但锂空气电池对工作环境有一定的要求，许多问题尚未解决：大气中的 H_2O 和 CO_2 作用引起的副反应，放电产物沉淀导致空气回路堵塞，充放电循环次数大，由电压引起的催化剂问题，以及空气电极集碳器的腐蚀问题。同时，Li_2O_3 沉淀反应的抑制与电池的放电容量直接相关。锂离子析出的另一个问题是充电过程中出现大的过电压，不仅影响能量转换效率，而且会引起锂离子沉淀载体碳的氧化等新问题。在锂离子和氧共存的条件下，碳材料的电位上升，生成碳酸锂，过高的电压会使电解液分解。锂空气电池正极的结构、组成和空气催化剂的催化活性对电池的比容量和循环性能有着重要的影响。

固态动力电池具有本质不易燃、容量大、循环寿命长等优点，固体电解质材料是实现固体锂电池的关键材料，正极材料决定了电池的能量密度，锂负极材料的稳定输出影响电池的循环稳定性，实验中获得了能量密度大于 400W·h/kg 的固体锂电池，满足了新能源汽车高安全性和高可靠性的要求。

但是，固态动力电池在提高能量密度、功率密度等方面还存在一些未解决的问题，需要从固体电解质、正负极材料入手，提高能量密度，需要使用低电位、大容量的阳极材料，而高电位、大容量的电池则需要采用高电位、大容量的电池正极材料。在这种情况下，存在高压的情况而导致难以直接应用的问题，并且提高固态电池的功率密度需要提高电解液的电导率。

我国新能源汽车动力电池的发展重点是大容量、高压正极材料、大容量负极材料、高安全功能电解质材料、高安全复合隔膜材料、电解液匹配技术、多孔极片模型设计等，开发高负荷电极、表面涂层电极、电池模拟设计等先进技术和工艺，解决能量特性、功率特性、热特性、循环稳定性、安全性等问题，开发锂硫电池、金属空气电池、固态电池等新系统，大力发展金属锂、硫/碳复合电极、空气电极、固体电解质等新材料，解决相关的科学和工程问题，以及基于新型电池体系的动力电池产品投入实际使用问题。

1.1.3 动力电池关键材料技术发展

锂离子蓄电池的主要构成材料包括电解液、隔膜（隔离材料）、正极材料、负极材料等。在新能源汽车中，材料技术是动力电池技术的核心。动力电池关键材料技术主要集中在大容量/高压正极材料、大容量负极材料、安全/高压电、电解质、高熔点隔板等新材料上，重点解决材料的结构稳定性和热稳定性问题，发展组分调整、结构控制、表面修饰和制备技术。提高电池的能量密度是动力电池的发展趋势，而关键材料是动力电池发展的基础。

1. 正极材料的技术发展

正极材料是决定锂离子蓄电池性能的关键材料之一。正极材料（图1-10）是锂离子蓄电池锂源的提供者，它从根本上决定了电池的能量密度。在目前大规模生产和应用的正极材料中，磷酸铁锂和锰酸锂具有较高的安全性，但比容量较低，锂离子蓄电池的能量密度无法超过200W·h/kg（金属锂负极电池除外）；镍钴锰三元材料具有较高的比容量，但安全性有待进一步提高。

图1-10 动力电池的正极材料

鉴于动力电池能量密度不断提高的需要，镍钴锰三元材料将是今后很长一段时间内高能量密度动力电池的主要材料选择，特别是镍含量高的镍钴锰层状材料（简称高镍材料）和高压镍钴锰层状材料（简称高压材料）。此外，尖晶石型锰酸锂正极材料由于其高的比容量较高和电化学窗口较宽，高电压、低成本以及富锂氧化物固溶体材料已经成为发展的热点。提高磷酸铁锂的能量密度的方法，以及一些新型的磷酸盐阳极材料也在开发和应用中。所以说，正极材料的主流方向是磷酸铁锂、高镍正极。磷酸铁锂解决安全和成本问题，适合国民车。高镍正极解决续驶里程和成本问题，适合高档车。

2. 负极材料的技术发展

负极材料是决定锂离子蓄电池性能的关键因素之一。目前，应用最广泛的负极材料是石墨材料（天然石墨、人造石墨、中间相碳微球）。目前主要的负极材料有以下几种形式。

无定型碳材料中（图1-11），硬碳和软碳

图1-11 动力电池的负极材料（无定型碳材料）

性能良好，但首次效率较低。

硅基材料比容量高，但首次效率低，循环过程中体积变化大，易粉化。

钛酸锂材料具有优良的高低温性能、优良的循环性能，但比容量低、成本高。

石墨材料技术非常成熟，成本低廉，已在大功率锂离子蓄电池中得到广泛研究和应用。

在负极材料的技术突破方面，对于碳负极材料，需要提升天然石墨和人造石墨的性能，降低它们的价格；对于硅基负极材料，需要全面改进其工艺技术，从装备开始改造，还要兼顾循环再利用问题。目前，开发出的负极材料主要有碳负极材料和非碳负极材料。

碳负极材料包括人造石墨、天然石墨、硬碳、软碳等。

非碳负极材料包括钛酸锂、锡基材料、硅基材料等。

负极材料作为锂电产业链的一环，它的发展取决于产业链的生态圈，尤其是新型负极材料。就目前来说，由于高性价比，石墨类负极材料是市场主流，新型负极材料还处于试验阶段。

3. 隔膜材料的技术发展

锂离子蓄电池隔膜（图1-12）是锂离子蓄电池结构中的四大材料之一。它隔离了电池中的正负电极反应，允许电解液中的阴阳离子自由通过。为了提高隔离材料的热稳定性和电解液的润湿性，国内企业一般在隔膜上涂一层陶瓷或有机胶，有时甚至要涂5层，涂层后性能会有所提高，但也会占用电池空间并增加电池重量。

目前锂离子蓄电池隔膜主要有聚烯烃隔膜、陶瓷复合隔膜、无纺布隔膜。

聚烯烃基有机隔膜具有价格低廉、力学性能好、化学稳定性好等优点。缺点是电解液润湿性差，热稳定性差。可以通过表面改性和应用复合无机纳米粒子提高隔膜性能。

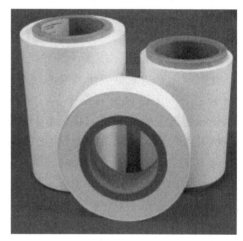

图1-12　锂离子蓄电池的隔膜材料

在陶瓷复合隔膜领域，有机材料与其他复合材料的良好结合可以提高隔膜的润湿性和离子导电性，从而达到更好的电池性能和循环稳定性，但它对制备工艺要求较高。

纳米纤维非织造薄膜成本低，制备工艺简单，具有一定的环境友好性。对于纳米纤维非织造薄膜的技术发展，提高隔膜的均匀性、安全性和电化学性能是主流的发展方向。

4. 电解液的技术发展

在锂离子蓄电池的关键材料中，电解液（图1-13）被称为电池的"血液"。它可以是液体、凝胶或固体。电解液在锂离子蓄电池中起着正负极间传输锂离子的作用，对提高电池的放电容量、循环性能和安全性能具有重要作用。

图1-13　动力电池的不同电解液

目前，具有良好性能的凝胶电解质聚合物基质包括聚环氧乙烷（PEO）、聚丙烯腈（PAN）、聚甲基丙烯酸甲酯（PMMA）、聚偏氟乙烯（PVDF），以及这4种聚合物的衍生物。

锂离子蓄电池电解液一般应符合下列基本要求：
1) 当电极材料在循环过程中发生体积变化时，保持良好的电极-电解质界面。
2) 高离子电导率一般应大于 10^{-4} s/cm；低电子电导率一般应小于 10^{-10} s/cm。
3) 热稳定性高，在较宽的温度范围（-40~60℃）内不分解。
4) 化学稳定性好，在宽电压范围内电化学性能稳定。
5) 与电池的其他部件（如电极材料、电极集电器和隔膜等）有良好的兼容性。
6) 安全、无毒、无污染。

现阶段使用的有机溶剂电解液在电池受到外界撞击、破坏时，极易起火甚至爆炸，这是锂离子蓄电池生产和使用中的不安全因素之一。未来锂离子蓄电池电解液的发展趋势是从目前的有机液体电解液逐步向固体电解液过渡，包括其他的各种电解液。电解液的研发需要综合考虑电解液的电化学性质、热力学性质、动力学性质、与相应正负极材料的相容性，以及电池的具体应用条件，以此提高电池各项综合性能指标。

5. 汽车动力电池管理系统技术发展

动力电池管理系统（BMS）是一个包含重要电池参数采集、电池状态分析、能量控制管理、热控制管理、电池安全保护、数据通信和存储的协同处理系统。它是电动汽车和混合动力汽车的关键组件。为了保证电池的安全可靠运行，电池管理系统需要具备电池状态监测与评估、充放电控制、电池平衡等功能。与混合动力汽车（HEV）相比，插电式混合动力汽车（PHEV）和纯电动汽车（BEV）电池管理系统具有更复杂的结构和更高的电池寿命和安全性要求。为了合理有效地管理和控制动力电池，必须使用技术更成熟可靠的动力电池管理系统，这是减少动力电池火灾或爆炸、延长电池寿命、降低使用成本的有效途径之一。

目前国外 BMS 产品大多采用主动均衡设计，主动均衡也称为无损均衡。当能量转移时，单位能量高的部分转移到单位能量低的部分，或者将全部能量补充到最低的电池单元。在运行过程中，需要一个储能环节来实现能量的均匀再分配。该方法技术含量高，成本高，是技术发展的趋势。目前宝马 Mini-E、日产聆风、特斯拉 S 等车型均采用主动 BMS 均衡，不仅可以达到电池组均衡的目的，而且具有较高的监控精度。例如，特斯拉的 BMS（图 1-14）成功实现了对每个电池模块的状态监测、模块内电池功率平衡和电池保护等功能。

国内电动汽车大多采用被动均衡技术，主要是对电池电压、剩余电池电量和电池健康状况的实时显示进行均衡。该种方法功能简单，但容易出现汽车自燃、虚假续驶里程问题。使用时，它们与需要平衡的电池两端并联，当动力电池充电电压上升到一定值时，起动开关接通放电电阻，以热能的形式消耗多余的电能。这种被动式均衡的动力电池管理方式会产生不安全因素，也不利于节能环保，但它的价格便宜，功能简单。

使电动汽车动力电池在各种工况下获得最佳性能和最长使用寿命，是电动汽车发展的关键技术之一，国产车规级锂动力电池管理系统如图 1-15 所示。为了监测和管理电池组的运行状态，提高动力电池的能效和使用寿命，开发先进的电池管理系统（BMS）已成为实现这一目标的当务之急。在主动均衡 BMS 技术的研发上，吉利汽车、比亚迪公司在进行核心技术攻关。

对于动力电池，电池管理系统的三个核心功能是电池监测、荷电状态估算和动力电池状态平衡。通过合理设计和配置电池管理系统，不仅可以显著提高动力电池的安全性能，而且可以将电池使用寿命有效提高 20% 以上。许多专业厂家、动力电池公司和汽车制造商都已

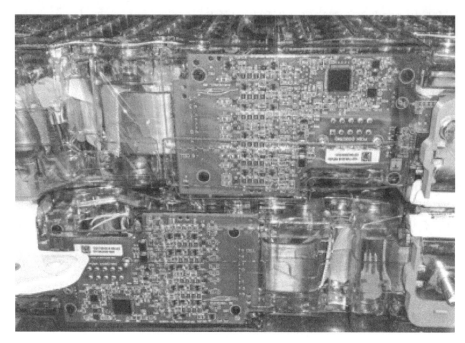

图 1-14 特斯拉动力电池管理系统电路板

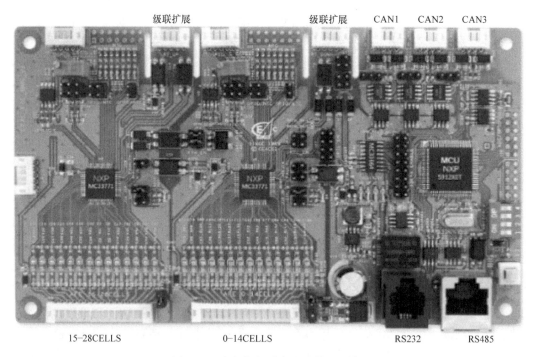

图 1-15 车规级锂动力电池管理系统

开始研发和生产。BMS 领域的公司有比亚迪、宁德时代、上海杰能、北汽新能源、依能、华亭电力、奇瑞、丹硕电子、贵博新能源、普瑞、重庆长安、卡内特、杭州杰能、贝克、韩国科技、国轩高新、威莱汽车、哈广宇、创达新能源、威瑞电气等企业。

BMS需要综合多种能力,例如,从芯片的角度进行解决和优化。未来,具有主动均衡的BMS将成为主流技术。

1.2 动力电池相关标准

电动汽车技术的发展给动力电池技术的发展带来了机遇。动力电池是整个电动汽车的核心部件,直接影响到整车的安全性、成本、续驶里程和用户体验。动力电池相关国家和行业标准的发布,确立了动力电池产品规范、编码规则、回收利用剩余能量测试等标准,这对制定动力电池行业规范具有重要意义,并将对动力电池企业和新能源汽车行业产生影响。

1.2.1 欧、美电动汽车动力电池标准体系

很多国家和公司都有自己的动力电池标准体系。动力电池标准体系需要涵盖动力电池的设计、生产、检验、安全等各个方面,并符合国家和行业相关法律法规的要求。欧盟在国际标准化组织(ISO)和国际电工委员会(IEC)标准的基础上,最早制定了自己的动力电池标准。

1. 欧盟动力电池标准体系

ISO发布的锂离子动力电池标准如下:

(1) ISO 12405系列 ISO 12405系列对应于动力锂离子蓄电池模块和锂离子蓄电池系统。该标准充分描述了电气性能、环境和对两种电池模块和系统进行更严格(安全)测试的方法。

1) ISO 12405-1。电动道路车辆锂离子动力电池系统试验规范 第1部分:大功率应用。
2) ISO/FDIS 12405-2。电动道路车辆锂离子动力电池系统试验规范 第2部分:高能应用。
3) ISO/CD 12405-3。电动道路车辆锂离子动力电池组和电池系统试验规范 第3部分:安全性能要求。

(2) IEC 62660系列 IEC 62660系列是关于动力锂离子蓄电池的性能、可靠性和滥用的标准测试规范体系。在该标准体系中,标准主框架包括尺寸、重量、容量、荷电状态(SOC)调整、功率密度、比功率、能量、电荷保持能力、存储寿命、循环寿命、能效等。具体试验项目如下:

1) 性能试验预循环处理、标准充电、标准放电、容量、功率内阻、能效等。
2) 寿命试验电荷保持和恢复能力、储存、循环寿命、滥用/可靠性/安全性等。
3) 安全试验短路、过充、过放、挤压、机械冲击、振动、温度冲击等。

2. 美国动力电池标准体系

美国汽车工程师学会(SAE)制定的动力电池标准具有很高的权威性,已被汽车工业和其他行业广泛采用,并有不少被采纳为美国国家标准。该标准引用了许多成熟的国际标准,并详细介绍了充放电控制系统和温度控制系统在单一功能失效时的安全性能。

SAE J292—2011标准中规定了纯电动汽车和混合动力汽车锂离子蓄电池的放电电流,并详细说明了试验过程中动力电池系统的状态。

该标准分为两部分:
——部分是测试电动汽车运行过程中可能出现的正常情况,如振动、热冲击和抗振性。

另一部分是测试电动汽车运行过程中可能出现的异常情况，如跌落、浸水、机械冲击、模拟汽车火灾、短路、过充电保护、过放电保护等。

该标准中浸水、汽车火灾、温度冲击、碰撞等条件下的电池安全性能试验，较好地保证了电池的安全性。此外，SAE J292—2011还规定了在测试中、测试后1h的观察期内，样品必须满足试验要求才能通过测试。

美国保险商实验室（UL）是美国最权威的安全检验机构之一，也是世界上从事安全检测和鉴定的大型私营机构。2011年，UL发布了新的电动汽车用动力电池UL 2580标准。UL 2580的主要内容包括：

1）电气性能试验主要包括过充电、过放电、短路等。此外，该标准还特别加强了电池模块和充电系统的兼容性试验，如电池模块试验中单体电池或电池模块的电气不平衡，加强绝缘线的安全评估，以及与电动汽车应用相关的电气误用试验。

2）机械安全试验主要包括振动、跌落、冲击、挤压等一般机械试验，同时还增加了电池翻转试验和快速针刺试验。

3）环境试验主要包括冷热冲击、盐雾、进水、外部火灾、内部火灾等，采用更严格的方法模拟电池在使用环境中可能遇到的异常情况。

此外，UL 2580还特别增加了生产线上的安全测试标准，以满足电池模块中每个零部件的基本安全设计要求。具体内容包括非金属材料的阻燃等级、抗紫外线老化、金属材料的耐蚀性、电池箱的阻燃性和电绝缘要求等，同时在动力电池管理中加强了安全审查的要求，如电动汽车电池模块系统、冷却系统及保护电路设计等。动力电池生产线如图1-16所示。

图1-16 动力电池生产线

1.2.2 中国对动力电池的测试标准要求

中国也建立了自己的动力电池标准体系。为了规范电池行业标准，国家质检总局和国家标准委员会制定了更符合电动汽车实际使用的标准规范。国家标准不仅适用于锂离子动力电池，还对电动汽车动力电池进行了规范。

该标准对动力电池进行了重新定义，不再仅仅指5个或更多的电池单元串联，而是根据实际产品串并联的形式。此外，国家标准对动力电池组和动力电池系统进行了定义，还要求对系统进行测试，这将使我国的动力电池国家标准更加实用。目前，我国动力电池行业标准规范主要从电池性能、电池寿命、安全性三个方面界定了评价标准和明确的测试方法。具体见以下三个标准。

1. GB/T 31484—2015《电动汽车用动力蓄电池循环寿命要求及试验方法》

GB/T 31484—2015主要考察动力电池电芯、模块和系统的循环寿命，涵盖乘用车和商用车。

1）在标准循环寿命试验中，充放电比增大，充放电结束后均增大到1h，放电深度由80%变为100%。此外，改进了判断标准，当容量衰减到初始值的80%时，循环试验超过1000次，或当容量衰减到初始值的90%时，循环试验超过500次。

2）在工作循环寿命试验中，不同于简单的模拟工况，采用了新的工作循环图，并将试验工况区分为乘用车和商用车。

3）判断标准没有变化，仍然参考了企业规定的数据。国家标准重新规定了动力电池的循环寿命，有利于提高动力电池的性能，延长电池寿命，降低电动汽车的成本。

2. GB/T 31485—2015《电动汽车用动力蓄电池安全要求及试验方法》

GB/T 31485—2015 主要规范了动力电池单元和模块的安全指标。动力电池作为电动汽车的关键设备，在车辆行驶过程中可能会产生压碎、振动、刺穿等现象，不仅影响电池本身的性能，而且对车辆的行驶安全有着重要的影响。因此，国家标准对电池安全性能测试规范有更严格的要求。动力电池的防振试验如图 1-17a 所示。

在电芯和电池组件的过充放电、短路、跌落、加热、挤压和针刺试验中，试验后增加 1h 观察的要求，以确定是否合格。动力电池的挤压安全试验如图 1-17b 所示。此外，除了上述常规试验方案外，本国家标准中还增加了海水浸泡、温度循环、单体和电池组件气压低等极端情况的试验，以满足电动汽车在极端条件下的驾驶要求。

a) 动力电池的防振试验

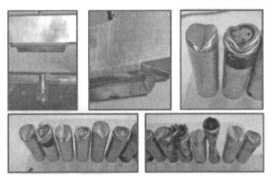

b) 动力电池的挤压安全试验

图 1-17　动力电池试验方法

1.2.3　动力电池回收拆解标准

1. 车用动力电池回收利用拆解规范

GB/T 34015—2017《车用动力电池回收利用　余能检测》和 GB/T 34014—2017《汽车动力蓄电池编码规则》的发布，标志着我国动力电池回收利用标准体系已基本建立。GB/T

34014—2017 规定了动力电池编码的基本原则、编码对象、编码结构和数据载体。根据电池规范，在生产中对电池进行管理、维护和追溯，对电动汽车关键参数进行监控，并对动力电池进行回收，具有可追溯性和唯一性，准确确定动力电池回收的责任主体（图 1-18）。

GB/T 34015—2017 中剩余能量是指电动汽车动力电池报废后的实际剩余电量。由于缺乏剩余能量检测的标准，人们对废旧动力电池是分期使用还是回收利用存在很大争议。除上述国家标准外，工业和信息化部还发布了《电动汽车动力电池回收利用技术政策（2015 年版）》《新能源汽车废旧动力电池综合利用行业规范》《新能源汽车废动力电池综合利用行业规范》和《新能源汽车废旧动力电池综合利用行业规范公告管理暂行办法》三个文件，以加强新能源汽车废旧动力电池综合利用管理，规范行业和市场秩序，促进规模化、规范化、专业化发展新能源汽车废旧动力电池综合利用，提高新能源汽车的使用量以及动力电池综合利用水平。

图 1-18　动力电池的回收拆解

（1）测评标准的执行

1）动力电池材料的测试与评价。目前，国际上的重点是从电池机理入手，研究开发适合整车使用的电池。在我国，动力电池材料检测和评价的重要性相对较低，电池生产厂家通常会确定其配置比例，这使得材料的优化使用成为不可能。因此，迫切需要建立一个完整的动力电池正极材料、负极材料、隔板、电解质的基础数据库，以提高材料的最佳筛选和匹配效果。

2）对动力电池进行性能测试和评价。目前，国内对动力电池性能的测试和评价主要集中在电池电气性能和安全性的研究和验证，电池加速老化寿命、热电化学耦合特性的研究，以及基于实际车辆使用不足的电池失效机理分析。

3）动力电池系统性能测试与评价。国外对电池系统的测试和评估，基本上是车企、动力电池厂商和动力电池集成应用公司合作，实施 V 型研发应用流程，从动力电池的机理分析入手，结合车辆的需求，重点分析动力电池的本质特性，确保产品的最佳匹配和综合应用。虽然国内的 OEM 厂商主要关注国家标准和法规的测试，但动力电池制造商和动力电池集成应用公司之间的互动较少。

（2）实现路径

1）建立科学、全面的动力电池测试评价体系。分析我国新能源汽车动力电池及相关产业的发展现状、发展趋势，形成从单体电池、模块到系统的综合评价体系。综合考虑评价体系的构成和评价体系的兼容性。在评价体系的构成上，区分不同性质、层次定位和适用范围。在评价体系的相容性上，考虑标准法规的要求和产品开发质量评价的相容性。

2）加强动力电池全寿命周期性能评价技术的研究。考虑到动力电池材料、系统和动力电池之间的对应关系，从机理研究入手，研究建立动力电池加速老化寿命的评估方法、动力电池热电耦合特性的研究方法，并根据汽车动力电池的老化失效实际运用分析等方法，拓展动力电池研究的深度和广度。

3）加强动力电池上下游企业的互动与合作。整合新能源汽车相关产业的优势资源，搭建通用技术研发平台，聚焦动力电池系统关键问题，结合整车实际使用条件和要求开展联合研究，实施V型研发应用流程，并确保最佳的产品匹配和集成应用。

2. GB/T 34015—2017中关于动力电池拆解标准的相关技术要求

在设计动力电池时，制造商应充分考虑可拆卸性和可回收性。动力电池生产企业在生产电池时采用可拆卸、可回收设计，可以简化动力电池报废后的拆卸过程，保证拆卸的可行性；可以促进报废动力电池产品的回收，提高回收率。通过标准强化电池制造商的绿色设计责任，为汽车制造商选择电池提供参考标准。

回收拆解企业应当具备国家法律法规要求的相关资质，如具备废旧电池等危险废物管理许可证的经营范围。各企业生产的动力电池结构不同，拆卸所需的设备和程序也会不同。所以，动力电池生产厂家有必要与电动汽车制造商共同制定拆卸操作程序或说明，以符合实际拆卸过程，并进行安全、环保、合理的拆卸。

拆解企业应当采用机械或自动化拆解方式，这样可以提高拆卸效率，减少人工操作，提高拆卸安全性。拆解作业人员需持有相应的专业资格证书，电工证只是准入的基本条件。动力电池的拆卸有一定的风险，为了确保拆卸效率和安全，建议回收公司根据电池信息采用机械或自动化拆卸。

动力电池在拆解时应配备高压防护绝缘手套（图1-19）、防机械伤害手套、安全帽、绝缘鞋、防护面具、防振绝缘救援钩等安全防护用品。动力电池是一种电压较高的装置，电压高达300V以上，远远高于人体安全电压（36V）。因此，在我国，未知电压动力电池的安全检查和拆卸过程中，工人都需要佩戴或配备安全防护装备，以保证拆卸的安全性。

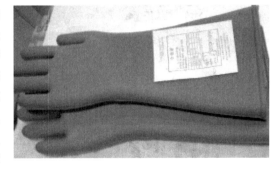

图1-19 高压防护绝缘手套

应配备专业防护罩、专用起重工具、起重设备、专用拆装工装台、专用抽气系统、专用拆模机、专用模块拆装设备和绝缘工具。各企业生产的动力电池的形状、尺寸、设计结构、装配方法各不相同，需要配备专用的拆卸工装台和专用的模块拆卸设备，液冷动力电池在排放冷却液时需要配备专用抽排系统。动力电池的拆装运输是带电作业，为防止触电，需要专用的拆卸工具和绝缘工具操作。

应有绝缘测试设备，如绝缘电阻测试仪，在接触动力电池之前，应当使用绝缘检测装置，以防止动力电池泄漏造成事故。该标准根据实际拆卸作业条款，特别针对专业设备、专业工具、专用工装夹具和设备的要求，明确规定了安全操作的基本要素和条件，旨在保护工人的安全和作业环境不受污染。

拆除、储存场所应当设置消防设施、报警设施、应急设施等安全防范设施。动力电池在拆卸过程中，操作不当会引起火灾、爆炸、触电等安全隐患，因此，拆卸和储存现场必须配备消防设施以应对火灾，还应配备报警设施和应急设施以抢救伤员。在拆解动力电池时，操作不当会导致动力电池损坏，冷却液甚至电池正极材料泄漏，这都会有一定程度的毒性和危险性。因此，拆除场地和储存场地应硬化防漏，应提供废水处理系统等环保设施。为保证拆除过程的环境保护，防止有机物、氟和重金属污染，存放场所应保持干燥通风。应保持良好的照明，防止工人意外操作造成事故。动力电池的处理区应远离居民区，防止火灾、爆炸造成重大人员伤亡和财产损失。

另外，操作人员应具备相应的专业知识，接受专业培训和考核，拆卸前应采取适当的个人防护措施，确保操作人员的人身安全。

拆卸过程应由两人或两人以上操作，以防止疲劳操作和触电造成人身伤害。拆卸过程应严格按照拆卸操作规程或说明书进行，防止误操作。在自动拆卸中，要固定好拆卸工具，并做好防护，防止飞屑伤人。拆卸时要保证工装台安全、稳定、可靠，保持电池重心稳定，避免整体结构的失重和电池坠落、断裂；保证模块和单体绝缘良好，防止短路引起火灾和爆炸。

废旧动力电池拆解程序应严格遵循安全、环保和资源循环利用三大原则。动力电池是带电设备，容易发生火灾、爆炸。动力电池组重量大，拆卸时需要切断作业，这使得拆卸过程存在危险。动力电池包含有毒和有害的有机物质，如重金属、冷却液和电解质，粗心操作会造成环境污染。废旧动力电池含有大量有价值的金属元素，经过物理拆解后可以再进行化学回收。图1-20 显示了动力电池的拆卸和回收过程。

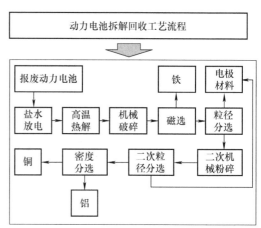

图1-20 动力电池拆解回收工艺流程

1）回收和拆卸预处理动力电池时，应收集电池型号、制造商、电压、标称容量、尺寸和质量等信息，以便于编制拆卸说明书。采用专门的抽空系统和专门的容器收集液冷动力电池冷却液，防止冷却液对环境造成污染。动力电池组应进行绝缘测试，并进行放电或绝缘处理，防止泄漏，确保拆卸安全。拆下外部电线和容易掉落的附件，以防止在吊装过程中坠落造成伤害。

2）不同电池生产厂家生产的动力电池的材料、形状、组合方法和冷却方法都有很大的不同，拆卸过程应根据实际情况采用不同的拆卸方法。同时，拆卸过程中应使用专用设备和工具，按照科学合理的拆卸工艺，在保证拆卸过程安全、环保、高效的前提下，对动力电池进行拆卸，避免在拆卸过程中损坏电池模块或电池单元。动力电池模块的拆卸应机械化，提倡自动化拆卸，禁止人工拆卸。

3. 动力电池拆解后存储和管理要求

动力电池拆卸过程中收集的废液和废物，应按照相应法规和标准的要求进行分类和处理；电池应按照《废电池污染防治技术政策》（环保部2016年第82号文件）等政策、法规要求统一存放，禁止人工拆卸、处置、填埋或焚烧电池；拆解获得的电芯、部件和材料必须分类存放在相应的容器中并贴上标签，并定期进行日常检查，妥善管理和防止丢失；回收拆解企业应当向回收企业提供回收报告，并出具加工证明，确保废旧动力电池流入合法渠道，规范拆解。拆解后的动力电池储存方法如图1-21所示。

锂离子蓄电池的仓库管理要求如下。

（1）基本要求

1）锂离子蓄电池（组）属危险品；为保障后续搬运运输安全，所有锂离子蓄电池（组）必须通过UN38.3测试。（UN38.3测试是联合国关于锂电池与其生产的产品在空运时的测试标准）

2）仓库内应保持安全通道畅通，杜绝堆积杂物，保证人员安全。

3）仓库内的规划区域要有明确标识，其中物料摆放区内要分类分小区存放，且有清楚的标识。

图1-21 拆解后的动力电池储存

4）每天对仓库区域进行清洁整理工作，及时清理地面的污物、杂物，并将仓库内的物料整理到指定的区域内，达到整洁、整齐、干净、卫生、合理的摆放要求。

5）因锂离子蓄电池的特性，储存环境要在18～25℃内。

6）有效控制仓库湿度，避免仓库长时间处于极端湿度（相对湿度高于90%或者低于40%）。

7）锂离子蓄电池仓库应用砖墙实体相隔，库房必须采用封闭、防爆或其他相应的安全电气照明设备。

8）存放易燃易爆物品的地点，应配备品种数量充足的消防器材，并且必须处于良好状态。

9）有锂离子蓄电池的地方，一定要制定严禁吸烟等一些禁止条例。

10）不准在存放易燃易爆物品的库房、场地附近进行可能引起火灾的作业。

（2）储存与搬运要求

1）电池应储存在通风良好、干燥和凉爽处，高温和高湿可能损害电池性能和/或腐蚀电池表面。

2）电池纸箱不应堆放超过规定的高度。如果过多的电池纸箱堆放在一起，底层纸箱中的电池可能变形，甚至出现漏液。

3）电池应避免存放或陈列在阳光直射处或会遭受雨淋的地方。电池被雨淋，绝缘电阻会减小，可能出现自放电和生锈，温度上升可能损坏电池。

4）以原有的包装存放和陈列电池。去掉包装后将电池乱堆乱放，易引起电池短路和损坏。

5）对互相接触容易引起燃烧、爆炸的物品及灭火方法不同的物品，应隔离存放。

6）进行物料搬运时，无论使用何种搬运工具，都应妥善处理，以防物料掉落或损伤等。

7）进行物料搬运时，应考虑负荷、叠层、方向性等问题。

8）使用叉车或推车时，其装载方式应先重后轻，被运物料不可超过通道及电梯门的宽度及高度，速度需适中。

9）搬运者应使用合格的搬运工具（叉车、推车等）。

10）电池纸板箱应小心装卸，粗暴装卸可能导致电池短路或受损，从而导致漏液、爆炸或着火。

1.3 动力电池电芯制造工艺与流程

1.3.1 电池电芯的制造流程

锂离子蓄电池的结构主要包括正极、负极、电解液、隔膜和外壳。生产过程一般可分为前、后两个部分。电芯制造前段工艺包括筛粉、烘粉、配胶、合浆、涂布、辊压、分切、制片、卷绕、入壳、底焊、辊槽及烘烤等流程，前段工序的核心是将粉末状的正负极材料制作成一颗卷芯。电芯制造后段工艺包括注液、焊接、封口、清洗及套膜等流程。其中，前端生产工艺是决定电池性能的关键。

具体生产流程与工艺要求如下。

第一道工序：筛粉。

导电剂是制备锂离子蓄电池电极的基本原料。制作锂离子蓄电池电极时，先将导电剂倒入筛粉机，按下起动按钮，筛粉机开始工作，直到导电剂完全磨成粉末。该程序要求导电剂必须完全磨成粉末状，且不得有任何颗粒。

第二道工序：烘粉。

1）正极、锂离子蓄电池正极材料（磷酸铁锂、钴酸锂）置于140℃恒温箱中8h，抽真空2h，然后烘烤1h，抽真空30min。将干燥后的磷酸铁锂和钴酸锂放入50℃恒温箱中保存。对于长期存放的材料，每天早晚需要干燥1h，以便随时取出使用。

2）负极、石墨、锂离子蓄电池负极材料中间相碳微球（CMS）置于140℃恒温箱中8h，然后抽真空2h，烘烤1h，抽真空30min。将干燥的石墨存放在50℃恒温箱中。

工艺要求：

1）在真空干燥过程中，严禁充气和拆包。

2）干燥过程中要注意烘箱温度。

3）经常检查真空泵的润滑油，保证油量充足，保证烘箱表面和内部清洁。

第三道工序：配胶。

1）正极：将黏接剂聚偏氟乙烯（PVdF）溶解于N-甲基吡咯烷酮（NMP）中，加入到含锂盐的有机溶剂中，制备正极浆料。配置比为：3g PVdF：30g NMP = 1：10。

2）负极：用NMP溶解黏接剂PVdF，与负极活性材料石墨或MCMB混合，制备负极浆料。配置比为：PVdF：NMP = 1：10。

3）配胶时间及温度：正极50℃恒温2h；负极60℃恒温2h。

第四道工序：合浆。

活性材料的制浆搅拌也称为匀浆（图1-22）。匀浆工序是指正极或负极粉末、导电剂及黏接剂按一定比例均匀混合成悬浊浆料。在匀浆车间，将电极活性材料、黏接剂、溶剂等混合在一起，充分搅拌分散后，形成浆料。此过程工艺流程复杂，对原料配比、混料步骤、搅拌时间等都有较高的要求。匀浆质量的好坏，将直接影响电池的质量和成品合格率。必须严格控制粉尘，防止粉尘影响电池的一致性。

1）正极：将主要材料（磷酸铁锂、钴酸锂粉末，90%以上）与小微粒导电碳黑（sp）混合，放入均质机中，搅拌40min（设定低速10r/min，高速100r/min），然后加入配胶搅拌15min（设定低速40r/min），第二次后用0.08MPa抽真空后加入适量的NMP。倒转气泡60min（将速度设置为30r/min），再次抽真空至0.08MPa。注意，浆料的黏度必须控制在6000~8000cP。

图1-22 匀浆工序

2）负极：将主体材料石墨碳粉（90%以上）与sp混合，放入均质机中，搅拌40min（设定低速10r/min，高速100r/min），然后加入配胶搅拌15min，设定低速40r/min，加入第二道胶后，抽真空至0.08MPa，最后加入适量的NMP。倒转气泡60min（将速度设置为30r/min），然后抽真空至0.08MPa。

第五道工序：涂布。

如图1-23所示，涂布工序是指将浆料通过涂布机在集流体表面涂覆一层厚度均匀的涂层，即将上一道工序已经搅拌好的浆料以指定厚度均匀涂布到集流体（铝箔或铜箔等）上，然后在专用油加热的烘箱中进行悬浮干燥烘干溶剂，以避免浆料流动，保证均匀的附着力。涂布过程中需要保证极片厚度和重量一致，保证成品电池性能的一致性，必须确保没有颗粒、杂物、粉尘等混入极片。否则会导致电池放电过快，甚至会出现安全隐患。

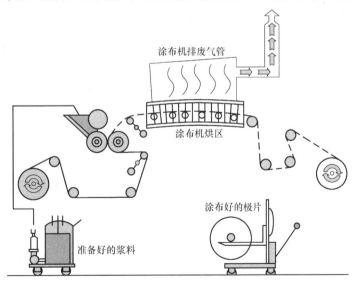

图1-23 涂布工序

工艺流程：

1）按顺序将涂层温度设置为100℃、120℃、120℃和110℃。
2）当机器温度升高时，用乙醇或丙酮擦拭涂有涂层的钢辊、橡胶辊和刀辊。

3）调整涂层机头上刀与辊之间的间隙。

4）调整电极涂量在适当范围内。

5）用塞尺检查两侧间隙是否一致，应符合要求。

精调时用涂布机百分表控制精度，每一格为 0.001mm。涂层所需的所有参数均通过触摸屏设置（温度控制除外）。涂装前，检查 NMP 回收装置是否正常，在涂布过程中，确保 NMP 回收装置正常工作，防止污染环境。涂布辊的线速和涂布长度在触摸屏上自动显示，设定的参数可根据生产工艺要求随时微调。

工艺要求：

1）确保涂层机清洁。使用前，必须检查涂布机滚筒是否有浮尘，防止污染。

2）涂层精度的调整必须控制在一定的范围内（干厚双面精度误差 < ±0.005mm；干厚单面精度 < ±0.003mm；正负对中误差 < ±0.5mm；平均长度误差 ≤ ±0.5mm），以保证涂层厚度均匀。

3）为保证涂布工艺的顺利进行，必须对轴承进行润滑，定期检查并加注适当的润滑剂。

第六道工序：辊压。

涂布完成后，将电极按要求依次穿过各辊（图1-24），极片需通过辊压机根据需要调整轧辊间隙、收放卷位置、张力纠偏等，并用试片试压，确保试压后的试片厚度符合工艺参数要求后，正确安装待压极片。开启辊压模式后，电动机带动上下辊同时转动，收卷机构拉动极片稳步穿过辊

图 1-24　辊压工序

压间隙，最终被压到所需压实密度。辊压机在非工作状态时需要涂一层薄油，以防其生锈，在使用前用无水乙醇将油层擦干净，并清理收放卷机构、自动纠偏机构。辊压过程可根据需要自行调整至保持联动状态或单动状态。在辊压车间，通常使用压力约 50t 的辊轴将附着正负极材料的铝箔辊压，一方面使涂层材料更致密，提高能量密度，厚度一致；另一方面可进一步控制粉尘和湿度。

第七道工序：分切。

先用试片试压，确保试压后的试片厚度符合工艺参数要求。将辊压后的极片根据需要生产电池的尺寸进行分切（图1-25），并充分管控毛刺的产生，避免毛刺扎穿隔膜，产生严重的安全隐患。

最后在制片机上焊接极耳并在极耳位置贴上绝缘胶包覆裸露的集流体和极耳，极耳模切工序是用模切机形成电芯用的导电极

图 1-25　正负极分切工序

耳。极耳就是从电芯中将正负极引出来的金属导电体，是电芯充放电正极与负极接触点。制片时，应防止极耳虚焊、偏焊、漏焊或极片掉料及绝缘胶偏贴或漏贴等。

第八道工序：制片。

如图1-26所示，分切完成后，通过烘烤将极片里的水分处理掉，否则会影响电池性能。注意：水分过少会产生掉粉，同样会影响电芯的性能。该工序最主要的工艺管控点在于环境的湿度控制，因为水分是锂离子蓄电池生产过程中需要严格控制的关键指标，环境湿度较大、水性黏结剂的使用等因素都会导致极片制备过程中水分的增加。

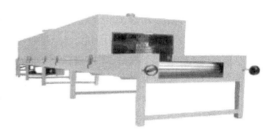

图1-26 制片工序

第九道工序：卷绕。

如图1-27所示，将电池的正极片、负极片、隔膜以卷绕的方式组合成裸电芯，在这个过程中，烘烤后极片被加上白色的隔膜后在这里缠绕成卷芯。由于负极需要包裹正极，中间还有隔膜，正负极极片的厚度差需要控制在零点几毫米内，并完成负极包裹正极与隔膜。为了保证电芯极片不错位，需要使用先进的CCD视觉检测设备来实现自动检测和自动纠偏。

图1-27 卷绕工序

这一工序的管控要点在于负极极片必须完全包覆正极极片，而隔膜必须完全包覆负极极片，对工艺精度的要求非常高。如果负极未充分包覆正极，则充电过程中隔膜上有析锂现象发生，随着析锂程度加重，会导致正负极接触短路，由于锂枝晶导致的内短路事故是电池失效的重要形式，可能引起起火爆炸等事故。如果隔膜未包覆负极，直接导致正负极接触，电芯短路，造成严重安全事故。

第十道工序：电芯装配（图1-28）。

电芯卷绕成卷芯后，在装配线上将电芯从入壳到清洗套膜进行电芯装配。电芯装配工艺的好坏将影响电池的高效与稳定使用，是非常重要的工序。卷芯完成后需放入钢壳并通过底焊使得负极耳与钢壳连接，这时整个钢壳就是电池的负极，再通过辊槽固定钢壳内的卷芯。入壳与辊槽工序不能破坏卷芯，辊槽高度需严格把控，过低时，卷芯被破坏。过高时，卷芯容易松动。

图1-28 电芯装配

第十一道工序：烘烤和注液。

电芯烘烤是为了使电池内部水分含量达标，确保电池在整个寿命周期内具有良好的性能。注液就是往电芯内注入电解液，通过注液机将电解液注入烘烤后的卷芯。能量的交换就是带电离子的交换，这些带电离子从电解液中移动到另一电极完成充放电过程。注液完成后，锂离子蓄电池的四大主材均被应用到电芯之中，注液工序关键在于精控注液量、控湿控温及防水，且需达到电解液能够较好地浸润渗透到正负极极片的效果。电解液量的多少直接关系着电池的安全性能和容量，电解液注入主要通过全自动注液、称重来控制电解液注入量（图 1-29）。如果电解液注入量过多，电芯内部产气量较大，电芯的安全阀往往会过早开启，导致电池发热甚至直接失效。如果注入量过少，则又影响电池的循环性，电池容量会偏低而且析锂，更容易产生热失控甚至引起爆炸。

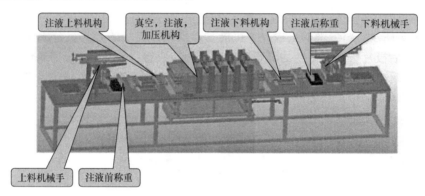

图 1-29　注液

第十二道工序：焊接、封口。

将注液后的电芯加上帽盖后进行焊接封口（图 1-30），将盖板与正极耳焊接在一起，这时整个盖板就是电池的正极，焊接的管控点在于防止虚焊、偏焊及盖帽外观不良。虽然程序叫封口，但其实每个电芯在帽盖上都会设计一个安全阀，当电池发热量过大引起电芯内部压力过高时，电芯上的安全阀会打开泄压，防止单颗电芯的故障影响电池模块甚至整个动力电池组和车辆的安全。

图 1-30　正极帽盖焊接封口

封口是将钢壳与盖板密封，将整个卷芯与外部环境隔离，整个卷芯就是一个密闭的电化学系统。封口工序是整个电芯制造最后一道至关重要的工序，其压力成形技术的工艺稳定性决定了电池的密封性是否完好、可靠。完成封口工序意味着一颗外形完整的电芯制造已经全部结束。

第十三道工序：清洗及套膜。

目的是清除电池钢壳表面残留的电解液，防止电解液腐蚀钢壳，而套膜工序是保证电芯正负极端分开，防止外部电路发生短路，同时使电池有一定的美观度。这两道工序还需要对外观不良的电芯进行筛选。

第十四道工序：喷码装盘。

所有制造好的电芯都具有一个单独的条码（图 1-31），记录着生产日期、制造环境、性能参数等。强大的追溯系统可以将任何信息记录在案，在以后的使用过程中如果出现故障，只要通过扫码就可以看到这颗电池的所有信息，谁家提供的原材料，在哪条生产线生产，生产过程中的一切环节都能做到有据可查，同时，这些大数据可以为电池后续改良设计提供数据支持。

第十五道工序：通过化成将电芯激活。

锂离子蓄电池后端的生产过程主要分为容分、化成、测试包装和储存四个步骤。化成是对注液后的电芯进行激活的过程，通过充放电使电芯内部发

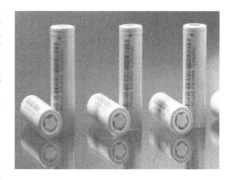

图1-31　电池条码

生化学反应形成SEI膜（锂离子蓄电池首次循环时由于电解液和负极材料在固液相间层面上发生反应，会形成一层钝化膜），保证电芯在后续充放电循环过程中的安全、可靠和长循环寿命。将电芯激活，还要经过X-ray监测、绝缘监测、焊接监测，容量测试等一系列"体检过程"。化成工序中还包括对电芯"激活"后第二次灌注电解液、称重、注液口焊接、气密性检测、自放电测试、高温老化及静置。

通过上述一系列工序，一个电芯就制造完成了，接下来就是通过选择性能一致的电芯，然后根据不同车企的需求进行模块装配和PACK封装，组装成动力电池组。由于电池原材料、生产工艺等不同，电池容量、电压、内阻等性能也存在差异，使电池组性能低于电芯水平，使用寿命远低于电芯，这影响了电动汽车的使用。例如，一辆纯电动汽车使用的动力电池需要由数千个18650圆柱形电池串、并联组装而成。如果任何一个电池有问题，都可能影响整体性能。因此，生产的电池在PACK前必须经过筛选，电池筛选工艺包括活化、化成、陈化、分选及分容工序。

活化工序是使电池膜在恒温环境中保持一段时间，使电解液充分渗入极片和隔膜，以防止电解液的不均匀润湿导致锂沉淀，活化过程需要控制环境的温度和时间。

化成工序是电芯的第一次充电。此步骤使电极表面形成"固体电解质界面膜"（SEI膜），这意味着在电芯首次充电期间，电解液通过氧化还原分解。电极材料表面形成的界面膜具有离子传导和电子绝缘的特性。Li+可以通过SEI膜自由插入和解析。SEI膜是锂离子蓄电池长期稳定运行的保证，对其容量、倍率、循环和安全性能有着至关重要的影响。选择合适的形成电流、形成电压、形成温度等，对优化和提高电池性能有着非常重要的作用。在实际操作过程中，要防止电池反接、过充电和接触不良。

陈化工序是将电池在一定的恒温环境中保持一定的充电状态一段时间，并通过测试前后的电压来筛选数据，以消除电压降过大或异常的电池。一般情况下，当电池内部发生微短路或严重的副作用时，电池的电压降会很大，反映出电池具有一定的安全隐患。因此，电压降是电池选择的重要参考指标之一。由于室温老化时间较长，为了缩短生产周期，大多数锂离子蓄电池生产厂家采用高温或高充电状态下的老化方法。过程控制的关键是要密切监视排架过程中是否出现异常情况，并及时采取措施，确保安全，因为一般高温老化室是一个封闭的空间，危险初期不易及时发现，一旦发生火灾，后果不堪设想。

分选工序是根据电芯的交流内阻选择不同的电池，消除异常内阻电池，便于选择合适的电池来进行串、并联。因此，内阻对于电芯的选择是很重要的一个参考指标。

分容工序是根据不同的容量尺度来测量电池容量，剔除不合格电池。动力电池组使用的

电芯必须是经过电压降、内阻和容量筛选的合格电池。由于容量与温度的关系较大，容量划分时环境温度控制越精确，容量越接近真实值，分配越精确。

锂离子蓄电池电芯制造注意事项：
1）在生产过程中，应充分注意保护人身安全，必须按规定穿戴防护用品。
2）未经专业人员允许，任何人不得擅自调整使用中的机器，更不得调整生产工艺的设定值。
3）电芯生产过程中产生的废物必须按规定收集，统一处理。
4）为保证机器的正常使用，在每一个生产过程中，必须及时清理所有机器中的残留物。

1.3.2 动力电池组的 PACK 生产流程

动力电池组系统是将大量电芯串联或并联，并集成电源和热管理等电池硬件系统的电池组，如图1-32所示。汽车电池自动装配生产线按规定要求加工组装成电池成型模块，再组装成成品电池盒。装配线采用机器人、计算机及可编程控制、条码识别、精密机械、气动等技术，使整个生产线结构合理，自动化程度高，检测精度和装配精度高，工作稳定可靠，生产周期短，数据处理、存储能力强。

整个装配线由电芯自动分组线、小盒装配线、上盒装配线、整体装配线四个子线组成，如图1-33所示。汽车动力电池自动装配生产线由包片工区，汇流排、焊接工区，槽盖胶封工区，槽盖固化及端子焊接、色胶固化工区等组成。焊接站采用激光焊接技术，并设有通风装置，能及时清除焊接产生的铅尘，减少车间环境污染。

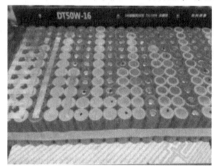
图1-32 串联或并联的电芯

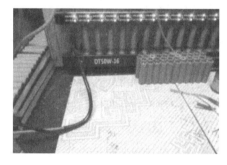
图1-33 自动分组线

汽车动力电池自动装配生产线采用无级变速电动机作为动力，可单独任意调节各环节速度。各站出风口设有调节风门，可根据需要关闭或调节，有一个收尘机构用来回收从电极板上落下的铅粉。

电池组是动力电池系统生产、设计和应用的关键。它是连接上游电池生产和下游车辆应用的核心环节。设计要求一般由电池厂或汽车厂提出，通常由电池厂、汽车厂或第三方包装厂完成。如图1-34所示，动力电池自动装配生产线核心工序包括上料、支架粘贴、焊接、检测等工序。核心设备是激光焊接机和各类粘贴测试设备。电源组通常由五个系统组成，这五个系统通过螺栓、螺母、扎线带、卡箍、线束卡钉等部件连接形成一个总成。

动力电池PACK生产线主要工艺包括分选配组工艺、自动焊接工艺、半成品组装工艺、老化测试工艺、PACK检测工艺、PACK包装工艺等。PACK由电池组、汇流排、软连接、保护板、外包装、输出（包括插接器），专用纸、塑胶支架等辅助材料这几项共同组成，如图1-35所示。其PACK方法如下：

图1-34 动力电池自动装配生产线

图1-35 锂离子蓄电池PACK产线

1）串并联方式。电池由电芯串并联而成，并联增加容量，电压不变。串联后电压加倍，容量不变。例如，3.6V/10A·h 电池由单个 18650/2A·h 通过 5 并组成。

2）先并联后串联。由于内阻不同，并联散热不均匀，会影响并联后电池的循环寿命。但是，如果一个电池失效，它将自动退出，不会影响并联后的使用。电池并联短路时，并联电路中的电流很大，通常需要增加熔断器保护技术来避免。

3）先串联后并联。根据整个电池组的电池容量，先串联（如整个电池组容量的1/3），最后并联，这可降低大容量电池组的故障概率。

电芯要求：根据设计需求选择相应的单元，并联或串联的动力电池必须是同一型号，容量、内阻、电压差不大于2%。一般情况下，电池串并联后，容量损耗为2%~5%。电池越多，容量损失就越大。无论电池是柔性封装电池还是圆柱形电池，都需要多串组合。如果一致性差且电池容量受到影响，则电池组中容量最低的电芯将影响整个电池组的容量。电动汽车要求动力电池具有高电流放电性能，例如驱动电机的起动电流是正常工作电流的三倍，大电流放电可以改善驱动电机的动态性能。动力电池需要很好的散热性能，电芯的数量众多，电池盒内电池产生热量使温度升高且热量不易扩散，造成电池间温度不均、放电特性不同，从而导致电池性能长期退化。在生产工艺上，对点焊工艺要求很高，焊接后，必须进行试验，焊点必须能够承受崎岖道路的冲击，以防止假焊和脱焊。

PACK工艺：电池的PACK有两种方式，一种是通过焊接完成PACK封装，优点是可靠性更好，但不易更换。另一种是通过弹性金属片接触，优点是不需要焊接，电池易于更换，缺点是可能导致接触不良。

动力电池组制造过程中的气密性试验分为两个环节：

1）热管理系统级气密性试验。

2）组件级气密性试验。

国际电工委员会（IEC）起草的保护等级体系规定，动力电池组必须达到IP67级。

软件刷写过程是将电池管理系统（BMS）控制策略以代码形式刷写到BMS中的CMU和BMU中，在电池测试和使用过程中采集电池状态信息数据，由电子控制单元进行数据处理和分析。然后根据分析结果向系统中的相关功能模块发出控制指令，最后对外传递信息。

电池性能检测通常分为三个环节：

1）静态测试，包括绝缘检测、充电状态检测、快慢充测试等。

2）动态测试，通过大电流实现动力电池容量、能量、电池组一致性等参数的评价。

3）SOC调整，将电池PACK的SOC调整到出厂的SOC。

在充放电时间试验中，充电时间=（电池容量×充电系数）/充电电流。

电池的放电率用放电时间或在一定放电电流下，放电额定容量所需的小时系数来表示。其中，放电率=额定容量/放电电流。

动力电池PACK工艺流程如图1-36所示。动力电池组组装过程包括贴片、电池焊接、固定和测试。电池组是电动汽车的核心能源，为整车提供动力。电池组由电池、模块、电气系统、热管理系统、外壳和BMS组成。

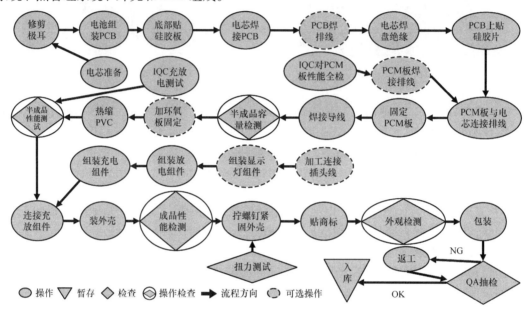

图1-36 动力电池PACK工艺流程

其中，在PACK过程中，会用到如镍片、铜铝复合汇流排、铜汇流排、总正负汇流排、铝汇流排、铜软连接、铝软连接、铜箔连接等，需要从以下几个方面对母线和软连接的加工质量进行评价：

1）材料是否符合要求。汇流排材料不合格，会增加电阻率。
2）临界尺寸差可能导致高压装置在组装过程中安全距离不足，造成严重的安全隐患。
3）软连接硬区的结合力和软区的应力吸收。
4）软连接的实际加工和汇流排过电流能力是否符合设计标准，绝缘热塑性套管是否损坏。

知识拓展：

单体电池的制作工艺通常采用传统湿法工艺和干电池工艺。

传统湿法工艺为使用有黏合剂材料的溶剂，如NMP（N-甲基吡咯烷酮），将溶剂与负极或正极粉末混合后，将浆料涂在电极集电体上并干燥，然后将溶剂中的有毒成分回收，进行纯化和再利用。

干电池工艺省略了加入溶剂的步骤，将活跃的正负极颗粒与聚四氟乙烯（PTFE）混合，使其纤维化，直接用粉末擀磨成薄膜压到铝箔或者铜箔上，制备出正负极片。由于在制作时，材料可以多添加，因此电极材料厚度也可以从55μm增加至60μm，在增加电极的活跃度，并使能量密度提升约5%左右，进一步提升了电池循环寿命。当然，由于节省了溶剂，它的制作成本也更低。特斯拉Model Y的4680电池制造就是采用了这种技术。如图1-37所示，4680 电池的直径为 46mm，高度为 80mm，电芯厚度增加，曲率降低，空心部分更大。其优点是降低了电池成本、提升了电池的能量密度、增加了电池结构强度，并使 BMS 管理对电池的监测和状态分析变得更简单。

a) 18650 电池

b) 21700 电池

c) 4680 电池

图 1-37　特斯拉电动汽车使用的单体电池

特斯拉 Model Y 的 4680 电池制造采用了全极耳结构。传统电池只有两个极耳，分别连接正极与负极，而 4680 电池直接从正极/负极上剪出极耳，从而增加了电流通路，并缩短了极耳间距，进而大幅提升了电池功率。

全极耳工艺是把极耳折在一起的工艺，目前有揉压极耳、切叠极耳、多极耳三种工艺。其中，揉压极耳的极耳形态不受控，容易发生短路，制造时两段封闭，电解液渗入阻碍大；切叠极耳斜切成片卷起，比无规则挤压好一些，占空间较小，但表面起伏度较大，制造时两段仍封闭，注液不能连续生产；多极耳很难折叠整齐，极耳位置误差在外易被放大。4680 电池的全极耳与集流盘或壳体连接中使用了激光模切工艺和激光焊接技术，其精度控制要求较高，焊接工序和焊接量比 21700 提高了 5 倍以上。

思 考 题

本项目的学习目标你已经达成了吗？请通过思考以下问题进行检验。

序号	问题	自检结果
1	什么是锂电池？	
2	动力电池研究的主要任务有哪些？	
3	磷酸铁锂电池与三元锂电池有什么区别？	
4	正极材料在应用上有哪些要求？	
5	负极材料在应用上有哪些要求？	
6	隔膜材料的作用是什么？	
7	电解液的作用是什么？	
8	我国的 863 计划中，在 BMS 的研究上取得了哪些成果？	
9	ISO、IEC 创建的动力电池标准内容有哪些？	
10	SAE J292—2011 标准中对动力电池提出了哪些要求？	
11	UL 2580 标准的主要内容有哪些？	
12	GB/T 31484—2015 标准中提出了哪些规范与要求？	
13	GB/T 31485—2015 标准中提出了哪些规范与要求？	
14	GB/T 31486—2015 标准中提出了哪些规范与要求？	
15	电芯制造前段工艺与后段工艺分别有哪些？	
16	动力电池电芯的具体生产流程与工艺有哪些？	
17	动力电池 PACK 工序有哪些？	
18	动力电池 PACK 工艺要求有哪些？	

项目二

电动汽车动力电池类型

学习目标

1. 说出动力电池相关技术参数及电动汽车对动力电池的技术性能要求。
2. 说出动力电池的种类。
3. 知道各种动力电池的结构与工作原理。
4. 知道各种动力电池的技术发展与应用。

2.1 动力电池应用要求

与不能充电的原电池不同，动力电池组使用的电芯是可充电的蓄电池。在电动汽车的技术发展中，电池的安全性和耐久性一直是电动汽车发展的瓶颈。现代汽车使用的电池通过技术创新和改良，取得了重大突破。

为帮助大家能更好地理解动力电池的有关概念，首先了解一下有关于动力电池常见的术语所指的含义。

1. 有关电池技术的常见名称解读

1）电芯如图2-1所示，也称为单体蓄电池。电芯是指含有正负电极的单一电化学电池。它是蓄电池模块或动力蓄电池组中最小的单元，一般由正极、负极、电解液、隔膜、外壳和端子（电极）组成，能直接在电能和化学能之间转换。

2）蓄电池PCAK是蓄电池的包装、封装和装配体。电芯需要通过串联或并联，电压、容量才能满足用户的需要。如图2-2所示，与保护板串联或并联形成多个蓄电池单元以形成满足用户需求的电池模块的过程称为电池PCAK。

图2-1 电芯

图2-2 蓄电池PCAK

3) 蓄电池电芯组是指一组并联的电芯，车用级的蓄电池电芯组通常包括电芯工况信息采集、监控电路与保护装置。

4) 蓄电池模块也称为蓄电池组，蓄电池电芯组被串并联后连接到物理结构和电路，形成蓄电池模块。如图 2-3 所示。每个蓄电池模块的组件被封装在蓄电池模块的壳体中，并以特定方式紧密固定。这种类型的固定能够承受车辆整个生命周期中最恶劣的条件。

5) 动力电池组也称为动力电池包、动力电池箱，除包括多个蓄电池模块外，通常还包括电池电子元件、高压电路、过电流保护装置和电池盒，以及与其他外部系统的接口等。如高压插头、通信和冷却接口等。动力电池组如图 2-4 所示。

图 2-3　蓄电池模块

图 2-4　动力电池组

2. 动力电池的化学能与电能转换基本原理

所谓电动汽车，是指以电能为动力的汽车。动力电池及其管理系统、驱动电机及其控制系统、车辆控制系统是现代电动汽车的三大核心技术。无论是哪种类型的电动汽车，最终都要依靠电池供电。电池是把化学能转换成电能的装置，所以也叫化学电池。

电池的应用过程是将电能输入转化为化学储能，再输出为电能的能量转换过程。尽管不同的电池有不同的正负电极材料、电化学特性和应用特性，但它们的基本概念、评价参数和电化学原理有许多相似之处。在比较不同电池特性时，也有必要在这些基本概念的基础上，利用各种性能参数指标进行比较。为了了解电池是如何将化学能转化为电能的，以经典的丹尼尔原理电池化学反应为例，其化学反应过程为

$$Cu^{2+} + Zn \rightarrow Cu + Zn^{2+}$$

在化学反应中，Cu^{2+} 和 Zn^{2+} 在 25℃ 的标准自由能 ΔG 是 -212kJ/mol。如果把锌加入 Cu^{2+} 溶液中，铜就会沉淀出来。反应式可以分解为两个电化学反应步骤：

$$Cu^{2+} + 2e^- \rightarrow Cu$$

$$Zn \rightarrow Zn^{2+} + 2e^-$$

如图 2-5 所示，这两种反应在锌表面同时发生。但是，如果锌和铜是两个独立的元素，则上述反应式必须在两个不同的位置（电极）发生，并且只有当两个电极之间有电流存在时，反应才能在特定情况下进行。通过控制正负极的连接状态，可以有效地控制其化学反应，使化学能按需转化为有用的电能。

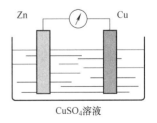

图 2-5　丹尼尔原理电池化学反应

3. 电动汽车常见动力电池与主要技术指标

动力电池从传统的铅酸蓄电池发展到镍氢动力电池，钴酸锂、锰酸锂、聚合物、三元锂材料、磷酸铁锂等先进的绿色动力

电池。电动汽车常用的电池见表 2-1。

表 2-1　电动汽车常用的电池

原电池（不可充电电池）	金属锂电池：锂锰电池、锂亚电池、锂铁电池等 干电池：锌锰电池、碱性锌锰电池等 储备电池：银锌电池
蓄电池（可充电电池）	铅酸蓄电池、镍镉电池、镍氢电池、锌空气电池、液态锂离子蓄电池、聚合物锂离子蓄电池等
其他电池（只能发电，不能储电）	燃料电池：氢氧燃料电池、直接甲醇燃料电池等 太阳能电池：单晶硅太阳能电池、多晶硅太阳能电池、非晶硅太阳能电池、光敏化学太阳能电池等

电动汽车的主要部件是动力电池、驱动电机和能量转换控制系统。为了达到快速充电、安全等高性能要求，动力电池必须具有高比能量、高比功率、快速充电和深放电性能，并且要求尽可能低的成本和最长的使用寿命。电动汽车的性能、可靠性取决于动力电池的能量密度，其核心技术指标主要包括能量、能量密度、充放电比、循环寿命、安全性、一致性、可靠性等指标。计算方法如下：

动力电池系统额定电压 = 电芯额定电压 × 电芯串联数量

动力电池系统容量 = 电芯容量 × 电芯系列数量

动力电池系统总能量 = 动力电池系统额定电压 × 动力电池系统容量

动力电池系统重量比能量 = 动力电池系统总能量 ÷ 动力电池系统重量

动力电池总功率 = 电芯数量 × 电芯的能量密度

4. 电池的主要性能指标要求

（1）能量密度　能量密度是指储存在一定空间或物质质量中的能量大小。电池能量密度 = 电池容量 × 放电平台/电池厚度/电池宽度/电池长度。如图 2-6 所示，电池的能量密度是指从电池的单位体积或单位质量所获取的电能，单位是 $W·h/L$、$W·h/kg$。

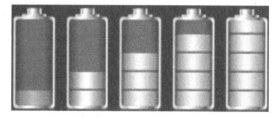

图 2-6　电池的能量密度

电池的能量密度越高，单位质量/体积储存的电量就越多。

但是，如果为了增加电池容量而降低对电池稳定性的要求，安全隐患就会增加。

（2）动力电池一致性　动力电池的一致性是一个重要的指标，电芯的性能指标包括能量、内阻和开路电压。如图 2-7 所示，锂离子蓄电池一致性是指电池组初始性能指标的一致性，包括容量、阻抗、电极电特性、电气连接、温度特性、衰减率等。动力电池不一致性将直接影响运行时输出电参数的差异，电池组的不一致或电池组的离散现象是指同一规格、型号的电芯构成电池组后，电池组的电压、荷电量、容量、衰减率、内阻随时间和温度变化的速率。

（3）电动势　电池的电动势是热力学双极平衡电极电位之间的差。电动势是衡量电池理论输出能量的指标之一。如果其他条件相同，电动势越大，理论输出能量越大。

（4）开路电压　开路电压是指在开路状态下（几乎没有电流流动时）动力电池两极之间的电位差。动力电池的开路电压取决于动力电池正负极材料的活性、电解液和温度条件，

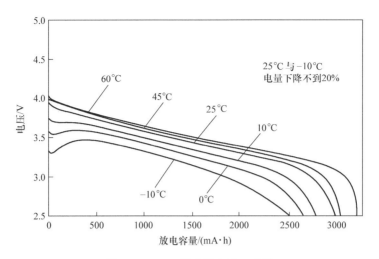

图 2-7 18650 钴酸锂电池一致性

与动力电池的几何形状和尺寸无关。

(5) 额定电压　额定电压也称为公称电压或标称电压,是指电池在规定条件下工作时的标准电压。

(6) 工作电压　工作电压是指动力电池与负载连接后放电过程中所显示的电压,也称为负载电压或放电电压。电池放电开始时的电压称为初始电压。动力电池接上负载后,由于欧姆内阻和极化内阻的存在,动力电池的工作电压低于开路电压,也低于电动势。

(7) 放电终止电压　放电终止电压又称截止电压,是指电池放电时电压降至不适宜继续放电的最低工作电压,是所有蓄电池的重要指标。根据不同类型的电池和不同的放电条件,对电池容量和寿命的要求也不同,因此规定的放电终止电压也不同。一般来说,在低温或大电流放电时,放电终止电压规定得较低;小电流长时间或间歇放电时,放电终止电压规定得较高。

(8) 电池容量　完全充电的电池在规定条件下所释放出的总电量称为电池容量其单位通常用 A·h 或 mA·h 表示。

(9) 动力电池内阻　当电流通过电池时,会受到电阻的影响,从而降低电池的工作电压,这种电阻称为动力电池内阻。由于动力电池的内阻,当动力电池放电时,端电压低于电动势和开路电压。充电过程中充电端电压高于电动势和开路电压。电池内阻是化学电源极为重要的参数。电池内阻不是恒定的,它在放电过程中根据活性物质的组成、电解液的浓度、电池温度和放电时间而变化。电池内阻包括欧姆内阻以及电极在电化学反应过程中表现出的极化内阻,两者之和称为电池的总内阻。

(10) 电池能量　电池能量是指电池在一定放电状态下所能释放的能量,通常用 W·h 或 kW·h 表示,电池能量分为理论能量和实际能量。

1) 理论能量:假设电池在放电过程中始终处于平衡状态,放电电压保持电动势,活性物质利用率为 100%,放电容量和输出能量即为理论容量。

2) 实际能量:实际能量是指电池放电时实际输出的能量。它在数值上等于电池的实际放电电压、放电电流和放电时间的积分。

（11）功率和功率密度　电池功率是指电池在一定放电条件下单位时间输出的能量，单位为瓦（W）或千瓦（kW）。

功率密度是指电池单位质量或单位体积输出的功率，也称为比功率，单位为 W/kg 或 W/L。

比功率表示电池能承受的工作电流，如果电池的比功率大，表明它能承受大电流放电。比功率是评价电池和电池组能否满足电动汽车加速爬坡能力的重要指标。

（12）放电深度和放电条件　放电深度（DOD，见图2-8）是放电容量与额定容量的百分比。放电条件是指电池放电时规定的各种条件，主要包括放电率、终止电压和温度。

1）放电电流：指电池放电时的电流。放电电流的大小直接影响电池的各项性能指标。在引入电池容量或能量时，必须说明放电电流的大小，并指出放电条件。

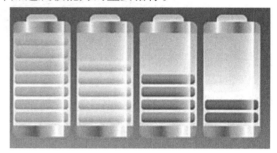

图2-8　放电深度

放电电流通常用放电率来表示。放电率是指电池放电的速率。

2）放电终止电压：终止电压值与电池材料直接相关，受电池结构、放电速率、环境温度等诸多因素的影响。在低温大电流放电时，电极极化较大，活性物质不能充分利用，电池电压下降较快。

（13）循环寿命　循环寿命是评价电池使用技术经济性的重要参数。电池经过一次充放电，称为一次循环或一个周期。在一定的放电条件下，在蓄电池容量降至规定值之前，电池能承受的循环次数称为电池的循环寿命或使用周期。

（14）使用寿命　随着充放电循环次数的增加，蓄电池容量衰减是一个不可避免的过程。这是因为在充放电循环过程中，电池内部会发生一些不可逆的过程，导致电池的放电容量衰减。这些不可逆因素主要有：

1）在充放电过程中，电极的活性比表面积不断减小，增大了工作电流密度与极化率。

2）电极上的活性物质被分离或转移。

3）在电池工作过程中，一些电极材料被腐蚀。

4）在循环过程中，电极上形成枝晶，导致电池内部短路。

5）隔膜老化磨损。

6）活性物质在充放电过程中发生不可逆的晶体变化，从而降低活性。

（15）自放电率　自放电率是指电池在无负载存储期间自放电，导致电池失去容量的速率。自放电率表示为单位时间（月或年）电池容量减少的百分比。

2.2　电动汽车常用动力电池的种类

动力电池按照所用正、负极材料不同，可分为铅酸蓄电池、镍氢电池、锂离子蓄电池、锂-空气电池、锂硫电池、全固态电池、飞轮电池、超级电容、燃料电池等。为获得更高的能量密度、续驶能力以及使用寿命，电动汽车主要使用锂离子动力电池。

2.2.1 锂离子蓄电池

锂离子蓄电池是一种充电电池，依靠锂离子在正负极之间移动工作。将锂离子嵌入碳中形成负极，常用的负极材料为 Li_xCoO_2、Li_xNiO_2 和 Li_xMnO_4，电解液为 $LiPF_6$ + 碳酸二乙酯（EC）+ 碳酸二甲酯（DMC）。锂离子嵌入碳中克服了锂的高活性，解决了传统锂电池的安全问题。正极材料 Li_xCoO_2 的充放电性能和使用寿命均达到较高水平，降低了成本，提高了锂离子蓄电池的综合性能。

在锂离子蓄电池的工作过程中，阳极、阴极和电解液参与了锂离子蓄电池的电化学反应，阴极由 $LiCoO_2$、$LiFePO_4$、$LiMnO_4$、$LiNiO_2$、$Li(Li_aNi_xMn_yCo_z)O_2$、$LiCo_{1/3}Ni_{1/3}Mn_{1/3}O$ 等活性物质组成。阳极由石墨、硬碳、$LiPF_6$、$Li_4Ti_5O_{12}$、Si、Ge 等组成，电解液可以是液态或固态，液态电解液在有机溶剂中含有锂盐，如 $LiPF_6$、$LiBF_4$ 或 $LiClO_4$。

锂离子蓄电池有充放电时无记忆效应、高电压、没有自我放电、高功率和高能量密度、使用寿命长等许多优点，在纯电动汽车上得到了广泛的应用。

1. 动力电池的种类及特点

锂离子动力电池由若干个电芯组成，如图 2-9 所示，电芯从结构上分类包括软包电池、圆柱形电池及方形电池。方形电池和圆柱形电池结构如图 2-10 所示。

图 2-9 圆柱形电池和方形电池

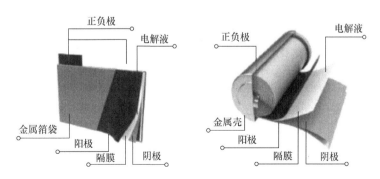

图 2-10 方形电池和圆柱形电池组成结构

圆柱形电池广泛应用于工业领域，其尺寸便于标准化生产。因此，圆柱形电池还具有产量高、价格竞争力强的特点。但是，圆柱形电池的结构会影响动力电池的整体重量，使动力电池的组装密度和比能量降低。

方形电池的壳体一般为钢壳或者铝壳，随着市场对能量密度的追求逐渐提升以及生产工艺的进步，铝壳逐渐成为主流。方形电池的优点是封装可靠度高，系统能量效率高，重量轻，能量密度较高，结构较为简单，扩容方便，单体容量大，稳定性较好。缺点是生产自动文学水平不高，型号太多，工艺很难统一。

软包电池具有高功率和高能量密度，重量轻，便于有效利用组装空间等优点，并能根据不同的要求灵活地进行模块设计。例如，如图 2-11 所示，在纯电动汽车奥迪 e – tron quattro 中，采用了软包电池，共 36 个电芯组，432 个电芯，重 736kg。其下层有 31 个模组，上层有 5 个模组，每 3 个模组由 1 个控制器控制。

图 2-11　奥迪 e – tron quattro 的动力电池内部结构

软包电池的局限性在于缺乏成型标准，模块中需要支撑结构和冷却系统。特别是在使用高能大容量软包电池时，在热滥用等安全防护设计方面还存在着巨大的挑战。方形电池能量密度高，制造成本高于圆柱形电池。锂离子蓄电池按正极材料不同，可以分为钴酸锂电池、三元锂电池（镍钴锰酸锂或镍钴铝酸锂）、锰酸锂电池、磷酸铁锂电池，如图 2-12 所示，应用于各个领域。

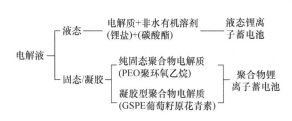  

聚合物锂离子蓄电池
常用于手机、笔记本电池

液态锂离子蓄电池
常用于电动汽车动力电池

图 2-12　锂离子动力电池分类

三元材料在电池能量密度、比功率、高倍率充电、耐低温等方面具有优势，但在成本、循环、安全性等方面均不如磷酸铁锂电池。再加上政策引导因素，在新能源汽车市场上，乘用车所用电池以磷酸铁锂和三元锂电池为主。

项目二　电动汽车动力电池类型

三元锂电池可视为钴酸锂、锰酸锂和镍酸锂电池的混合升级版，在能量密度、安全性和循环性等方面结合了三种电池的优缺点，并已成为动力电池领域的主流技术路线之一。根据正极材料中镍、钴、锰三种金属的不同比例，可将三元锂电池细分为NCM111、NCM532、NCM622、NCM811等。例如，NCM532是三元锂电池中镍、锰、钴的比例为5:3:2。一般来说，在三元锂电池中，镍含量越高，电池的能量密度越高，但安全性越差。目前动力电池行业的最新技术是高镍三元锂电池，主要包括NCA和NCM811。其中，NCA是一种镍钴铝合金的混合物，其共同比例为8:1.5:0.5。动力电池组的能量密度可达到300W·h/kg，高于目前能量上限约为280W·h/kg的NCM811电池。NCA生产环境极其恶劣，生产成本和技术要求高。NCA技术还不成熟，商品化程度还较低。

从发展历史上看，圆柱形电池是最早使用的电池，目前生产已经标准化。主流型号是18650和21700（直径为21mm，高度为70mm的圆柱形电池）。后来，由于方形电池排列方式更为紧密，空间利用率高，单位体积电池组中结构件更少，重量更轻，因此，系统中电芯的能量密度下降幅度更小（根据美国Agung实验室的计算，圆柱形电池的能量密度下降约40%，方形电池的能量密度下降约30%）。此外，方形电池在充放电比、循环寿命和安全性方面都优于圆柱形电池。虽然圆柱形电池组重量较大，成组后系统能量密度下降较多，但该电池组技术成熟，生产效率高，成组成本低，电池产量高，一致性好，散热快，便于多种形式的组合，与NCA、NCM811等高镍材料的结合较好。目前，装有NCA正极材料的21700型圆柱形电池已应用于特斯拉Model3型，其能量密度可达300W·h/kg。今后，圆柱形电池的发展方向可能是向续驶里程要求更高的高端乘用车用高镍三元锂电池方向发展，型号将从18650型发展到21700型，体积和容量更大。软包电池重量轻，结构占用空间小，三元软包电池的容量比同等尺寸的钢壳三元锂电池高10%~15%，但由于铝塑膜成本较高，且依赖进口，并且软包电池比其他形式的电池具有更低的机械强度和一致性，因此一些高镍负极材料如NCA更难使用软包装形式。

2. 锂离子蓄电池正极材料与负极材料

锂离子动力电池具有独特的重量和电压优势，其类型主要取决于正极和负极材料的精确组合。锂离子蓄电池与传统的铅酸蓄电池和镍铬电池相比，具有能量密度高、循环寿命长、充放电性能好、使用电压高、无记忆效应、污染小、安全性高等优点。锂电池从应用层分类可以分为消费型锂电池、动力电池和储能电池。锂离子蓄电池最早主要应用于消费电子领域，随着技术的发展和电池性能的不断提高，它正逐渐被用来为电动工具和电动汽车等提供动力。

（1）正极材料与负极材料的作用　充电过程中，带正电的锂离子从阴极流过电解液/隔膜进入阳极并存储在阳极中；电子通过外部电路从负极流向正极，当锂离子不再流动时，电池充满电。

以钴酸锂为例。在放电过程中，锂离子通过电解液返回阴极，电子通过外部电路返回负极。当所有的离子都回到阴极时，电池就放电了（图2-13）。

图2-14所示为各种典型正负极材料锂的电位差和理论比容量，不同的正负极材料对锂有不同的电位和比容量。

（2）正极材料　目前使用的正极材料主要包括六方层状材料（LCO）、锂镍钴铝（NCA）、锂镍锰钴氧化物（NMC）和尖晶石锂锰氧化物（LMO）、橄榄石结构的磷酸铁锂

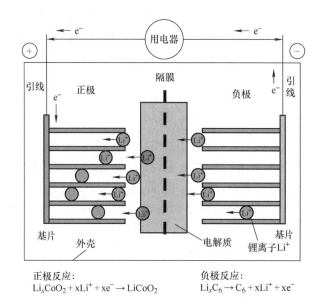

图 2-13 锂离子蓄电池放电过程

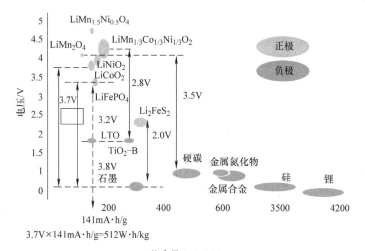

图 2-14 各个正负极材料比容量

注：锰酸锂（$LiMn_2O_4$），镍酸锂（$LiNiO_2$），钴酸锂（$LiCoO_2$），磷酸铁锂（$LiFePO_4$），低温氧化物（LTO）。

（LFP）等材料。其中三元正极材料、磷酸铁锂材料、钴酸锂材料是目前比较成熟的锂离子动力电池正极材料。

1）六方层状材料具有高能量和高功率的优点，但是其缺点是热不稳定性、寿命短和负载容量有限。

2）锂锰氧化物具有高功率、热稳定性、高安全性和低成本的优点，对提升热管理系统效能具有一定优势，但是比其他阴极材料的容量低，使用寿命短。

3）锂镍钴铝具有较高的比能量、良好的比功率和长的循环寿命，但是安全性较低，成本较高。

4) 锂镍锰钴氧化物中的镍具有高比能量，锰成分可降低电池内阻，并提供高比能量和功率。但是镍的稳定性不高，锰提供的比能量低。

5) 磷酸铁锂具有固有的安全性和热稳定性优势，在恶劣条件下更安全。磷酸铁锂作为正极材料具有较高的电池额定电流和较长的循环寿命。但是低电压、低容量是磷酸铁锂材料的缺点，这也导致磷酸铁锂材料的能量密度低于其他材料。

锂离子蓄电池正极材料既是电动汽车发展的瓶颈，也是其发展的关键所在。目前，锂硫电池正极材料技术已经取得突破，锂硫电池（Li-S）具有高的理论比容量（1675mA·h/kg）和高的理论比能量（2600W·h/kg），而且硫储量丰富，价格低廉，不会对环境造成污染。因此，锂硫电池（Li-S）的发展对减少化石燃料使用及环境保护有重要的意义，在电动储能方面有很好的应用前景，但是锂硫电池需要抑制锂硫电池的穿梭效应，提高正极材料的循环利用率。

（3）负极材料 动力电池工业中的负极材料主要有石墨/碳基、钛酸锂（LTO）和硅合金（Si）。

1) 石墨/碳基材料具有良好的机械稳定性、良好的导电性、锂离子输运能力和较高的克容量，但是体积容量较低是石墨/碳基材料的缺点。

2) 钛酸锂具有耐快速充放电、固有安全、寿命长等优点，但是能量密度低，成本高于石墨。

3) 硅合金具有高质量/容量、低成本和化学稳定性好的优点，但是在进行充电时存在高机械膨胀问题。

随着电动汽车锂离子蓄电池技术的进一步成熟和发展。目前，锂离子蓄电池负极材料向着高容量密度、低成本、长循环方向发展。目前我国的锂电池负极材料产能所占的比重在国际上得到了进一步提升，品种也更加丰富和多元化。

3. 锂离子蓄电池工作原理

锂离子蓄电池是以锂离子嵌入化合物为正极材料的电池总称。锂离子电池作为一种蓄电池，主要特点是充放电过程中工作，锂离子可以自由通过电池的正负极。

如图2-15所示，锂离子进入电极的过程称为"嵌入"，离开电极的过程称为"脱嵌"。在充电过程中，锂离子从正极通过电解液进入负极，并嵌入多孔电极材料中；在放电过程中，锂离子从负极通过电解液进入正极。锂离子蓄电池的充放电过程是锂离子在正负极之间反复嵌入与脱嵌的过程，因此也被比喻为"摇椅电池"。

锂离子蓄电池依靠锂离子在正负极之间嵌入与脱嵌，实现对电池的充放电。电池充电时，正极上会产生锂离子，并向负极层状结构移动，导致正极耗尽锂，负极富含锂的状态。电子通

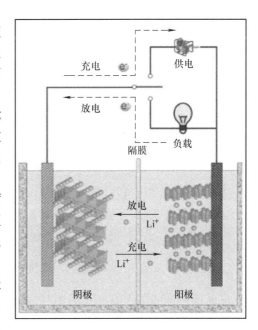

图2-15 锂离子在充放电过程中的转移

过外部电路到达负极,以确保电荷平衡。当电池放电时,嵌入在负极碳层中的锂离子被剥离并移回正极,这与充电过程相反。

在磷酸铁锂电池的锂离子充放电过程中,既有锂离子在电解液中的迁移和在电极材料中的扩散,也有发生在电极材料界面的电荷转移和电化学反应。它们对磷酸铁锂电池的充放电性能都有不同程度的影响。

以钴酸锂电池为例,在其内部的阴极将发生以下可逆化学反应:

$$LiCoO_2 \rightleftharpoons Li_{(1-x)}CoO_2 + xLi^+ + xe^-$$

相应地,在阳极的相应电化学反应为

$$xLi^+ + xe^- + 6C \rightleftharpoons Li_xC_6$$

在某些情况下,电池内部的化学反应可能与上述标准反应有所差异。

在过放电情况下,阴极侧可能发生如下反应:

$$Li^+ + LiCoO_2 \rightarrow Li_2O + CoO$$

可以看出锂离子被堵塞,不能被重复使用。同时,这种不可逆的化学反应会破坏负极材料,导致电池寿命缩短。在过充电的情况下,正极侧可能发生以下反应:

$$LiCoO_2 \rightarrow Li^+ + CoO_2$$

与负极上的不可逆反应类似,过充电和过放电操作不当也会导致负极上活性物质的缺乏,从而降低锂离子蓄电池的寿命。除此之外,过充电和过放电反应比正常反应会释放出更多的热量,加速了电池的温升,并可能会导致锂离子蓄电池的热失控。

以磷酸铁锂电池为例,磷酸铁锂电池(图 2-16)是以磷酸铁锂材料为正极、石墨材料为负极的锂离子蓄电池,具有规则排列的橄榄石晶体结构。在正负电极之间循环的锂离子被可逆地嵌入与脱嵌到这些晶格中。隔离器是一种特殊的微孔结构聚合物薄膜,锂离子可以自由通过,隔离正负极,避免短路。

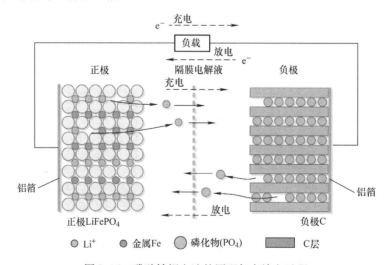

图 2-16 磷酸铁锂电池的原理与充放电过程

三元锂电池的工作原理(图 2-17)是通过氧化还原反应将化学能转化为电能。放电时,内部物质 A 变成物质 B,化学能变成电能;充电时,物质 B 又变成物质 A,变成化学储能,锂离子不断地从电池内的正负电极材料层中嵌入和脱嵌,形成循环。不同的电池负极材料也会导致不同的电池特性。当电池充电时,锂离子在电池的正极上生成,生成的锂离子通过电解液移动到负极。负极碳具有层状结构,且具有许多微孔。到达负极的锂离子嵌入到碳层的微孔中。嵌入的锂离子越多,充电容量越大。同样,当电池放电时,嵌入在负极碳层中的锂离子会出来并移回正极。锂离子返回正极越多,放电容量越大。

表2-2列出了锂离子蓄电池正极材料的特性。与其他动力电池相比,锂离子动力电池具有电压高、比能量高、充放电寿命长、无记忆效应、无污染、充电速度快、自放电率低、工作温度范围宽、安全可靠等优点。它已成为未来电动汽车的理想动力源。与镍

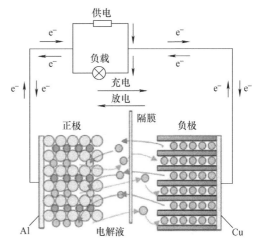

图2-17 三元锂电池的工作原理

氢电池相比,混合动力汽车使用锂离子蓄电池可使电池组质量降低40%~50%,体积减小20%~30%,在一定程度上提高了能效。

表2-2 锂离子蓄电池正极材料的特性

名称	钴酸锂	锂镍钴锰三元	锰酸锂	磷酸铁锂
振实密度/(g/cm³)	2.8~3.0	2.0~2.3	2.2~2.4	1.0~1.4
比表面积/(m²/g)	0.4~0.6	0.2~0.4	0.4~0.8	12~20
克容量/(mA·h/g)	135~140	140~180	90~100	130~140
电压平台/V	3.7	3.5	3.8	3.2
循环性能	≥500次	≥500次	≥300次	≥2000次
过渡金属	贫乏	贫乏	丰富	非常丰富
原料成本	很高	高	低廉	低廉
环保	含钴	含镍、钴	无毒	无毒
安全性能	差	较好	良好	优秀
适用领域	中小电池	小电池/小型动力电池	动力电池、低成本电池	动力电池/超大容量电源

与镍氢电池相比,锂离子蓄电池在槽电压约3.6V时具有更高的能量密度,这些电池在理论上相对稳定,具有低的自放电程度,在放电阶段具有恒定的电压,并且不具有记忆效应。然而,锂离子蓄电池由于储能高、工作温度高、充放电电流大、深度放电频繁等原因,使其寿命缩短。锂离子蓄电池与其他蓄电池的比较见表2-3。

表2-3 锂离子蓄电池与其他蓄电池的对比

项目	镍镉电池	镍氢电池	铅酸蓄电池	锂离子蓄电池	聚合物锂离子蓄电池
能量密度/(W·h/kg)	45~80	60~120	30~50	110~160	160
循环寿命	1500	300~500	200~300	500	500
快速充电时间/h	1	2~4	8~16	2~4	2~4
耐过充能力	中等	低	高	低	低
自放电/月	20%	30%	5%	10%	10%
单体电压/V	1.25	1.25	2	3.6	3.6

（续）

项目	镍镉电池	镍氢电池	铅酸蓄电池	锂离子蓄电池	聚合物锂离子蓄电池
负载电流（峰值）	20C	5C	5C	2C	2C
负载电流（最佳值）	1C	0.5C 或更低	0.2C	1C 或更低	1C 或更低
工作温度/℃	-40~60	-20~60	-40~60	-20~60	-20~60
维护要求	30~60 天	60~90 天	3~6 月	不需	不需
典型价格（相对值）	50	60	25	100	100
环境影响	含有毒金属	轻微毒性	环境污染	环境友好	环境友好
记忆效应	有	轻微	无	无	无
耐滥用性	高	高	低	低	中等
运输问题	无限制	无限制	受限制	受限制	受限制

锂离子动力电池的结构如图 2-18 所示。传统锂离子动力电池受到机械损伤会引起内部短路，其产生的高电流强度会导致相应的高温。因此，电池外壳也必须设计成防火的。

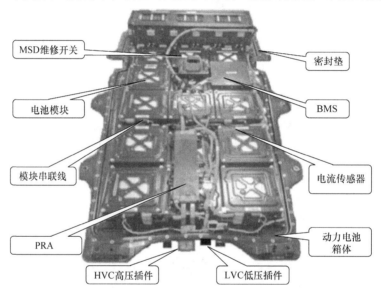

图 2-18 锂离子动力电池结构

目前全球各大厂家在电动汽车中使用的锂离子动力电池技术见表 2-4。

表 2-4 全球各大厂家在电动汽车中使用的锂离子动力电池技术

锂离子动力电池	重量/kg	电压/V	容量/A·h	能量/kW·h	冷却方式
智能 ED	148	<400	16.5	6.2	液体
奔驰 S 级	28	126	7	0.8	电子控制
宝马 7 系	28	126	7	0.9	电子控制
欧宝	198	360	44.4	16	液体
特斯拉	450	375	135	53	液体
奔驰威霆 E	400	360	100	36	液体
丰田普锐斯	140	345.6	15	5.2	空气
奔驰 ATEGO 混动版	125	345	5.5	1.9	空气
奥迪 Q5 混动版	38	266	5	1.3	空气+电子控制

4. 锂离子动力电池测试

锂离子动力电池的电化学基本性能包括容量、电压、内阻、自放电、存储性能、高低温性能等，动力电池作为典型的化学电源还包括充放电性能、循环性能、内压等，因此，对于动力电池单体而言，主要性能测试内容包括充电性能测试、放电性能测试、放电容量及倍率性能测试、高低温性能测试、能量和比能量测试、功率和比功率测试、存储性能及自放电测试、寿命测试、内阻测试、内压测试和安全性测试等。

从车辆实际应用角度出发，应用于电动汽车的动力电池需要以动力电池组作为测试对象进行适合于车用级系列测试。如静态容量检测、峰值功率检测、动态容量检测、部分放电检测、静置试验、持续爬坡功率测试、热性能、起动功率测试、电池振动测试、充电优化和快速充电能力测试、循环寿命测试以及安全性测试等。

2.2.2 其他电池

为电动汽车提供动力的动力电池包括传统的铅酸蓄电池、镍氢电池和锂离子蓄电池等。在实际应用中，混合动力汽车使用的动力电池主要是功率型动力电池，纯电动汽车使用的动力电池是能量型动力电池。

1. 铅酸蓄电池

铅酸蓄电池是一种主要由铅及氧化铅制成电极，电解液是硫酸溶液的动力电池。它分为两种类型：排气式动力电池和免维护铅酸蓄电池。

在铅酸蓄电池的放电状态下，正极的主要成分是二氧化铅，负极的主要成分是铅。在充电状态下，正负电极的主要成分是硫酸铅。铅酸蓄电池的结构如图 2-19 所示，主要由管式正极板、负极板、电解液、隔膜、动力电池箱、动力电池罩、极柱和注液盖组成。

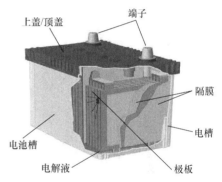

图 2-19 铅酸蓄电池的结构

铅酸蓄电池的主要电能转换部件是正负极板和电解液。正极板和负极板采用铅锑合金矩形框架，具有较高的强度和抗氧化性，框架内设有交错的金属网格。正极板在网格中填充褐色海绵状二氧化铅（PbO）活性材料，负极板栅填充青色海绵状纯铅（Pb）。正负极板相互配合，中间插入塑料或玻璃纤维制成的网状隔板，以防止短路。电池槽由耐腐蚀的硬塑料压铸而成，用来容纳电解液和正负极板。12V 蓄电池槽通常由 6 个单元格串联而成。电池电解液由纯蒸馏水和硫酸铵一定比例配制而成。当温度为 20℃时，我国南方电解液的密度为 $1.20\sim1.25\mathrm{g/cm^3}$，我国北方电解液的密度为 $1.28\sim1.30\mathrm{g/cm^3}$。

铅酸蓄电池最明显的特点是顶部有一个可拧的塑料密封盖，上面有一个通风孔，用于注入纯净水、检查电解液和排出气体。理论上，铅酸蓄电池每次保养时都需要检查电解液的密度和液位。现代的铅酸蓄电池已经发展成为铅酸免维护电池和胶体免维护电池，不需要添加电解液或蒸馏水，其原理是利用正极产生氧气，可在负极处吸收达到氧循环，从而防止水分减少。

铅酸蓄电池的工作过程是化学能和电能的相互转化。当动力电池将化学能转化为电能并对外供电时，称为放电过程；当动力电池将电能转化为化学能时，称为充电过程。电池充电时，在外加电场的作用下，正负极板中的硫酸沉淀到电解液中，电解液中的硫酸浓度增加。

同时，正极板的主要成分变成 PbO_2，负极板变成纯 Pb。在放电过程中，负极板铅与电解液中的 SO_4^{2-} 离子反应生成 $PbSO_4$，并通过负载向正极释放电子，形成电流。同时，正极和负极 PbO_2 获得电子并与 SO_4^{2-} 反应生成 $PbSO_4$，反应过程为

$$PbO_2 + Pb + 2H_2SO_4 \underset{充电}{\overset{放电}{\rightleftharpoons}} 2PbSO_4 + 2H_2O$$

2. 镍氢电池

镍氢电池的比能量较高、技术成熟且价格较低，在低温性能和安全性方面优于锂离子蓄电池，在新能源汽车的实际应用中占据着重要地位。镍氢（MH – Ni）电池分为高压镍氢电池和低压镍氢电池。

镍氢电池的结构如图 2-20 所示，主要用于混合动力汽车，由氢氧化镍正极、储氢合金负极、隔膜、电解液、钢壳、顶盖、密封圈等组成。在方形电池中，正负极由隔膜分开后叠成层状密封在钢壳中。在圆柱形电池中，正负极用隔膜分开并卷绕在一起，然后密封在钢壳中。活性材料构成电极极片方式主要有烧结式、浆料式、泡沫镍式、纤维镍式和嵌渗式。

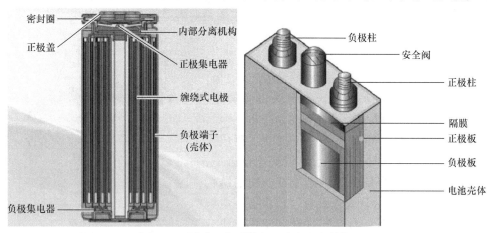

图 2-20　圆形、方形镍氢电池电芯的结构

镍金属氢化物电池正极活性物质为 Ni（OH）$_2$（称为 NiO 电极），负极活性物质为金属氢化物，也称为储氢合金（电极称为储氢电极），电解质为 6mol/L 氢氧化钾溶液。现代特种混合动力汽车采用镍氢电池作为动力源，电池电压约为 1.2V。镍氢电池在充放电过程中产生的是氢气和氧气，在储氢合金的催化作用下还可以消耗部分氢气和氧气，起到耐压作用。当压强过高还可以通过安全阀排除，对外界无任何污染。同时镍氢电池自放电较低，大大提高了电池充放电循环次数。镍氢电池的内部通过氢氧根离子、氢离子隔膜将正极和负极隔开，其充放电化学反应如下：

正极：Ni（OH）$_2$ + OH$^-$ = NiOOH + H$_2$O + e$^-$

负极：M + H$_2$O + e$^-$ = MH$_{ab}$ + OH$^-$

总反应：Ni（OH）$_2$ + M = NiOOH + MH

反应式从左到右的过程为充电过程，反应式从右到左的过程为放电过程。

充电时正极的 Ni（OH）$_2$ 和 OH$^-$ 反应生成 NiOOH 和 H$_2$O，同时释放出 e$^-$ 一起生成 MH 和 OH$^-$，总反应是 Ni（OH）$_2$ 和 M 生成 NiOOH，储氢合金储氢；放电时与此相反，MH$_{ab}$ 释

放 H^+，H^+ 和 OH^- 生成 H_2O 和 e^-，$NiOOH$、H_2O 和 e^- 重新生成 $Ni(OH)_2$ 和 OH^-。电池的标准电动势为 1.319V。

过放电时正极上生成氢：$2H_2O + e^- \rightarrow H_2 + OH^-$；负极上消耗氢：$H_2 + 2OH^- \rightarrow 2H_2O + 2e^-$。

无论是过充电还是过放电反应，总体上均没有发生净变化，以正极活性物质容量来保证对电池容量的要求。根据法拉第定律，其理论用量：$mo(g) = 3600MQ/nF$，其中 M 为摩尔质量，n 为电极反应过程中得失电子数，Q 为所设计电池容量（A·h），F 为法拉第常数，实际过程中要考虑利用率等因素，比计算值多 10%～20%。负极活性物质用量应考虑电池充电后期产生过量气体的影响，必须过量 20%～50%。

镍氢电池正极板（MH）是一种通过正极板夹层将氢可逆地储存到晶格中以形成金属氢化物的金属合金。负极板是由氢氧化镍（$NiOOH$）制成的。负极板比正极板大得多，因为在放电过程中唯一被氧化的是氢（H_2），而不是金属。氢氧化钾溶液在充放电过程中保持恒定，几乎没有"记忆效应"，使用寿命长，可使用10年。

3. 飞轮电池

飞轮电池是20世纪90年代提出的一种新概念电池，属于物理电池。简单地说，它的原理与飞轮旋转时存储、释放能量的过程相似，通过转动惯量实现其自身的充放电。飞轮电池是一种典型的机电一体化装置，由飞轮电池本体、电子装置和控制器三部分组成。飞轮电池主体主要由飞轮、集成电动机和集成发电机、真空容器和磁悬浮轴承组成。

飞轮电池电动汽车利用储存在飞轮上的机械能驱动汽车前进，其推进系统由飞轮电池、电机控制器、电机和传动系统组成。充电时，飞轮中的电机作为电动机运行，在外部电源的驱动下驱动飞轮旋转，达到很高的转速，从而完成电能—机械能转换的储能过程。放电时，飞轮中的电机充当发电机。在运行过程中，利用飞轮向外输出电能，完成机械能—电能转换的释放过程。飞轮电池充电速度快，放电完全，非常适合在混合动力汽车上使用。车辆在正常运行和制动时对飞轮电池充电，在加速或爬坡时由飞轮电池为车辆提供动力，确保车辆以稳定、最佳的速度运行，从而降低油耗、空气和噪声污染，并可减少维修和延长寿命。在混合动力汽车的应用案例中，飞轮电池飞轮可以储存能量。

就目前的技术而言，飞轮电池电动汽车还没有得到广泛的应用。根据飞轮储能装置本身的特点，它更适合于混合动力汽车应用。在飞轮电池电动汽车的应用中，目前应用最广泛的储能电池无疑是化学能电池。飞轮电池与其他电池比较有很多优点，价格便宜，技术成熟。

4. 超级电容器

超级电容器是20世纪70年代和80年代发展起来的一种通过极化电解液储存能量的电化学元件，又称为电化学电容器、双电层电容器、黄金电容器、法拉电容器，是介于传统电容器和充电电池之间的一种新型储能装置。它具有电池的储能特性。电容器的大小取决于电极的表面积和两个电极之间的距离。传统电容器的电极表面积是导体的平坦面积，为了获得更大的容量，导体材料通常需要长时间卷起，有时采用特殊的表面结构来增加其表面积。从结构上看，它与电解电容器非常相似。简单地说，超级电容器是基于双电层原理的电容器。它包括正极、负极和两个电极之间的隔膜，电解液填充在由隔膜分开的两个电极中。

超级电容器工作原理：如果在电解液中插入两个电极并施加电压，在电场的作用下，电解液中的正负离子会迅速移动到两极，最终在两个电极的表面形成紧密的电荷层。当外加电压施加在超级电容器的两个极板上时，极板的正极存储正电荷，负极存储负电荷，在超级电容器的两个极板上产生电场。在电解液和电极之间的界面形成相反的电荷，以平衡电解液的内部电场。正电荷和负电荷在两相间的接触面上相反的位置，正电压和负电压之间的间隙非常小，所以电容很大。

超级电容器在能量回收和存储技术方面的发展，包括将汽车制动能量转化为电能和汽车下坡势能转化为电能，也就是能量自适应处理技术和电能缓冲存储技术。对于由大量电池组成的大容量超级电容器模块，能量管理技术有助于超级电容器组最大化存储容量，延长其使用寿命，并提高电源的稳定性和可靠性。

5. 锂空气电池

锂空气电池是以锂为负极，空气中的氧为正极反应物的电池。锂空气电池结构使用柔性基板作为底层，并分别从底部到顶部加工图案化导电涂层、金属锂负电极、绝缘阻挡层、空气电极及水阻塞和透气膜。锂空气电池比锂离子蓄电池具有更高的能量密度。因为里面的氧气是从环境中获取的，而不用储存在电池中。

金属锂的负极采用有机电解液，正极的空气电极采用水性电解液，水性电解液可用作可充电电池或燃料电池。如果负极的有机电解液和空气电极的水电解质通过只能穿过锂离子的固体电解质分离，则可以防止两种电解质混合，并且可以促进电池反应，防止氧化锂（Li_2O）析出（正极的固体反应物）。

锂空气电池通过放电反应不产生固体氧化锂（Li_2O），而是容易溶于水电解液的氢氧化锂（LiOH），从而不会堵塞空气电极的碳孔。此外，由于水、氮等不能通过固体电解质隔膜，因此不存在与负极锂金属发生反应的危险。此外，还提供了充电用正极，以防止充电过程中空气电极的腐蚀和劣化。锂空气电池的负极为金属锂条，负极电解液为含锂盐的有机电解液，中间设有锂离子固体电解质，用于分离正极和负极。正极的水电解质使用碱性水溶性凝胶，并与由细碳和廉价氧化物催化剂形成的正极结合。

由于氧不限于作为正极反应物，锂空气电池的容量仅取决于锂电极，其比能量为 $5.21kW \cdot h/kg$（包括氧质量），或 $11.4kW \cdot h/kg$（不包括氧）。与其他金属空气电池相比，锂空气电池具有更高的比能量。锂空气电池的放电过程是负极的锂释放电子，变成锂离子（Li^+）。Li^+ 穿过电解质材料，并将正电极与氧和从外部电路流出的电子结合以生成氧化锂（Li_2O）或过氧化锂（Li_2O_2），并保持在正极上。锂空气电池的开路电压为 2.91V。

新型的锂空气电池没有电的时候不需要充电。只需更换正极的水性电解液，或更换负极的锂金属即可。与目前电动汽车使用的电池相比，锂空气电池更轻，车身重量也会相应减轻，这意味着电动汽车一次充电可以行驶更长的距离。锂空气电池的能量密度也较高，理论上，30kg 金属锂释放的能量与 40L 汽油释放的能量基本相同。新型锂空气电池的能量密度远大于锂离子蓄电池。锂空气电池的正极利用空气中的氧气作为活性物质，理论上，正极的容量是无限的，可以实现大容量储能。金属锂可以很容易地从使用过的水电解液中提取出来，如果在汽车上更换正极的水性电解液，并可用插盒的方法补充负极的锂金属，这样汽车就可以连续行驶，而不需要等待充电时间。

6. 锂硫电池

锂硫电池是以硫为正极，金属锂为负极的锂电池。如图 2-21 所示，其结构主要由正极、负极、电解液、电解液添加剂、涂层、隔膜等组成。在正负极间加层的设计和隔膜的改进可以有效地抑制多硫化物的扩散和负极的锂枝晶，从而提高活性物质的利用率，延长电池的使用寿命。

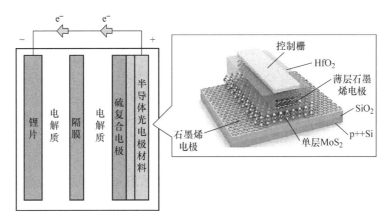

图 2-21　锂硫电池结构

锂硫电池的工作原理：锂在放电过程中，当锂失去电子而变成锂离子时，负极发生反应；当硫与锂离子和电子发生反应形成硫化物时，正极发生反应。在外加电压的作用下，锂硫电池的正负反应方向相反，即充电过程。根据 S_2^- 所能提供的元素硫量，硫的理论放电质量比容量为 1675mA·h/g，同样，锂离子的理论放电比容量为 3860mA·h/g，锂硫电池的理论放电电压为 2.287V，当硫和锂完全反应形成硫化锂（Li_2S）时，相应锂硫电池的理论放电质量比能量为 2600W·h/kg。

在充放电过程中，硫正极发生形态结构变化，其体积膨胀率达到 79%，会影响正极中活性物质与导电相的接触，在充放电循环中造成不可逆的容量损失。在放电过程中，负极中的锂原子失去一个电子而形成锂离子，在浓度差的作用下通过电解液输送到正极；正极中的硫元素被还原，与锂离子生成硫化锂。同时，发射的电子通过外部电路传输到正极，形成一个完整的电路。充电过程中的反应与放电过程正好相反，锂离子被输送回负极以获得电子并还原成锂单质，多硫化物失去电子并被氧化再生成硫单质。充电结束时，一些不可逆的 Li_2S_2 和 Li_2S 沉积在电极表面，导致活性物质的损失。

锂硫电池具有更高的理论比容量和理论比能量，分别达到 1675mA·h/g 和 2600W·h/kg。硫是一种环保元素，基本上对环境没有污染，因此锂硫电池是一种非常有前途的锂电池。

为了提高活性物质硫的利用率，必须限制多硫化锂的溶解和电池的循环性能。在电解液的改性中，在电解液中加入固体电解质、凝胶电解质或 $LiNO_3$ 离子液体，以限制电极反应过程中产生的多硫化锂的溶解，降低"飞梭效应"，提高活性物质硫的利用率，从而提高锂硫电池的循环性能。

7. 锌空气电池

锌空气电池主要由锌阳极、空气电极和电解液组成。负极金属锌经历氧化反应，正极空气电极用作锌空气电池的氧还原反应。大气中的氧首先通过空气电极的防水透气层传递到反应区，然后在催化剂与液相接触的反应区的气、固、液三相界面发生氧还原反应。由于空气电极催化层上的催化剂本身不具有反应消耗，因此可以通过增加负极中锌的含量来实现锌空气电池的高容量。

锌空气电池的空气电极主要包括防水透气层、集电器和催化剂层。防水透气层主要允许空气中的氧气进入，但水不能进入；集电器起导电作用；催化剂层主要是促进氧在催化剂作用下进行氧还原或制氧反应。空气电极的一侧与电解液接触，另一侧与空气中的氧接触，发生三相界面反应。锌空气电池在放电过程中，大气中的氧气缓慢地转移到催化剂层的反应区，在催化剂的促进下，氧气还原反应加快。对于可充电锌空气电池，在充电过程中，空气电极充当负极，在电极表面发生析氧反应。

锌空气电池工作原理是利用空气扩散电极吸附空气中的氧作为正极活性物质，锌作为负极。理论上，锌空气电池正极所需的氧气可以由大气提供，只要不断更换锌板并补充电解液，锌空气电池就可以继续工作。由于锌空气电池中锌的作用类似燃料，锌空气电池通常被称为锌半燃料电池。

在各种金属空气电池中，锌空气电池具有较高的能量密度，理论质量比能量可达到 $1353W·h/kg$，原料锌储量丰富，成本低，对环境友好。可充电锌空气电池主要包括电动可充电锌空气电池和机械可充电锌空气电池。锌空气电池在充电过程中，会出现枝晶生长、锌电极变形、钝化等问题，导致电池负极性能下降，在一定程度上阻碍了锌空气电池的发展。

8. 铝空气电池

铝空气电池的化学反应与锌空气电池相似。铝空气电池采用高纯铝（含铝99.99%）为负极，氧气为正极。铝在电解质中吸收空气中的氧气，在电池放电时产生化学反应转化为氧化铝。随着技术完善，铝空气电池在电动汽车上的应用可以取得良好的效果，应用前途广泛。

铝空气电池由铝电极、空气电极、电极片和结构体四部分组成。在电池中，铝（Al）用作负极，氧用作正极。在铝空气电池的两侧有一对辅助空气电极。铝空气电池正极在使用过程中只消耗铝和少量水。

铝空气电池工作原理：铝合金电极与电解液中的 OH^- 连续反应生成 $Al(OH)_4^-$ 并发射电子，电子通过外部电路负载流入空气电极（正极），空气电极获得电子并随水还原反应生成 OH^-，化学反应持续进行，铝电极和氧气不断消耗，电子继续流动形成电流发电。其中，当 $Al(OH)_4^-$ 达到一定浓度时，会自然生成 $Al(OH)_3$，氢氧化铝在自然条件下会损失 Al_2O_3。

在电池放电过程中，铝被连续消耗并产生 $Al(OH)_3$，当氧气扩散到空气电极的三相反应界面时发生还原反应。

铝空气电池虽然比能量高，但比功率低，充放电速度慢，电压滞后，自放电率大，需要一个热管理系统来防止铝空气电池在运行过程中过热。使用这种电池的汽车仍然需要保留锂电池。铝电池只有在锂电池能量耗尽后才会工作，因此可以长时间使用，而且每个月只需要充水即可。

9. 全固态电池

全固态电池是非常安全的电池，其中没有易燃的有机电解液，所有全固态电池都可以使用锂金属作为阳极材料。致密的固体电解质陶瓷层既可以作为隔膜，又可以防止锂枝晶的生长，这是锂金属阳极应用的核心问题。

根据电池容量的不同，全固态电池可分为小容量薄膜全固态电池和大容量叠层全固态电池。薄膜全固态电池通常由正极、电解液、负极和集电器通过涂覆法依次沉积而成，最后组装成电池。薄膜全固态电池所用的电解液一般是 LiPON、钙钛矿型和 Ganet 型等。硫化电解液具有一定的韧性，可以在不进行热处理的情况下，通过冷压成型组装全固态电池，电池组

装过程与有机电解液电池的装配相似，并且可以组装多个电池串联在一起的电池组。

所有全固态锂电池的工作原理与传统锂电池类似。在充电过程中，锂离子在正极处被脱嵌并扩散到负极。此时，固体电解质充当离子传输介质。锂离子到达负极后，发生还原反应并存储在负极材料中。在放电过程中，锂离子在负极处脱嵌并通过固体电解质扩散到正极，电子在外电路中迁移。

全固态电池主要由四层10cm×10cm的片状结构组成。正负极和电池体由钴酸锂、石墨和硫化物组成，平均电压为14.4V。与传统的液体电池相比，全固态电池不仅工艺简单、安全稳定，而且电导率高、输出功率大。当温度低于100℃时，全固态电池仍能正常工作，而传统的液体电池在这种情况下电解液会沸腾。

与传统动力电池相比，前沿的全固态电池技术具有密度增大的优势。在全固态电池具有密度优势的前提下，还需要通过其他手段继续优化整个电池组的密度。因此，对于整个电池组，应尽量减少其他电线或冷却系统的空间和重量占用，改善电池组的整体密度。

全固态电池有更好的应用前景，但还存在一些问题：固态电解质与电极的界面是全固态电池面临的主要问题，锂离子在电解液中的传输阻抗较大，与电极接触的刚性界面接触面积小，充放电过程中电解质体积的变化容易破坏界面的稳定性。在全固态锂电池中，除了电解液和电极之间的界面外，电极内部还有复杂的多级界面，电化学因素和变形因素都会引起接触失效，从而影响电池的性能。在使用过程中，全固态电池的结构和界面会随着时间的推移而退化，并且长期性能不稳定。

10. 燃料电池

燃料电池是一种将燃料所含的化学能直接转化为电能的化学装置，也被称为电化学发生器。燃料电池的两个电极由固体或液体电解质分开，电解质之间带电荷。在电极上，通常使用催化剂来加速电化学反应。在两个电极之间的电位差作用下，电子通过外部电路流向阴极或负极。在阴极，正离子和氧结合产生反应物或废气。这种电化学反应与氢在氧中的剧烈燃烧反应完全不同，只要阳极持续地输入氢气，阴极持续地输入氧气，电化学反应就将持续进行，生成的电子将不断通过外部电路流动形成电流，不断地向汽车供电。

在氢燃料电池的应用中，单一燃料电池组不能发电，也不能用于汽车，必须和燃料供给与循环系统、氧化剂供给系统、水/热管理系统和控制系统组成燃料电池发电系统，才能对外输出功率。

根据电解质的不同，燃料电池可分为质子交换膜（PEM）或聚合物交换膜燃料电池（PEMFC）、碱性燃料电池（AFC）、磷酸燃料电池（PAFC）和熔融碳酸盐燃料电池（MCFC）、固体氧化物燃料电池（SOFC）和直接甲醇燃料电池（DMFC）等。汽车燃料电池还必须具有比能量高、工作温度低、起动快、无泄漏等特点。在众多燃料电池中，质子交换膜燃料电池（PEMFC）具备了这些特点，被认为是最适合电动汽车使用的燃料电池。

质子交换膜燃料电池主要由质子交换膜、催化剂、正负极和双极集流板组成。

燃料电池是由阳极、阴极和离子传导电解质组成的原电池。其工作原理与普通电化学电池相似。借助于电化学过程，燃料在阳极氧化，氧化剂在阴极处还原。电子从阳极通过负载流向阴极，形成电路，产生电流，这是电解水的反作用。燃料和氧化剂连续且独立地供给电池的两个电极，并且在电极上发生反应。电池的阳极（燃料电极）通入氢（燃料），氢分子（H_2）在阳极催化剂的作用下分解成氢离子（H^+）、电子（e^-）。e^-从外部电路流向阴极，因为它不能通过电解液层。氧气（O_2）被输入到电池的阴极，在阴极催化剂的作用下分解成氧原子（O）。它与通过外部电路流向阴极的 e^- 和通过电解液的燃料 H^+ 结合，产生稳定的水分子（H_2O），电化学反应放出热量。

燃料电池的工作不仅取决于电池本身，而且还需要燃料和氧化剂子系统的供应以及反应产物与电池堆的排放以形成完整的燃料电池系统。燃料电池可以使用各种燃料，包括氢、一氧化碳和较轻的碳氢化合物。氧化剂通常是纯氧或空气。

燃料电池中阳极和阴极之间的电化学反应改变了正负电位，在正负电极之间产生电位差（E），即

$$E = \varphi_e^+ - \varphi_e^-$$

无论是哪种电解质，氢氧燃料电池的电动势为1.229V，反应产物水为气态时，电动势为1.18V。

燃料电池汽车是世界上主要汽车制造商和研发机构的研究热点。由于其高效、近零排放，被普遍认为具有广阔的发展前景。美国、欧盟、日本和韩国在燃料电池汽车的研究上投入了大量的资金和人力。通用、福特、克莱斯勒、丰田、本田、梅赛德斯等大公司都开发了燃料电池车型。我国也在不断加大对燃料电池汽车技术的研究，燃料电池汽车将在新能源汽车中占据重要地位，是解决环保问题的终极解决方案。

11. 液流电池

液流电池（Flow Battery）是由 Thaller 于1974年提出的一种电化学储能技术，由电堆、电解液、电解液存储罐（电解质槽）以及管理控制单元等部分构成，是利用正负极电解液分开，各自循环的一种高性能蓄电池，充放电时电解质会被补充到中间的发电室，而发电室有薄膜隔开两种溶液、形成两个电极，最后产生离子交换来发电，装载液流电池的电动汽车在结构上与氢燃料电池汽车结构相似。液流电池具有容量高、使用领域较广、循环使用寿命可达10年等特点。NanoFLOWCELL公司于2014年发布的 QUANT 48Volt 概念车搭载了一枚可调控的移动液流电池，续驶里程超过1000km。QUANT系列车型以盐水为储能介质，通过两个水箱之间的隔膜交换并转变为电荷，电力被储存并分配给超级电容器，通过电解质来给自己充电，它的能量密度比锂电池大5倍。

以铁铬液流电池为例，液流电池的工作原理（图2-22）为：通过正、负极电解质溶液活性物质发生可逆氧化还原反应（即价态的可逆变化）实现电能和化学能的相互转化。充电时，正极发生氧化反应使活性物质价态升高，负极发生还原反应使活性物质价态降低，放电过程与之相反。与一般固态电池不同的是，液流电池的正极和负极电解质溶液储存于电池外部的储罐中，通过泵和管路输送到电池内部进行反应。

液流电池的正、负极电解液储罐完全独立分离放置在堆栈外部，通过两个循环动力泵将正、负极电解液通过管道泵入液流电池堆栈中并持续发生电化学反应，通过化学能与电能进行相互转换作用来完成电能的储存和释放。工作时使用液泵对悬浮液进行循环，悬浮液在液泵或其他动力推动下通过密封管道在悬浮液存储罐和电池反应器之间连续流动或间歇流动，流速可根据悬浮液浓度和环境温度进行调节。

在液流电池中，活性物质储存于电解液中，具有流动性，可以实现电化学反应场所（电极）与储能活性物质在空间上的分离。与普通的二次电池不同，液流电池的储能活性物质与电极完全分开，功率和容量设计互相独立，易于模块组合和电池结构的放置。电解液储存于储罐中不会发生自放电。电堆只提供电化学反应的场所，自身不发生氧化还原反应。活

项目二　电动汽车动力电池类型

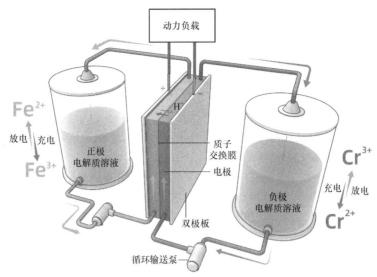

图 2-22　铁铬液流电池的工作原理

性物质溶于电解液,电极枝晶生长刺破隔膜的危险在液流电池中可大大降低。同时,流动的电解液可以把电池充电/放电过程产生的热量带走,避免了由于电池发热而产生的电池结构损害甚至燃烧。

液流电池是一种可充电燃料电池,其中含有一种或多种溶解的电活性元素的电解质流过电化学电池,该电化学电池将化学能直接可逆地转化为电能。电活性元素是溶液中可以参与电极反应或可以吸附在电极上的元素。液流电池可以通过更换电解液来快速充电,同时回收用过的材料进行充电。充电时,正极发生氧化反应活性物质价态升高,负极发生还原反应活性物质价态降低。放电时,正极活性物质价态降低,负极活性物质价态升高,液流电池释放出它所储存的能力。

液流电池根据电极活性物质的不同,可以分为全钒液流电池、锂离子液流电池、铅酸液流电池、铁铬电池、多硫化钠或多硫化溴电池、锌-溴体系电池等。具有代表性的主要有铁铬电池、多硫化钠/溴电池、锌-溴体系及全钒电池等。

其中,全钒氧化还原液流电池可以很容易地实现储能容量的经济扩容,通过更换电池堆进行重复使用,电解液和储能罐也能重复使用。钒电池的充放电效率约为75%,电池单元的输出响应很快,可以在几毫秒内完成从 0 功率运行到满功率输出,由于系统中其他设备的限制,钒电池系统的输出响应时间大约为 20ms。液流电池具有能量转换效率高、循环寿命长、蓄电容量大、选址自由、可深度放电、系统设计灵活、安全环保、维护费用低等优点。

铁铬液流电池主要由功率单元(单电池、电堆或电堆模块)、储能单元(电解液及储罐)、电解液输送单元(管路、阀门、泵、换热器等)和电池管理系统等组成。作为铁铬电池的核心部件,功率单元在一定程度上决定了系统的能量转换效率和建设成本。其中,铁铬电池单电池是电堆的基本单元,电堆是由多个单电池通过叠加形式进行紧固而成,是大功率模块的基本组成单元。

铁铬液流电池工作原理为:使用 Fe^{3+}/Fe^{2+} 和 Cr^{3+}/Cr^{2+} 电对分别作为正极和负极,通常使用 HCl 或者 H_2SO_4 作为支持电解质,水作为溶剂。正极和负极的标准电极电势分别为 0.77V 和 -0.41V,电池的标准开路电压为 1.18V。

液流电池特点如下:

1）额定功率和额定容量是独立的，功率大小取决于电池堆，容量大小取决于电解液。可通过新增电解液的量或提高电解质的浓度，达到新增电池容量的目的。

2）充放电期间电池只发生液相反应，不发生普通电池复杂的固相变化，因而电化学极化较小。

3）电池的理论保存期无限，储存寿命长。因为只有电池在使用时电解液才是循环的，电池不用时电解液分别在两个不同的储罐中密封存放，没有普通电池常存在的自放电及电解液变质问题。但电池长期使用后，电池隔膜电阻有所增大，隔膜的离子选择性有所降低，这些对电池的充放电及电池性能有不良影响。

4）具有很强的过载能力和深度放电能力，能100%深度放电但不会损坏电池。

5）电池结构简单，材料价格相对便宜，更换和维修费用低。

6）能量转化效率高，启动速度快，通过更换荷电的电解液，可实现"瞬间再充电"。

7）电池工作时正负极活性物质电解液是循环流动的，因而浓差极化很小。

相比氢燃料电池，虽然氢燃料电池汽车拥有许多跟汽油汽车一样的优点，但目前的配套基础设施却非常匮乏，充电速度慢。液流电池可以像传统电池或燃料电池一样工作，并在几秒钟内完成充电，另外它还可以通过移除废液更换新液体的方法展开充电。但是，目前液流电池还存在如下问题有待解决：

1）液流电池电解液 Cr^{3+} 离子的电化学活性较差、易老化、易发生析氢反应；电池运行期间，正负极活性物质的穿膜交叉反应，导致自放电，容量衰减以及复杂的副反应。

2）尽管通过升高温度在一定程度上可以改善 Cr^{3+} 离子的老化问题，或者通过引入添加剂或者改进电极性能，也可以提升 Cr^{3+} 离子的电化学反应活性，抑制析氢反应。然而，这些方法缺乏足够的电池性能数据。

3）液流电池结构复杂、体积大，技术不成熟，研发与应用成本较高，无法普及。

思 考 题

本项目的学习目标你已经达成了吗？请通过思考以下问题进行检验。

序号	问题	自检结果
1	什么是电芯？什么是电池模块？什么是动力电池包？	
2	动力电池的化学能与电能转换的基本原理是什么？列出化学反应式。	
3	列出动力电池系统额定电压、容量、总能量、重量比能量、总功率的计算公式。	
4	复述动力电池的主要性能指标。	
5	复述铅酸蓄电池的结构与工作原理。	
6	复述镍氢电池的结构与工作原理。	
7	复述锂离子蓄电池的结构与工作原理。	
8	复述飞轮电池的结构与工作原理。	
9	复述超级电容器的结构与工作原理。	
10	复述锂空气电池的结构与工作原理。	
11	复述锂硫电池的结构与工作原理。	
12	复述锌空气电池的结构与工作原理。	
13	复述铝空气电池的结构与工作原理。	
14	复述全固态电池的结构与工作原理。	
15	复述燃料电池的结构与工作原理。	

项目三

动力电池结构

学习目标

1. 复述动力电池电芯的种类与结构组成。
2. 解释动力电池连接的方法。
3. 知道动力电池成组安全性能要求。
4. 掌握并复述动力电池成组的结构组成。
5. 掌握动力电池电芯的检查与维护方法。

3.1 电芯

电芯主要由正极材料、负极材料、电解液、隔膜和外壳构成，是电池模块的重要组成部分。

3.1.1 电芯的类型与结构

锂离子蓄电池电芯的结构形式常见的有圆柱碳包式、方形叠片式、圆柱叠片式、圆柱卷绕式、方形卷绕式等。

1. 锂离子蓄电池电芯的种类

（1）圆柱形电池　分为磷酸铁锂、钴酸锂、锰酸锂、钴锰和三元材料等不同体系。外壳分为两种类型：钢外壳和聚合物外壳。

圆柱形电池主要包括钢制圆柱形磷酸铁锂电池和钢制圆柱形 18650 电池（图 3-1，"18" 指电池直径为 18mm，"65" 指高度为 65mm，"0" 代表圆柱形电池）。圆柱形电池在制造标准上具有良好的一致性。圆柱形电池分为 14650、18650、21700 等多种型号，表示圆柱形电池的尺寸标准。目前，特斯拉、北汽新能源等多家厂商的很多车型都采用了圆柱形电池。

图 3-1　18650 圆柱形电池

（2）方形电池　方形电池（图 3-2）的应用更灵活，可根据产品的具体需要定制，因此大小不同。目前，无论是制造工艺还是应用标准，对方形电池都没有明确的标准划分。汽车公司可以根据车型需要定制方形电池尺寸，而不受圆柱形电池标准的限制。方形电池用于许多车型，如宝马 i 系、荣威 ERX5 和蔚来 ES8，还包括比亚迪使用的电池。

（3）软包电池　也称刀片电池，由于软包电池（图3-3）采用叠加制造方法，因此在相同的容量密度下，它的体积更小、重量更轻。同样，软包电池也可以根据应用需求定制。在汽车应用中，由于其体积可控，尤其适用于插电式混合动力汽车。

图3-2　方形电池

图3-3　软包电池

2. 电芯的组成

在动力电池组中，电芯又称为单体蓄电池（动力电池组根据容量由数千个电芯组成）。锂离子蓄电池由正极、负极、电解液、隔膜、安全阀组成。出于安全考虑，电池通常配有一个或多个附加安全装置，如过电压安全装置、熔断器、过充或短路安全装置。锂离子蓄电池通常在3~4V的电压范围内工作。磷酸铁锂电池结构如图3-4所示，18650锂离子蓄电池的结构如图3-5所示。

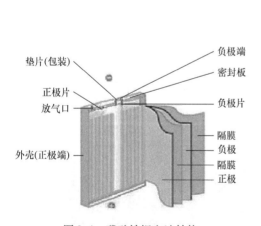

图3-4　磷酸铁锂电池结构

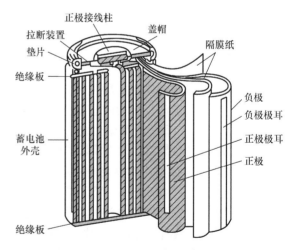

图3-5　18650锂离子蓄电池结构

电芯安全设计的主要特点是有分断装置，当产生内压时，正极片断开；负极片与钢壳接触点熔合；当内压达到1.8MPa时，安全阀门开启，气体逸出，避免爆炸等危险。

（1）正极活性物质　目前应用最多的动力电池正极材料是磷酸铁锂、三元材料、钴酸锂、锰酸锂这四种。

1）磷酸铁锂。如图3-6所示，它以$LiFePO_4$作为电池的正极，铝箔与电池的正极相连，聚合物隔膜在中间，把正极和负极分开。它由碳（石墨）组成电池负极。铜箔与电池负极相连。电池的电解液在电池的上下两端之间，电池由金属外壳密封。磷酸铁锂电池安全性好，循环寿命长，原料资源丰富，不会造成环境污染。

磷酸铁锂电池的缺点也很明显。除了低温循环性能极差外，最主要的缺点是导电率和抽头密度低，未来有望突破 220 W·h/kg。未来磷酸铁锂电池的发展方向会考虑使用石墨烯、碳纳米管等添加剂来提高倍率容量，或者用磷酸铁锰锂来提高电压，从而使能量密度提高 15%~20%。

2）钴酸锂。钴酸锂是最早商用化的锂电池正极材料，但钴酸锂最大的缺点是能量密度低。理论承载力极限为 274mA·h/g，从结构稳定性考虑，实际应用中只能达到 137mA·h/g。同时，由于钴在地球上的储量相对较低，钴酸锂的成本相对较高，难以在动力电池领域大规模推广。

3）锰酸锂。锰酸锂的性质（图3-7）非常接近常用的钴酸锂和三元材料。锰酸锂最大的缺点是高温循环性能差，但与磷酸铁锂相比，锰酸锂也有其独特的优势。锰酸锂的容量比磷酸铁锂低25%左右，但电压比磷酸铁锂高15%，锰酸锂的压实密度约为40%，因此锰酸锂的体积能量密度比磷酸铁锂高25%~30%。由于锰酸锂产品不含碳，产品性能参数稳定，一致性好，对动力电池的生产非常有利。

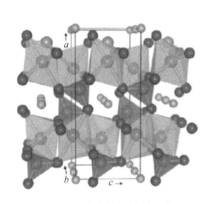

图 3-6　磷酸铁锂材料结构

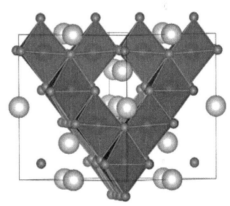

图 3-7　锰酸锂的尖晶石结构

4）三元材料。三元材料主要有铝酸锂镍钴（NCA）和锰酸锂镍钴（NCM）两种。其中 NCA 是商用阴极材料中比容量最高的材料。三元锂电池具有体积小、容量密度高、耐低温、循环性能好等优点。它是电动汽车的主流动力电池。缺点是热稳定性差，材料有毒性，在 250~300℃ 的高温下会发生分解。一旦氧分子被释放，电解液会在高温下迅速燃烧，然后发生爆燃现象。

① 铝酸锂镍钴：由于钴和镍具有相似的电子结构、相似的化学性质和较小的离子尺寸差异，可以等价地替代镍酸锂和钴酸锂，形成连续的固溶体并保持层状结构。为了获得更稳定的高镍固溶体材料，除加入钴外，加入铝可以进一步提高材料的稳定性和安全性，从而形成镍钴锂铝酸盐三元材料。NCA 虽然具有较高的比容量，但其缺点也很明显。今后的发展趋势是开发高镍低钴 NCA，降低成本，提高产能；开发紧凑型 NCA，提高容积率；采用涂层工艺降低 NCA 对湿度的敏感。目前，美国特斯拉采用 NCA 正极动力电池，其技术处于领先地位。松下 18650 型电池由 NCA 和碳化硅负极制成，容量高达 3500mA·h，循环寿命超过 2000 次。各种迹象表明，NCA 正极材料在动力电池应用中具有很大的竞争力。

② 锰酸锂镍钴：锰酸锂镍钴三元材料具有比容量高、循环寿命长、安全性好、价格低廉等优点，但其效率较低。NCM/钛酸锂负极的组合避免了碳负极中存在的锂枝晶形成的安全性和循环性差等问题。

（2）负极活性材料　负极常用材料为碳。当电池工作时，它具有较低的电极电位并经历氧化反应或阳极过程。18650 电池的负极如图 3-8 所示。锂离子蓄电池的负极由混合负极活性材料（碳材料或非碳材料）、黏结剂和添加剂制成，在铜箔两侧粘贴糊状物，并进行干燥和轧制。

（3）电解质　电解液如图 3-9 所示。电解液和电极材料之间的相互作用本身具有分解反应，并参与电池内部发生的几乎所有反应过程。电解液是锂离子蓄电池的重要组成部分，它在正负极之间起着离子输运和电流传导的作用，并具有高离子导电性，在电池内部提供离子导电介质。

图 3-8　18650 电池的负极

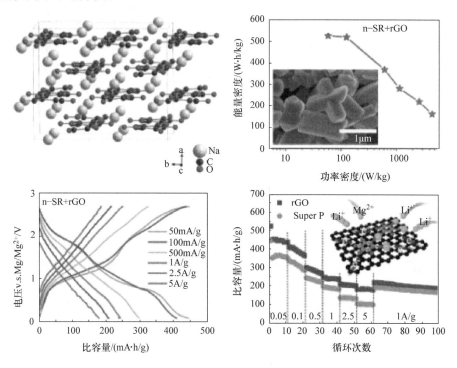

图 3-9　锂镁双盐电解质

（4）隔膜　在锂离子蓄电池的结构中，隔膜（图 3-10、图 3-11）的主要作用是将正极和负极活性物质分开，防止两个电极接触短路，并在电化学反应过程中保持必要的电解液形成离子移动通道。隔膜材料不导电，不同类型的电池使用不同的隔膜。

项目三　动力电池结构

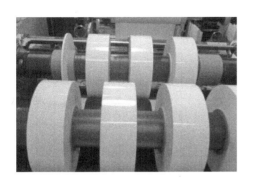

图 3-10　电池的隔膜生产

图 3-11　18650 电池的隔膜

3.1.2　动力电池连接的方法

1. 串联与并联

在电动汽车的动力电池中，将电池串联，能够提供足够的电压，以满足电力驱动系统的要求。为了获得所需应用的最佳能量，还需要将电池并联组装。串联和并联的连接方法如图 3-12 所示，串联是增加电压，并联是增加输出电流。

串联：指电池的端到端连接。即，第一电池的正极连接到第二电池的负极，第二电池的正极连接到第三电池的负极等。串联电压等于动力电池电压的总和，电流等于流过每个动力电池的电流，如果损坏其中一个，都会导致整个电池模块无法正常使用或电压下降。

并联：指所有电池的正极连接，所有电池的负极连接。并联电压等于动力电池电压，电流等于动力电池电流的总和，并联可以增加总电流。

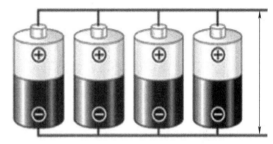

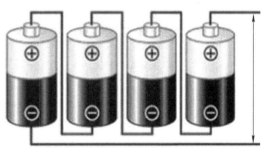

图 3-12　动力电池的并联与串联连接模式

2. 混合连接

动力电池需要通过串联与并联这两种方法的结合来实现高压大容量，电池通常用镍片连接，这就需要用特殊设备将镍片焊接到电芯上。这种方法比较可靠、安全，然后由相应的保护装置输出。

串并联连接如图 3-13 所示。在动力电池内部，电池模块的典型连接方式有先并联后串联、先串联后并联两种。先并联后串联方式优于先串联后并联方式，但是先串后并的电池拓扑结构有利于控制系统对各个电芯进行检测和管理。

55

3.1.3 动力电池成组安全性能与成组要求

为了保证动力电池单独使用时电压和容量参数的一致性，特别是为了保证电动汽车对大功率的要求，需要将电池串并联以获得合适的电压和容量，这一过程所涉及的技术称为动力电池成组技术。动力电池的分组主要取决于成本、寿命、能量和功率密度的要求。随着国家对新能源汽车续驶里程的要求不断提高，动力电池的系统能量密度和能耗也越来越高。

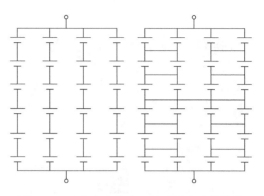

图 3-13 动力电池的串、并联混合连接模式

1. 动力电池成组安全性能要求

电池成组过程测试如图 3-14 所示。动力电池箱对防碰撞、防水、防火、防尘等要求特别严格。动力电池箱除了保护和容纳电池外，还必须有效隔离操作人员、乘客与电池的接触。因此，动力电池外壳不仅要保证动力电池安全，还要做到轻量化。

图 3-14 动力电池成组过程的测试

1) 动力电池组根据使用性能和安全要求，必须能够承受一定的冲击力。

2) 在电池运行过程中，由于温度变化会导致电池收缩和膨胀，并且电池的健康状况也会导致电池膨胀和收缩，因此电池模块外壳必须能够吸收电池在运行过程中产生的应力。锂离子蓄电池通常在充电时膨胀，在放电时收缩，运行状况下降也会导致电池在寿命周期内膨胀，从而增加模块外壳上的压力。

3）动力电池经过长期运行，电芯之间的不一致性会越来越大。因此，动力电池匹配的要求如下：

① 充放电电流要求：容量≤10A·h，充放电电流$1C$；容量>10A·h，充放电电流10A。

② 匹配前容量测试：对电池进行恒流恒压充电，直至电流降至$0.02C$，结束充电，然后放电至所需的电池端电压，记录各电池的平台容量和总容量。

③ 配组前充电要求：配组前对电池充电，标称电压为3.6V的动力电池充电至3.85V，标称电压为3.2V的动力电池充电至3.3V，然后恒压充电，直至电流降至$0.02C$时结束。

④ 老化存储压降和内阻变化：充电后让电池静置1h以上，用内阻表测量内阻（精确到$0.1m\Omega$），用万用表测量电压，精确到0.001V，记录测试时间。将电池在室温下保存7天，然后进行电压和内阻测量，以获得自耗、内阻和电压数据。

2. 电池的成组技术

电池的成组技术大致分为电池箱、电池排列、电池电气连接、温度控制、充放电管理五大领域。车辆的动力电池一般由多个电池模块组成，每个模块由多个电芯组成（图3-15）。

图3-15 电池成组

在组合锂离子蓄电池时采用先并联后串联的连接方法较为简单，并且便于以后维护和更换模块。但当电池发生故障，特别是电芯内部短路时，会导致整个模块的大电流放电，导致热失控的危险。使用先串联后并联拓扑的优点是，当电池发生故障时，电池组只会失去一组电池的容量，电池电压不会改变。

以特斯拉S型车为例，其动力电池共包括16个电池模块，每个电池模块由6×74个电芯组成。为了防止出现异常时电芯过热，每个电池都装有保护装置，并与其他电池并联，通过自动熔断熔丝的方法隔离异常的电芯，保护整个动力电池。

锂离子蓄电池正极材料包括三元材料、磷酸铁锂、钴酸锂和锰酸锂，负极材料包括石墨、硅和钛酸锂。前面的章节已经介绍了电池生产过程，每个过程都可能影响电池的一致性。为了保证电池组中电芯的均匀工作和电池组的散热、电池组的电气连接和温度控制技术非常重要。电池连接和成组后，电池组的比能量和比功率无法达到电芯的原有性能，甚至还会引起温度过高、燃烧等现象。所以，电池成组技术至关重要。

电池连接方法如下：

1）电池模块全部采用螺纹连接（图3-16），即电池与长/短连接排、短连接排与电极之间的连接均采用螺纹连接。采用这种方式的连接，其连接电阻较大，温升和温差最大，分别为30.5℃和15.5℃。电池模块最高温度在极柱处（极柱与短接线排接触处），其他点温度也较高，模块内各点温度一致性较差。

2）电池模块半激光焊接半螺纹连接，即电池与长/短连接排之间为激光焊接，短连接排与电极之间为螺纹连接。这种连接方式的温升和温差分别为25.9℃和14.7℃。虽然温升和温差仍然较大，但除极温外，其他点温升基本在12℃左右，说明激光焊接部分的温度能够满足要求，最高温度主要集中在极温。

3）激光焊接与带集成电极的电池模块，即电池与长/短连接排的连接为激光焊接（图3-17），短连接排与电极为一体。这种连接方式的温升和温差分别为11.4℃和2.3℃。采用这种连接方式的电池模块具有最佳的温度性能，温升和温差均能满足要求。

图3-16 螺纹连接

图3-17 激光焊接

排电池组合方法如图3-18所示。造成电池组不一致的原因主要是电池组之间的初始差异以及电池组之后的结构、工作条件和环境差异。特斯拉成组后的动力电池如图3-19所示。为了缓解电池分组带来的性能下降和寿命缩短的问题，可以优化电池的制造工艺，减小电池的初始差。在电池分组前进行筛选，对不一致性较小的电池进行分组。结合电池组系统，充分考虑连接方式和结构对不一致性的影响。在使用过程中，进行合理的电池管理、有效的均衡和热管理，以减少不同使用条件造成的不一致性。

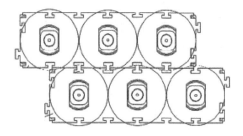

图3-18 排电池组合的案例

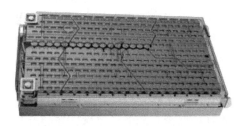

图3-19 特斯拉成组后的动力电池

动力电池成组的影响因素如下：

1）不同的连接方式对电池组件的温度性能有很大的影响。在串联系统中，单个动力电池内阻的差异会导致每个电池的充电电压不一致。内阻大的电池会提前达到电压的上限，导致其他电池可能无法完全充电。内阻大的电池能量损失大，发热量大，温差进一步增大内阻差，造成恶性循环。在并联系统中，内阻的差异将导致每个电池的电流不一致。大电流动力电池的电压变化很快，使每个电池的充放电深度不一致，使系统的实际容量难以达到要求值。不同的电池工作电流会在使用过程中导致性能差异，最终影响整个电池组的寿命。为了提高电池组件的使用效率和可靠性，必须有效地控制电池分组时的连接阻抗，最大限度地减少电池组造成的能量损失。

2）在大型储能系统中，动力电池采用串并联组合方式，因此动力电池模块之间会有许多连接电路和控制元件。由于各结构件或组件的性能和老化速度不同，各连接点消耗的能量不一致，不同设备对电池的影响也不同，也会导致电池组系统不一致，并联电路中不一致的电池衰减速度会加速系统退化。

3）连接件的阻抗也会影响电池组的不一致性，连接件的电阻值不同，电极对电池支路的电阻值、电流大小不同。连接件会使连接到极上的电池先达到截止电压，导致能量利用率降低，影响电池性能，电池过早老化会使连接的电池过充电，造成隐患。随着电池循环次数的增加，欧姆内阻增大，容量下降，欧姆内阻与连接件电阻的比值也随之改变。

4）电池模块的内阻、温升和温差与连接方式密不可分，电池模块的温度效应与连接电阻有关。采用焊接或整体组接可以大大降低连接电阻，从而降低电池模块的温升和温差。

5）锂离子蓄电池的性能主要取决于成组后电池性能的一致性。只有当所有的电池模块具有最接近的特性时，如电压、充电、容量、内阻和自放电等，动力电池才能实现分组后整体性能优化。在制造过程中，同一批同一型号的电池的性能参数不可能一样，但是在电池分组和使用过程中，可以选择类似性能的电池，保证电池整体可靠性。

6）电池模块容量不一致会导致电池组中每个电池的放电深度不一致。容量小、性能差的电池会提前达到完全充电状态，导致容量大、性能好的电池无法达到完全充电状态。电池电压不一致会导致并联电池组中的电池相互充电。较高电压的电池将为较低电压的电池充电，这将加速电池性能的下降，并消耗整个电池组的能量。大的自放电率会造成较大的容量损失，电池自放电率不一致会造成电池充电状态和电压的差异，影响电池组的性能。

7）在电池组使用过程中，检测电池模块的参数，及时调整或更换极端参数电池，确保电池组的参数不一致性不会随着使用时间的增加而增加。

基于以上问题，电池分组原则是：用同一等级、同一参数的电池模块组装，当某一批次的电池数量不足时，用相邻批次电压和容量相同的电池来弥补不足。但是，同一电池模块的组装严禁使用不同电压、不同内阻等级的电池。

以下常用措施可以提高电池的一致性：

1）电池组设计中预留电池电压检测通道，使用中发现容量偏差较大的电池模块可单独维修，使其性能接近其他电池，或在维修充电时方便并联子模块。

2）当电池组处于搁置状态时，按规定的环境要求存放，每6个月左右检查一次电池组电压并保持充放电状态，及时取出存在安全隐患的电池。

3）使用过程中避免动力电池过充电、过放电和短路，以免对动力电池造成不可逆的损坏。

4）采用良好的热控设计可以保证电池组的使用环境和温度均匀。

5）电池组管理系统用于电池组的安全监测、平衡和有效管理，包括充放电电流、电池电压、SOC、温度等的监测，以及电池组充放电的智能管理。

动力电池管理系统（BMS）可以提高电池的性能和使用寿命，是动力电池组正常工作的保障。为了保证电池组的性能，防止电池损坏，防止安全事故的发生，需要对电池进行检测、管理和维护。但是，BMS输入电路会对动力电池的一致性产生不利影响。

3.2 电动汽车动力电池结构与组成

动力电池的内部结构如图3-20所示，由电池单元和外壳组成。插接器的作用是将电芯固定在一起。动力电池是电动汽车的动力来源，可以分为三层结构：电芯、电池模块和动力电池系统。完整的动力电池包括电池单元、电池管理控制器和其他电气机械装置。

3.2.1 动力电池的总体结构

如图3-21所示，动力电池主要的部件包括维修开关组件、动力电池箱、电池模块组件、动力电池管理单元、CSC采集组件、低压连接组件、高压连接组件、热管理系统组件、S-Box继电器控制器、内压保护装置、密封缓冲泡棉组件。

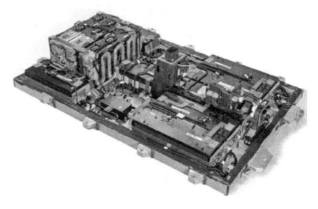

图3-20 比亚迪E5动力电池的内部结构

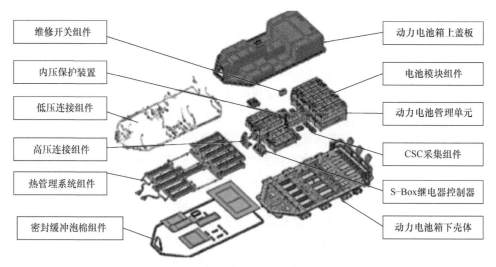

图3-21 动力电池分解图

1. 维修开关组件

维修开关组件安装在动力电池和高压控制箱之间，用于维修时切断整车高压电源，保证维修安全。如图3-22所示，手动维护开关（MSD）是一种用于车辆维护的电动汽车断电保护装置。

为了确保人和车辆的安全，高压系统的电源是手动断开的。它也是在关键时刻实现高压系统电气隔离的执行元件，在内部配置了适当的熔丝后，它还可以起到短路保护的作用。

手动维护开关的功能包括：

1) 打开时，断开动力电池系统输出端子之间的电压。

2) 当接触器断开时，MSD断开后5s内所有外部电池端子组的测量电压应小于60V（主要考虑维护和充放电的安全因素）。

2. 动力电池箱

如图3-23所示，动力电池箱由上下壳组成，由垫片隔开，底壳多为钢板，上壳体多为轻质增强塑料件。电池的密封件是为了防止颗粒和液体进入，并需根据规定的防护等级（IP）进行设计。例如，防护等级为IP67的外壳要求防尘并防止浸入1m以下的水中。电池箱的主要功能是为车辆提供机械、热和电气接口，包括电源接口的高压插头、信号传输接口的数据线束插接器，以及电池液体冷却水管接口。

图3-22　维修开关组件　　　　　　　　图3-23　动力电池箱

电池箱常用的材料主要是钢、铝和塑料。深冲钢具有高刚度的优点，也使超大电池模块成为可能，这种材料主要用于电池箱的底部。另一种材料是深冲铝或压铸铝，铸铝零件的外壳可以很容易地与更多的组件集成。例如：雪佛兰Volt的电池模块采用深冲钢作为储能系统的底壳。电池模块采用T型设计，主要利用中桥下和后排座椅下的设计空间。中桥在撞车时起到安全笼的作用，可以保护电池免受冲击过程的损害。

3. 电池模块组件

电池模块组件由电池单元和模块控制器组成。在设计时，主要基于电池的类型、电池的几何形状（圆柱体、方形、柔性封装）和不同的容量，这些电池特性主要影响其他组件的配置，例如模块外壳、电池连接和冷却系统。

电动汽车用电池模块的组成方法如图3-24所示，如3P2S、3P3S、3P4S、3P5S等。其编码的含义为：电动汽车的电池模块组成方式如果是3P2S，其中，字母P代表并联，字母S代表串联，数字代表串联或并联的数量，即该动力电池为3组并联方式，2组串联方式。

动力电池模块（图3-25）通常设计为模块端电压低于60V，所需电池模块数量根据动力电池总电压要求配置。每个模块串联在一起，由动力电池管理系统（BMS）监控。由于某些电池可能无法在特定的电压范围内工作，会造成潜在的安全隐患，因此需要通过BMS

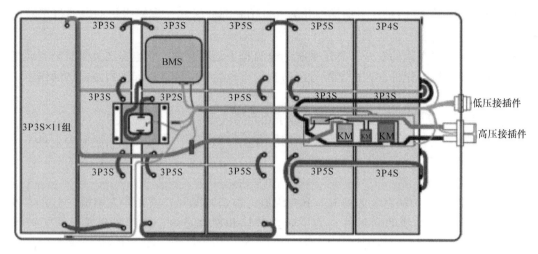

图 3-24　电动汽车的模块组成方式

监控各种参数，如电池端子电压、电池模块电流和温度，并在监测的基础上确定是否将动力电池系统与车辆断开，以防止深度过放电或过充电等危险。

用于断开动力电池的开关与其他元件（如绝缘监视器和电流传感器）一起安装在开关盒中。电池模块的冷却系统负责将电池保持在额定温度范围内运行，以防止因温度过高而导致的老化和因温度过低而超出电池许用范围。

如图 3-26 所示，电池模块中的电池单体通常通过电池互连系统串联连接。连接系统电气连接每个电池单体和用于连接相邻模块的模块连接接口。动力电池模块中的每个动力电池单体由动力电池监测电路监测。电池监测电路监测串联的所有电池单体的电压，还监测模块某些位置的温度。

图 3-25　动力电池模块

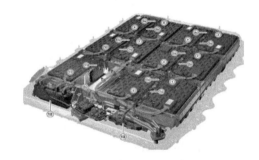

图 3-26　宝马动力电池的模块连接

4. 动力电池管理单元

电池管理单元（BMU）又称主控制盒。BMU 具有 SOC、电压监测、电流检测、温度监测、绝缘监测、继电器状态监测等多种功能，能够有效地传输信息，提高电池利用率，延长电池寿命。

在动力电池中，电池管理系统（BMS）的组成按其性质可分为硬件系统和软件系统，按其功能可分为数据采集单元和控制单元。BMS 的硬件包括一个控制盒（图 3-27）、一个主控盒（图 3-28）、一个高压盒（图 3-29）以及收集数据（如电压、电流和温度）的电子设备（也称为从控盒）。BMS 软件主要监测动力电池电压、电流、SOC 值、绝缘电阻值、温度值，并通过与整车控制器（VCU）和充电机的通信，来控制动力电池系统的充放电。

图 3-27　控制盒

图 3-28　主控盒

5. CSC 采集组件

动力电池监控电路（CSC）又称从控盒、电池低压管理系统。如图 3-30 所示，它的主要功能包括监测每个电池的电压、温度和功率（SOC）值，监测动力电池的电池电压和电池模块的温度，并将上述监测的数据输入主控盒。

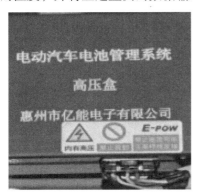

图 3-29　高压盒

图 3-30　动力电池监控电路

CSC 与电池模块集成安装在动力电池上，负责收集和传输电池信息，通过总线输入到 BMU 中。CSC 需要设置一个地址，以便与电芯组保持一对一的通信，否则 BMU 不知道信息来自哪个电芯组。在电源交换模式下，待更换电池模块中的 CSC 需要根据其在新电池模块中的位置设置相应的地址。

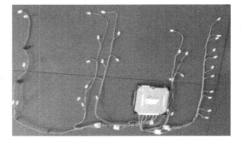

图 3-31　低压连接组件

6. 低压连接组件

如图 3-31 所示，低压连接组件包括低压连接线束、插接器等部件，主要用于低压信号传输（例如控制信号、采集信号等）。

7. 高压连接组件

高压系统包括高压控制箱及线束、连接接口等，主要用于监测动力电池的总电压、总电流、绝缘性能，并将监控的数据反馈至主控盒。为了区分高压和低压线束，高压电源线束通常采用橙色波纹管，低压线束采用黑色。动力电池系统通过可靠的"总正极"和"总负极"高压插接器连接到高压控制箱，低压插接器连接到"CAN"总线，与 VCU 或车载充电机通信。高压系统的连接主要通过如下几种措施。

1）连接件。也称为连接排或插接器。如图 3-32 所示，连接件由各种铜或铝合金（电池的正极和负极端子材料）制成，可在电池之间传输电流。由于导体本身的电阻和动力电池端子与动力电池连接板之间的接触电阻，会导致额外的热量产生。对于电池模块，电阻是电池内部电阻和电池插接器电阻的总和，电池连接件电阻是插接器电阻和插接器两侧接触电阻的总和。电池插接器的电阻率取决于其材料特性，接触电阻的大小完全取决于电气连接技术和电池端子的材料。

2）点焊连接。如图 3-33 所示，电阻点焊通常用于焊接电池的连接件。

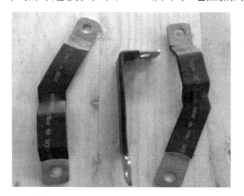

图 3-32 动力电池连接件

图 3-33 点焊连接的电芯

3）线束连接。如图 3-34 所示，由于动力电池内部的线束承载着较大的电流，从安全性和装配性的角度来看，动力电池线束一般是单独布设的，不与其他线束连接在一起。动力电池线束根据不同型号和发展趋势有不同的正负极组合。由于使用环境的不同，动力电池线束对材料的耐温性有很高的要求。

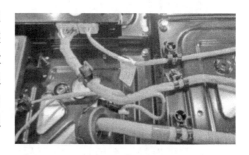

图 3-34 动力电池高压母线

4）高压互锁。高压互锁是利用低压信号监测高压电路完整性的一种安全控制方法。理论上，低压监测电路先与高压连接，然后断开，在中间保持必要的预留时间，时长可根据具体情况确定，如 150ms，监测对象为高压插接器等电气接口元件，需要人工操作才能实现电路通断。如图 3-35 所示，在电动汽车的高压电路中，需要具有高压回路（HVIL）功能的电气元件，主要是高压插接器和手动维护开关。

8. 热管理系统组件

热管理系统组件包括动力电池的加热和冷却系统。充电过程中，当电池温度低于设定值

项目三　动力电池结构

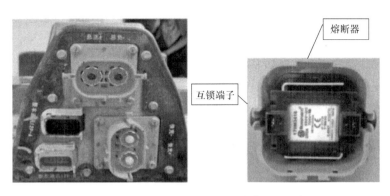

图 3-35　手动维护开关与高压母线高压互锁保护

时，BMS 控制加热继电器闭合，并通过熔丝连接加热膜电路，保温截止条件为 2h。在保持过程中，当电池温度上升到≥8℃时，停止加热，或者电池温差超过 20℃，电池也停止加热，直到温差低于 10℃，又重新开始加热。

9. 动力电池 S – Box 继电器控制器与其他辅助元件

（1）S – Box 继电器控制器　S – Box 的功能是实现继电器、预充电电阻、电流测量等的一体化设计。如图 3-36 所示，主要有预充电继电器和电阻器。在放电和充电的初始阶段，预充电继电器闭合进行预充电，并在预充电完成后断开预充电继电器。

图 3-36　继电器与熔丝

S – Box 继电器的控制过程为：

1）BMS 控制预充电继电器关闭或打开。

2）在通电模式的初始阶段，向控制器电容器充电（高电压和小电流）。

3）当电容器两端的电压接近电池总电压差（5V）时，认为预充电完成，总正极接触器闭合。

4）在充电模式的初始阶段，对每个电芯进行预充电，如果电芯没有短路，确保总正极接触器闭合。

（2）电流传感器和熔丝　如图 3-37 所示，电流传感器主要为无感分流器，在电阻器两端形成毫伏级电压信号，用于监测母线充放电电流。熔丝是防止能量回收时过电压/过电流或放电时过电流。电流传感器通过测量流过高精度电阻器的电流和电压降来判断整个电池模块的电流。由于需要模数转换器和微控制器来精确计算传感器信号并将其传输到 BMS，因

此该传感器也常用于测量电池模块电压。高压动力电池模块的端子应与电动车辆的接地（零电位）绝缘，绝缘监控器用于测量接地和高压端子之间的绝缘电阻。动力电池模块的开关盒配有两个高压继电器和一个熔丝，用于安全地将动力电池模块从电动汽车上断开。外部短路将产生超过额定极限的电流，熔丝在发生外部短路时熔断，保护动力电池模块和其他部件。

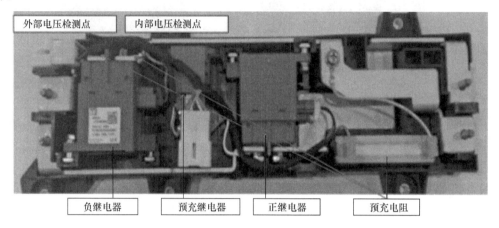

图 3-37　实例：熔断器、继电器在预充系统中的应用

10. 动力电池内压保护装置

动力电池内压保护装置为动力电池的防爆装置，当动力电池内的压力达到防爆阀的爆炸压力时，具有与外界直接接通的功能，能迅速放气，防止或减少爆炸过程中电池箱内因高压造成严重损坏（图 3-38）。为了保证动力电池的安全，一般通过控制外部电路或在动力电池内部设置异常电流来切断安全装置。

其他原因也可能会导致动力电池在使用过程中，内部压力异常升高。这样，安全阀就会释放气体，防止动力电池包破裂。

安全阀是动力电池最后的保护措施（图 3-39）。具体保护措施如下：

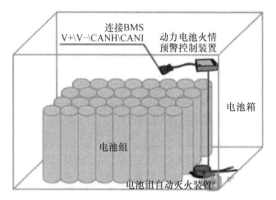

图 3-38　动力电池组模型

图 3-39　动力电池的安全阀

1) 拉断装置，当产生内压时，正极片断开。
2) 在负极片与钢壳的接触点处设有熔断器。
3) 当内压达到 1.8MPa 时，安全阀开启，气体排出，避免爆炸危险。

4）安全阀打开后，电解液喷出，防扩散结构为气囊结构。

11. 密封垫泡沫组件

密封垫泡沫组件安装在动力电池组上盖和动力电池组下壳之间。动力电池箱采用硅酮泡沫密封材料，具有密封、缓冲、隔振、隔热等功能，并具有阻燃、耐火性能。

12. 快换功能

为满足出租车的运营需求，有许多出租车版的动力电池带有快换功能。在车型上设计了快换锁和快换提醒功能。为了确保动力电池与快换支架安装可靠，当快换锁未锁到位时，整车控制器发出下电指令，禁止车辆起动行驶。快换提醒功能的作用是当执行快换电池操作时，整车控制器强制动力电池下电，确保零负荷更换动力电池。

快换锁内有两个霍尔传感器串联在一起监控快换锁的状态，当整车控制器监测到高电位时切断动力电池高压输出。在车辆底盘左侧快换支架上有一个快换提示传感器，当有磁铁接近快换提示传感器时，传感器输出 0V 信号，整车控制器监测到 0V 信号立即发出指令切断动力电池主继电器，强制下电。

3.2.2 特斯拉动力电池结构

特斯拉在其生产的电动汽车上配置了由 18650 电芯组成的电池系统，18650 电芯除了可以降低成本外，还可以提高电芯的能量密度。由于每个电芯的尺寸较小，电芯的能量可控制在较小的范围。与使用大尺寸电芯的电池组相比，即使电池组的某个电芯发生故障，也能降低故障带来的影响。以特斯拉 Model S85 为例，其动力电池组整体容量为 85kW·h，400V 直流电压，由 7000 多颗 18650 锂离子蓄电池电芯组成，重约 900kg。下面就一起来了解一下特斯拉动力电池的结构。

如图 3-40 所示，电池组表面不仅有塑料膜保护着，而且塑料膜下面还有防火材料的护板。护板下面才是电池组。护板通过螺栓与电池组框架连接，并且连接处充满了密封黏结剂。在动力电池的外壳上面粘贴有电池组的维护警示与高压安全警告。

图 3-40 电池组表面与安全警告

如图 3-41 所示，拆掉特斯拉 Model S85 动力电池的表面保护膜，可以看到下面有一层防火板。首先使用专用工具拆掉固定的螺钉，拆开防火板后就可以看到下面共有 16 组动力电池模块，每个模块由 444 颗 18560 电芯组成，每 74 节电芯并联。16 组模块通过串联的方式连接。

如图 3-42 所示，拆除动力电池板前端顶盖后，就可以看到有两组并列的电池模块，动力电池的熔断器位于这两组电池模块的一侧，并且有外壳保护以防受到撞击，额定工作电流为 630A，额定电压为 690V，分断电流为 700~200kA。

如图 3-43 所示，将整个防火板拆除之后，可以看到全部的 16 组电池模块，并且在每个

图 3-41　电池组的防火板与护板拆除（在拆卸时应做好防护）

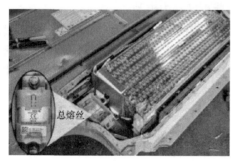

图 3-42　熔断器的安装位置

模块之间都有隔断的横梁，将每组电池模块分隔开。电池组整体平铺，结构紧凑，有利于散热。每一组电池模块由 6 组电芯组串联而成。

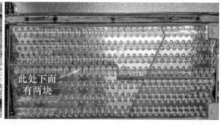

图 3-43　电池模块的布置

如图 3-44 所示，使用电压表测量动力电池主接触点的电压，可以测量到整个动力电池组的总电压和电芯组电压。

图 3-44　电压的测量（注意测量时要做好安全防护）

如图 3-45 所示，电池组内每一节电池都有通过超声波焊接连接的熔断器，以防单节电池过热危及整体电池过热，当电芯工作时如果温度过高，熔断器将自动熔断，以保护整租电池，或者如果个别电芯发生短路，此设计可以将问题电芯与系统电路快速断开。电池组中央有线束连接到电池控制模块，这些线束用来检测电池组的电压。

图 3-45　电芯的保护措施

电池组整体由透明塑料壳包裹住，两侧有金属散热护板包围。如图 3-46 所示，电池系统内部设置有冷却装置，每只 18650 电芯附近均布置有冷却管路，接口分别为 2 个进口和 2 个出口，这种设计方式可以有效避免因为管道过长而使得管道始、末端冷却液温度差异过大，进而造成电芯温度差异过大。另外，每条进、出管道又分为 2 个子管道，使得冷却液与管道接触面积增加，提高热传递效率。

电池板内除了电池组外，最多的是冷却液管路。每组电池都需要通入一定量的冷却液。虽然冷却液并没有泵驱动主动流动，但整个电池板所有管路都是相通的，冷却液可热胀冷缩在一定范围内流动。冷却液呈绿色，由质量分数为 50% 的水和 50% 的乙二醇混合而成。冷却液配合铝管使用，主要是为了保持电池温度的均衡，防止电池局部温度过高导致电池性能下降。特斯拉的电池热管理系统可将电池组之间的温差控制在 ±2℃。控制好电池板的温度可延长电池的使用寿命。

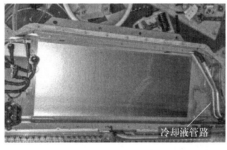 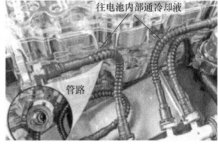
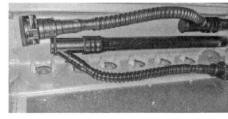 

图 3-46　电池组的冷却系统

如图 3-47 所示，冷却管路与电芯间填充有绝缘导热胶质材料，固化后非常坚硬。在这些因素的作用下，电芯可以将热量快速传递至外部环境，并在电池系统内部保持热平衡。

在电芯正极附近装有 PTC 装置，当电芯内部温度增高时，其电阻会相应增高，从而起

图 3-47　电池组的加热管理

到限流作用。电芯内部均装有 CID，当电芯内部压力超过安全限值时会自动断开，从而切断内部电路。电芯材料可以显著影响电芯在热失控情况下的易燃性，并提高燃点温度。

如图 3-48 所示，每一组电池模块都由一条 2/0 主线串联起来，主线位于电池板中央，并且有护板覆盖着，较为隐蔽。2/0 主线汇集电流后连接到输出端的接触器。通过主线连接

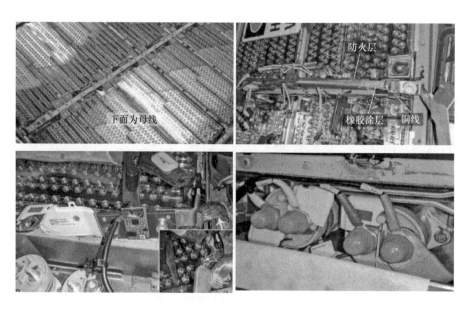

图 3-48　电池板中央的 2/0 主线

输出到电池管理系统。2/0 主线由许多铜线组成,并且由防火材料与橡胶包裹。电池板中央有一条 2/0 主线,每组电池模块都通过该主线串联输出电流,其最高可承受 600V 电压,并且可在 -70~150℃ 之间工作。

如图 3-49 所示,电池系统内设置有电池系统监控板(BSM),其通过相应传感器监控整个电池系统的工作环境,包括电流、电压、温度、湿度、烟雾以及惯性加速度(用于监测车辆是否发生碰撞)、姿态(用于监测车辆是否发生翻滚)等,并且可以与车辆系统监控板(VSM)通过标准 CAN 总线实现通信。

图 3-49 动力电池系统监控板

电池箱体内部高压电气系统由 11 个薄片串联,如图 3-50 所示,两边空隙处安装电气元件,其中包括 DC/DC、继电器、预充电阻、熔断器、BSM 等。

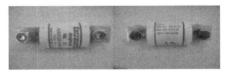

图 3-50 电池箱体内部高压电气系统与相关元器件

如图 3-51 所示,每一模电池模块都有独立的 BMS,位于电池模块的侧面,在动力电池组的输出端同样也有电池板的 BMS。电池管理系统的主要功能包括数据采集、电池状态计算、能量管理、热管理、安全管理、均衡控制和通信功能等,该系统能自行处理充放电以及发热问题。

目前,动力电池包技术包括传统技术、CTP(cell to pack,无模组)技术和 CTC(cell to chassis,集成到底盘)技术。其中,CTC 技术取消了 pack 设计,直接与底盘设计成为一个整体,这种方式省去了模组,电芯通过胶黏剂封装形成一个高强度整体,同时被多层保护材料包裹。这种设计的优点是散热较好,但是不利于售后维修时更换与拆解电芯。

在特斯拉 Model Y 的一项技术专利中，车身的底盘被镂空设计，由电池包充当车身地板，并可以将座椅安装在动力电池包上。其镂空层为蜂窝结构，可以应对电芯在热失控时产生的气体，并能在底部发生碰撞时起到缓冲作用。在解决散热问题上，其专利采用了两个散热管道。为防止热失控带来危险，特斯拉的 CTC 方案中，电池包的一侧设计有 8 个泄压阀，以便在发生热失控后可以快速打开泄压阀，降低事故发生的危险。

图 3-51 动力电池组的 BMS

思 考 题

本项目的学习目标你已经达成了吗？请通过思考以下问题进行检验。

序号	问题	自检结果
1	解释动力电池电芯的种类与结构组成。	
2	从电芯选型的角度，应保证电芯通过哪些安全性试验？	
3	在电池模块内部结构和材料的选取上有哪些要求？	
4	动力电池不一致的表现有哪些？有哪些危害？	
5	动力电池不一致的防范措施有哪些？	
6	影响动力电池成组循环寿命的因素有哪些？	
7	动力电池由哪些部件组成？	
8	动力电池连接的方法有哪些？	
9	电池并联和串联的区别是什么？	
10	动力电池成组安全性能与成组要求是什么？	
11	动力电池成组的影响因素有哪些？	

项目四

动力电池检查维护与更换

学习目标

1. 说出动力电池管理系统的主要功能。
2. 掌握 BMS 的结构与原理。
3. 知道锂离子蓄电池的常见故障诊断模型。
4. 掌握动力电池管理数据采集与故障信息读取方法。

4.1 动力电池常见失效原因与检查方法

4.1.1 动力电池失效原因

1. 动力电池系统失效模式

动力电池系统失效模式可以分为三种不同层级的失效模式，即电芯失效模式、动力电池管理系统失效模式、Pack 系统集成失效模式。电芯的失效模式又可分为安全性失效模式和非安全性失效模式。

电芯安全性失效主要有以下几点。

（1）电池正极和负极短路　造成电池短路的原因有很多，可能是由于电池生产过程中的缺陷造成的，也可能是由长期的振动外力引起的。如图 4-1 所示，一旦发生严重的内部短路，如果控制不当，就会冒烟或燃烧。如果遇到这种情况，要立即逃离。至于电池的内部短路问题，前面我们已经提到了电芯的一致性问题，客观上讲，虽然电池的分选与筛选的流程非常严格，但是在出厂前，目前还无法进行 100% 的精确筛选，只能在后期进行全面测试，以降低内部短路的可能性。

（2）电解液泄漏　如图 4-2 所示，电芯泄漏是一种非常危险和常见的故障模式，这种问题很容易造成车辆的燃烧或爆炸，导致泄漏的原因主要有内部压力过大或外部封装不合格、动力电池的滥用等。在电池制造的过程中容易造成电芯漏液的原因主要有焊接电池外壳与盖帽时，焊接不牢固、不密封，有漏焊、虚焊，焊缝有裂缝、裂口等问题。在使用过程中可能出现电芯漏液的原因主要有过充电/过放电或电压过高、电流过大、温度过高等，另外，电池在平常

图 4-1　电芯内部正负极短路事故

使用过程中也经常会出现外力磕碰造成损伤或碰撞、安装不规范造成密封结构被破坏等问题。

电芯泄漏后，将会导致整个动力电池组的绝缘失效，单点绝缘失效不是大问题。但是，如果发生两个或多个绝缘故障，将发生外部短路。从实际应用的角度来看，软壳和塑料壳电芯比金属壳更容易发生液体泄漏和绝缘失效。

（3）电池负极析锂　如图4-3所示，锂电池使用不当，过充电、低温充电、大电流充电都会导致电池负极析锂。磷酸铁锂或三元锂电池在0℃以下充电时会发生析锂，在0℃以上，根据电池特性只能用小电流充电。负极析锂后，锂金属不能还原，并导致电池容量不可逆的衰减。锂的析出

图4-2　电芯泄漏

达到一定程度后，形成锂枝晶，隔膜被击穿时发生内部短路。因此，在使用过程中严禁低温充电。

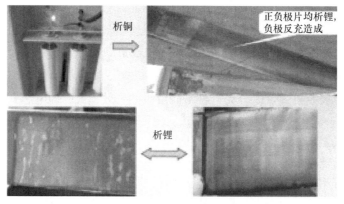

图4-3　电池负极析锂

（4）电池鼓包　如图4-4所示，电池鼓包主要是由于电池内部发生了副反应，最典型的是与水的副反应。严格控制电池生产过程中的水分存留，可以避免电池的鼓包问题。

2. 非安全性故障的影响因素

动力电池还有一种故障为非安全性故障，这种故障不会引起安全威胁，但是会影响动力电池的使用性能，如果不及时检查维修会引起更严重的问题。此类故障主要有如下几种。

图4-4　电池鼓包

（1）容量一致性差　动力电池的不一致性通常意味着电池组中电池的剩余容量过大，电压差过大，容易导致电池寿命变短。造成电池一致性下降的原因是多方面的，包括电池制造工艺、电池的储存时间、电池模块充放电过程中的温差和充放电电流等。目前的解决方案是提高电池制造过程控制水平，尽可能保证电池的一致性，采用同批次电池进行匹配并严格

把关,但是不能100%地解决该问题。另外,电池模块使用一段时间后,仍会出现一致性差的问题,电池模块不一致发生后,问题将变得更加严重甚至危险。

(2) 过量自放电　在电池制造过程中,因杂质引起的微短路所引起的不可逆反应是造成电芯大量自放电的最重要原因,电池的自放电在很短的时间内是可以忽略的。由于电池在长时间的充放电和搁置过程中与环境条件发生化学反应,导致电池出现较大的自放电现象,降低了动力电池的功率和性能,以致不能满足使用需要。

(3) 低温放电　电池容量随着温度的降低而降低,电解液的低温性能不足以参与反应。电解液的导电性降低,导致电池阻抗增加,电压与容量降低。目前,各厂家电池在 -20℃下的放电容量基本上是额定容量的70%~75%。电池在低温下放电容量降低,放电性能差,会影响电动汽车的使用性能和行驶里程。

(4) 电池容量衰减　电池容量衰减主要来源于活性锂离子的损耗和电极活性材料的损耗。锂离子蓄电池在两电极间发生嵌入反应时,嵌入能量不同,为了获得电池的最佳性能,两电极的容量比应保持一个平衡值。在理想状态下,循环的容量平衡不变,每个循环的初始容量都是一定值,但实际情况要复杂得多。任何可能产生或消耗锂离子或电子的副反应都可能导致电池容量平衡的变化。这种变化是不可逆的,可以通过多次循环累积对电池性能产生严重影响。在锂离子蓄电池中,除了锂离子被脱嵌时发生的氧化还原反应外,还有大量的副反应,如电解溶液分解、活性物质溶解、金属析锂等。

3. 电池容量衰减的影响因素

(1) 过充电　当电池过充电时,锂离子很容易还原并沉积在负极表面,沉积的锂覆盖在负极表面,阻碍锂的嵌入,这会降低放电效率和容量损失。如果充电速度快、电流密度过大、负极极化严重,锂沉积现象会更加明显,特别是当正极活性物质超过负极活性物质时,很容易发生这种情况。然而,在高充电率的情况下,即使正负极活性材料的比率正常,也可能发生金属锂沉积。当正极活性物质与负极活性物质之比过低时,极易发生正极过充电。正极过充电引起的容量损失主要是由于产生的电化学惰性物质破坏了电极间的容量平衡,其容量损失是不可逆的。同时,锂离子蓄电池正极材料分解产生的氧气也会同时积聚,因为不存在复合反应,同时电解液分解产生可燃气体。当电压高于4.5V时,电解液会氧化生成不溶物和气体。这些不溶物会堵塞电极的微孔,阻碍锂离子的转移,并在循环过程中造成容量损失。

(2) 溶剂氧化　任何溶剂的氧化现象都会增加电解液浓度,降低电解液的稳定性,最终影响电池的容量。假设每次充电时消耗一小部分电解液,则组装动力电池时需要加入更多的电解液。这意味着只能装载较少量的活性物质,导致初始容量减少。另外,电解液浓度增加也容易形成电极表面钝化膜,会加快电池的极化,降低电池的输出电压。

(3) 电解液不稳定　电解液由溶剂和辅助电解液组成。正极分解后,通常会生成不溶物 Li_2CO_3 和 LiF。它们会堵塞电极的气孔,使电池容量降低。还原产生的气体会增加电池的内部压力而导致安全问题。正极分解电压通常大于4.5V(相对于 $Li/Li+$),因此不易在正极上分解。相反,电解液更容易在负极分解。电解液在第一次充放电过程中分解,在电极表面形成钝化膜。钝化膜可将电解液与碳负极分离,以防止电解液进一步分解,从而保证了碳负极的结构稳定性。在理想条件下,电解液的还原仅限于钝化膜的形成,当循环稳定时,不会发生这种过程。

（4）自放电　自放电是指电池在不使用时自然失去容量的现象，锂离子蓄电池自放电引起的容量损失有两种情况：一种是可逆的容量损失；另一种是不可逆的容量损失。可逆容量损失是指充电过程中可恢复的容量损失。不可逆容量损失则相反。在充电过程中，正极和负极可能与电芯中的电解液相互作用，从而发生锂离子的嵌入与脱出。嵌入锂离子只与电解液中的锂离子有关，如果正负极容量不平衡，这部分容量将损失在充电过程中无法恢复。同样，负极活性材料可能与电解液反应，导致电芯自放电并导致不可逆的容量损失。

4.1.2　动力电池外部检查与性能检测

1. 动力电池外部检查

（1）车辆断电　动力电池不仅要有足够的能量供应能力，而且要保证安全可靠地使用。外箱结构对动力电池箱的内部有很大的影响。因此，在维修和保养电动汽车时，应检查动力电池箱的外部。通常在外部环境下，影响动力电池与系统安全性的机械故障主要有：

1）电池箱的安装固定支架断裂，造成电池箱与车体连接松动。
2）电池箱上下壳体连接螺栓疲劳断裂松动，影响密封性。
3）电池箱外壳破裂，影响密封性。
4）电池箱内部组成模块连接螺栓断裂松动，造成连接不可靠。
5）电池箱内部高压连接线或采样线绝缘层磨损暴露造成电池短路。
6）电池箱内部高压连接线断裂，造成断路或打火花。
7）电池箱内部电压、温度传感器连接松动，造成采样数据失真。
8）电池管理系统安装固定螺栓松动，造成连接不可靠。
9）电池管理系统内部元器件损坏，造成功能故障。

下面以某型电动汽车为例，介绍日常维护保养中动力电池的检查和更换方法。在检查和维护高压系统之前，应先断开高压和低压电源。断电过程是：

1）关闭点火开关并拔出钥匙（图4-5）。
2）拆下低压蓄电池负极（图4-6），用绝缘带将负极堆盖住，断开车辆的电压控制电源。

图 4-5　关闭点火开关

图 4-6　拆下低压蓄电池负极

3）在动力电池上，按照国家新能源汽车安全标准都会设计有一个串联的手动维修开关（MSD），用于人工切断整个动力电池的回路。所以，应当首先在车上拆下手动维修开关上的饰板或扶手位置的扶手箱（车型不同，其设计位置也不同，有的在后座椅的下面），戴上绝缘手套，如图4-7所示，断开动力电池手动维修开关，将拆下的维修开关放在安全的地方。

图4-7　手动维修开关的拆卸位置（视车型而定）

4）用升降机举升车辆，然后拆下动力电池正极、负极和低压线束插头，操作的方法如图4-8、图4-9所示。

图4-8　拆除动力电池下部的保护隔板　　图4-9　拆下动力电池正极、负极和低压线束插头

注意：拆下直流母线的接插件时，如图4-10所示，应当先按压直流母线的卡环，退出锁止销，然后再拔出直流母线。通信线束插头的拆卸方法类似。

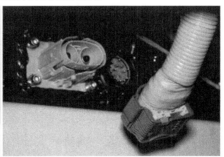

图4-10　拆下直流母线的接插件

安装直流母线的接插件时，如图4-11所示，按照与拆卸相反的步骤与方法装复，安装到位时可以听到锁止的响声。通信线束插头的安装方法也一样。

（2）动力电池外观检查

1）辅助动力电池维护。辅助动力电池是燃料电池汽车的核心部件，是汽车驱动能量的

图 4-11 安装直流母线的接插件

来源，直接关系到汽车的动力性能、续驶里程、安全性能。一般情况下，随着电动汽车使用时间的增加，其辅助动力电池容量会逐渐衰减，如果辅助动力电池容量衰减超过 20%，需要对辅助动力电池进行维修或更换。辅助动力电池维护作业的目的是为了保证其性能的可靠性，通常分为常规维护和周期性强制维护。

2）高压动力电池维护。动力电池的常规维护作业项目不需要拆卸动力电池，也无需开盖检查。

① 检查动力电池外观，检查动力电池正、负极标识和高压警示标识是否清晰，无破损。检查动力电池正、负极引出插孔内有无异物。

② 目测密封条及进排气孔，进行电池箱体的密封检查。

③ 目测动力电池高低压插接件，如图 4-12 所示，检查是否有变形、松脱、过热、损坏的情况；检查动力电池正、负极引出附近螺栓是否断裂，检查动力电池采样线接口是否破损。

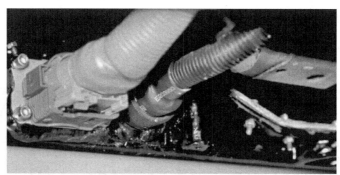

图 4-12 目测动力电池高低压插接件

④ 定期对动力电池满充、满放一次，之后使用专用检测仪对动力电池电芯一致性进行测试。

⑤ 检查 BMS、绝缘电阻、接插件与紧固件的情况。

⑥ 固定螺栓力矩检测，标准力矩为 95~105N·m。

为确保动力电池的高压接头始终为正极，与高压控制箱的负极连接可靠，需要检查线束和插件连接的紧密性，不得有松动、损坏、腐蚀等问题。检查动力电池高压接头、低压插接器是否变形、松动、过热、损坏。如果发现问题，应及时修理或更换。为了保证动力电池低压插接器与 CAN 总线和 VCU 或车载充电机之间的可靠通信。检查电气插接器和线束插接器是否正确插入,并检查它们是否就位,线束和插脚是否牢固连接,插脚中的插脚是否缩回,插脚是否弯曲。

2. 动力电池的测试信息读取与电池性能检测

(1) 动力电池测试信息读取　动力电池性能检测系统主要有两个功能:通过查询电池模块内所有电芯的开路电压、容量、充放电曲线等信息,准确地挑出需要更换的短板电芯;确认重新组装后动力电池模块是否匹配良好。由检测系统组成的便携式设备主要由程控充电机、程控负载、无线采集系统和总控制器组成。电池模块性能检测设备的原理如图 4-13 所示。系统通过与电池模块中的 BMS 通信来获取电池信息。

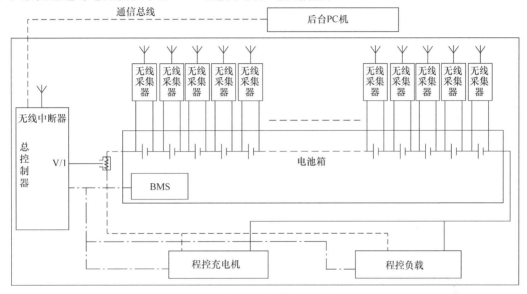

图 4-13　动力电池性能检测系统原理

以动力电池电芯检测为例,首先将故障诊断仪连接到车辆的诊断接口,在连接诊断接口之前应给车辆的座椅、方向盘套上保护套,垫好脚垫。诊断仪成功连接后,将点火开关置于 ON 位置,稍后开启诊断仪。进入系统后,可以选择主控制器系统,单击"读取系统故障",即可读取到动力电池管理系统的信息,返回进入高压电池管理系统即可执行检测并查阅动力电池信息、电池模块信息与每一个电池电芯的信息。故障诊断仪的连接与系统选择方法如图 4-14 所示。

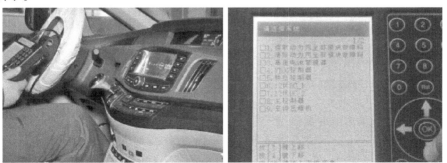

图 4-14　故障诊断仪的连接与系统选择

如图 4-15 所示，打开电池模块性能检测系统，检测电池模块、电芯达到放电截止电压点时的电压和电压差、充电/放电容量和其他信息。

图 4-15　动力电池内部信息的读取

如果某个检测数值有异常，如图 4-16 所示，应读取故障电池的地址码，并按照地址编码将该电池更换。

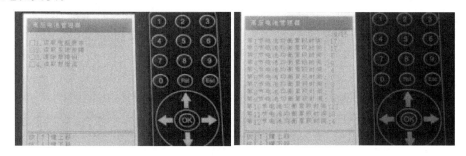

图 4-16　动力电池电芯的检测

（2）动力电池性能检测　动力电池组性能检测的步骤如下：
1）安装车外前格栅防护套、左右翼子板防护套，如图 4-17 所示。
2）用专用扳手拧松动力电池负极线固定螺栓，取下负极线，并对负极端子做好防护，如图 4-18 所示。

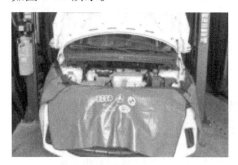 

图 4-17　动力电池性能检测前的防护　　　　图 4-18　拆卸动力电池负极端子

注意事项：拆卸动力电池负极端子前，必须确保点火开关处于关闭状态，并将车钥匙放进口袋里，然后等待 15min 后方可进行下一步操作。

3）使用绝缘工具拆卸接头固定螺栓，并取出线缆，如图 4-19 所示。
注意事项：拆卸前，必须拆卸动力电池负极，并等待 15min。拆卸高压零部件前，必须做好防护措施。拆卸高压零件时，必须使用绝缘工具。

4）测量动力电池电源线束电压。如图 4-20 所示，打开万用表，使用直流电压档测量，红表笔接触动力电池电源线束（+），黑表笔接触动力电池电源线束（-）。观察万用表的读数，确定电池组高压线束端口是否存在高压电。测量结束后关闭万用表。

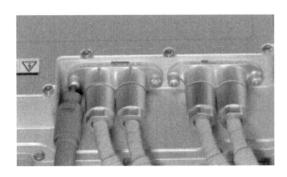

图 4-19　拆卸接头固定螺栓

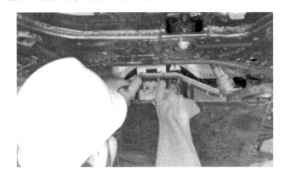

图 4-20　测量动力电池电源线束电压

5）安装动力电池母线线缆。安装线缆到高压控制箱，并拧上固定螺栓，如图 4-21 所示。使用绝缘工具紧固接头固定螺栓，标准力矩为 10N·m。

6）清除防护胶带，安装动力电池负极端子，如图 4-22 所示。

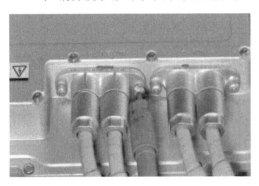

图 4-21　安装动力电池母线线缆

图 4-22　清除防护胶带，安装动力电池负极端子

3. 动力电池外部绝缘故障检查

为了保证动力电池有足够的输出功率，其端电压一般高于人体安全电压。在动力电池的工作环境中，振动、温度、湿度、酸碱气体腐蚀等都会导致高压线路绝缘材料老化甚至损坏，危及人身安全。对此，国家标准对车载可充电储能系统的绝缘性能做出了严格的规定：动力电池高压电路对车身接地的绝缘电阻值不应小于 500Ω/V，因此，对车辆动力电池的绝缘性能进行检测，实时确定绝缘故障的位置，对车辆的安全和故障排除具有重要意义。下面以吉利 EV300 动力电池为例，检查其绝缘电阻。动力电池绝缘电阻检测电路原理如图 4-23 所示。

动力电池绝缘故障检查步骤如下：

第一步：确保高压电路被切断。

1）操作起动开关以关闭电源模式。

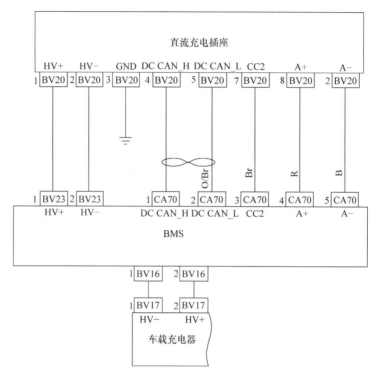

图 4-23 吉利 EV300 动力电池绝缘电阻检测电路简图

2）断开动力电池负极电缆。
3）断开直流母线。
4）断开动力电池高压线束插接器，并等待 5min，如图 4-24 和图 4-25 所示。
5）使用万用表检测高压线束接头端子 1 和端子 2 之间的电压。注意：1 号端子和 2 号端子之间的距离较短，严禁短接万用表指针，戴上绝缘手套。标准电压应≤5V。如果不是，等待高压系统电压下降。如果是，则转到下一步。

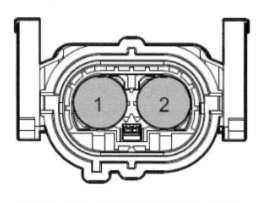

图 4-24 动力电池高压线束插接器（BV16）

图 4-25 拆卸动力电池高压线束插接器

第二步：检查动力电池的绝缘电阻。
1）操作起动开关以关闭电源模式。

2）断开动力电池负极电缆。
3）断开直流母线。
4）拆卸动力电池高压线束插接器。
5）将高压绝缘检测仪档位调到1000V。
6）用高压绝缘检测仪测量动力电池高压线束插接器1号端子与车身接地之间的电阻，如图4-26所示。标准电阻应≥20MΩ。
7）用高压绝缘检测仪测量动力电池高压线线束插接器的2号端子与车身接地之间的电阻，标准电阻应≥20MΩ。

图4-26　测量动力电池高压连接与车身的电阻

8）确认测量值是否符合标准。如果不是，修理或更换线束。如果是，进入下一步。

第三步：检测动力电池充电线路绝缘阻值。
1）操作起动开关以关闭电源模式。
2）断开动力电池负极电缆。
3）断开直流母线。
4）拆卸动力电池高压线束插接器BV23。
5）将高压绝缘检测仪的档位调至1000V。
6）用高压绝缘检测仪测量动力电池高压线束插接器的1号端子与车身接地之间的电阻。标准电阻应≥20MΩ。
7）用高压绝缘检测仪测量动力电池高压线束插接器的2号端子与车身接地之间的电阻。标准电阻应≥20MΩ。
8）确认测量值是否符合标准。如果不是，修理或更换线束，检查结束。

4.1.3　动力电池内部检查与性能检测

1. 动力电池内部检查

动力电池箱长时间使用后，会产生很多的粉末层，影响正常的数据通信。因此，将动力电池箱从车上拆下后，在维护动力电池时，应拆卸动力电池箱的上盖，使用高压气枪清除里面的粉末层，然后再进一步检查其内部。

动力电池系统周期性强制保养项目见表4-1，需要拆卸动力电池，也需开盖检查。

表4-1　动力电池系统周期性强制保养项目

项目	目的	方法	工具
绝缘检查（内部）	防止动力电池内部短路	断开BMS插头，用绝缘表1000V档测试总正、总负对地电阻，阻值≥500Ω/V	绝缘表
模块连接件检查	防止螺钉松动，造成故障	用做好绝缘的扭力扳手紧固（拧紧力矩为35N·M），检查完成后，做好极柱绝缘	扭力扳手
熔断器检查	检查熔断器状态是否良好，遇事故时可正常工作	用万用表二极管档测量通断	万用表

（续）

项目	目的	方法	工具
电池箱密封检查	保证电池箱密封良好，防止水进入	目测密封条或更换密封条	无
继电器测试	防止继电器损坏，车辆无法上高压	用笔记本电脑上的专用监控软件，关闭总正、总负继电器，并用专用万用表进行测试	万用表、笔记本电脑、CAN卡
电池箱高低压线缆安全检查	确保电池箱内部线缆无破损、漏电	目测电池箱内部线缆是否破损、挤压	目测
电芯防爆膜、外观检查	防止电芯损坏、漏电	目测电芯防爆膜、电芯外观绝缘是否破损	目测
CAN电阻检查	确保通信质量	下电情况：用万用表电阻档测量CAN1高对CAN1低电阻	万用表
电池箱内部干燥性检查	确保电池箱内部无水渍	打开电池箱，目测观察电池箱内部是否有积水，测量电池箱绝缘	绝缘表
电池加热系统测试	确保加热系统工作正常，避免冬季影响充电	向电池箱通12V电压，打开监控软件，启动加热系统，目测风扇是否工作正常或者加热膜片是否工作正常	12V电源、笔记本电脑、CAN卡

动力电池内部检查流程如下：

1）将动力电池放在安全拆卸区，检查其安全防护和工具状态，取下动力电池组上盖。拆卸后，可以看到内部组件的分布和结构，包括电池模块。

2）拆下模块上的插接器，查阅维修手册，查看动力电池的总电压值，然后计算每组模块的平均电压值。

注意：一定要戴防护眼镜。大多数动力电池的电解液对人体组织具有严重的腐蚀性，有些电解质是易燃的，可能会对包括眼睛在内的人体组织造成化学灼伤，应在现场放置灭火器材。

3）测量模块。检查每组模块的电压，并与计算的平均值进行比较。注意以下几点：

① 除了更换损坏的部件外，不允许在动力电池内部进行修理工作。

② 不允许修理线束，只能更换。

③ 更换损坏的部件时，必须严格遵循维修说明中指定的工作步骤。

④ 使用维修说明中规定的专用工具也很重要。当维修人员满足上述所有条件时，动力电池的维修就能准确、高质量地进行。

4）检查结果后，更换模块连接器。注意螺钉的拧紧程度，应根据维修手册调整，以防损坏连接位置。

5）从动力电池盖上拆下旧的黏结剂，用新的密封胶更换，然后按照与拆卸相反的顺序安装动力电池组。

组装时注意：检修开关、正负极、取样线应与本体开口对齐。动力电池盖应有效地密封在托盘和车身上。装配后，与车身的接头必须拧紧。

2. 熔断器、继电器的检查

1）熔断器的更换。如图4-27所示，更换前，用万用表二极管档或电阻档测量熔丝是否导通。检查动力电池内部熔丝的目的是防止熔丝损坏，确保车辆正常通电。如果检查后确定熔丝有故障，需要及时更换。

2）继电器检查。检查动力电池正极和负极继电器性能的目的是防止继电器损坏，并确保车辆正常通电。主要工具有万用表、笔记本电脑、CAN 卡等。

检查方法：将诊断电缆插入诊断接口，然后将点火开关转到 ON 位置；打开车辆诊断仪，按屏幕显示，用监控软件启动或关闭

图 4-27 熔断器更换

总正、总负继电器，对继电器进行测试。如图 4-28 所示，用万用表检查总正、总负继电器线圈电阻是否正常，以确保高压正常通电。如果不正常，需要更换新的继电器。

3. 预充电阻的检查

如图 4-29 所示，用万用表电阻档检查加热电阻是否正常。如果异常，更换预充电阻。拆卸时，先拆下故障预充电阻两端的螺母，同时拆下平垫、弹簧垫和采样线，然后用套筒扳手拆下固定在电气安装板上的预充电阻。最后，将损坏的预充电阻继电器分开放置。

安装时将电气性能和外观良好的预充电阻放在电气安装板的铆钉、螺钉上，然后将平垫圈和弹簧垫圈放在铆钉、螺钉上，最后用套筒扳手拧紧铆钉、螺钉上的螺母。

 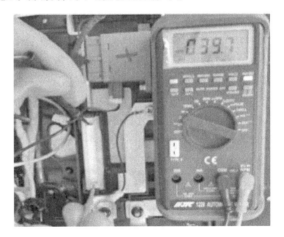

图 4-28 检查动力电池总正与总负继电器的性能　　图 4-29 用万用表电阻档检测预充电阻

按动力电池电气图要求连接，将动力电池预充电阻连接线连接到预充电阻两端，然后将平垫和弹簧垫放在预充电阻两端的螺柱上，用扳手拧紧螺柱上的螺母。

4. 内部线束与连接件的检查

检查动力电池内部高压控制电缆（图 4-30），防止动力电池箱内部电缆故障，确保内部电缆连接可靠。目视检查插入式电缆是否损坏或挤压，确保动力电池箱内部电缆没有损坏、挤压或泄漏。如果有任何异常，则需要更换内部线束和插头。

检查动力电池模块连接状态时，用绝缘套筒扭力扳手拧紧模块连接螺栓（图 4-31），防止动力电池模块螺栓松动，确保动力电池模块电路连接可靠。检查完毕后，对杆柱进行绝缘

处理。

图4-30 检查动力电池内部控制电缆与插头

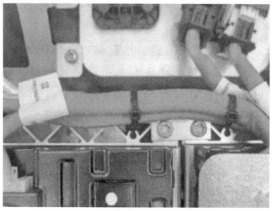

图4-31 检查动力电池模块连接

4.2 动力电池更换方法

4.2.1 动力电池包的拆装

在使用中的动力电池存在容量衰减问题，国家有关政策明确规定动力电池的保修期不能低于8年或12万km。当动力电池的容量衰减到80%以下时，需要强制回收，逐步重复使用。一般来说，三元锂电池循环次数为800~1000次，磷酸铁锂电池循环次数为2000~3000次。同时，如果动力电池组受到冲击损坏，则需要修理。如果无法修复，则需要根据要求更换新的动力电池。由于动力电池的重量可以达到300kg以上，这给动力电池的维护和更换带来了困难。因此，更换动力电池至少需要两个人来完成。动力电池组举升台应缓慢、均匀地升降，以防止因惯性而损坏动力电池组。下面以吉利EV300电动汽车为例，介绍动力电池的更换方法。

1. 动力电池更换前的工作准备

作业前应设置安全隔离，设置安全警示标志，佩戴个人安全防护用品。由于是带电作业，作业人员需要持证上岗。如图4-32所示，检查调整设备、仪表和绝缘工具，测试绝缘垫对地绝缘性能，保护车辆，检查动力电池举升台的工作状态是否正常。注意：在日常工作中，电动汽车维修工具为耐高压的绝缘工具，要经常维护，确保正常，绝缘良好，移动电动工具要接漏电保护开关，以防触电。漏电的工具需维修合格后方可使用。

动力电池的举升台（图4-33）在

图4-32 工具的检查

项目四　动力电池检查维护与更换

使用之前应当检查其液压升降性能，操作方法为：接通设备的电源，按压设备的起动按键将举升台升起到一定的高度，注意不要满负荷升到极限高度。然后再泄压将举升台降下。

图 4-33　动力电池的举升台升降测试

将车辆移至双柱举升机并检查，以确保车辆正确停放。连接故障诊断仪，起动车辆，确认车辆处于空档状态，读取是否有故障码。如有其他故障，应先排除。确认为动力电池故障后，关闭点火开关，将钥匙放在口袋里安全保存，然后更换动力电池。

2. 动力电池拆卸流程

1）打开前机舱盖，断开低压蓄电池负极电缆，拆卸维修开关并做好保持与防护。如图 4-34a 所示，将车辆用举升机升起，置入平台车，使用平台车支撑动力电池总成。注意：举升时确保举升机的支撑点不要支撑在动力电池上。

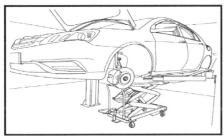
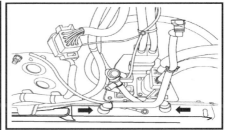

a）使用平台车支撑动力电池总成　　b）断开动力电池进出水管连接

图 4-34　拆卸动力电池

2）拆卸动力电池总成。如图 4-34b 所示，断开动力电池进出水管与动力电池的连接，断开动力电池出水管与热交换器的连接，断开动力电池进水管与水泵（水冷）的连接，断开动力电池进水管与电池冷却液膨胀罐加水软管的连接，取下动力电池进出水管。

3）如图 4-35 所示，断开动力电池的 2 个线束插接器 2，断开动力电池与前机舱线束的 2 个线束插接器 1。拆卸动力电池搭铁线固定螺母，断开动力电池搭铁线。

注意：搭铁线螺栓在安装时的拧紧力矩为 10N·m。

注意：现代电动汽车的动力电池大多采用了水冷系统，如果动力电池带有水冷系统，如图 4-36 所示，拆卸水管时，应在下面放置冷却液回收装置，避免将冷却液洒到地上。

4）如图 4-37 所示，拆卸动力电池总成后部的 3 个固定螺栓。

注意：在安装时拧紧力矩为 78N·m。

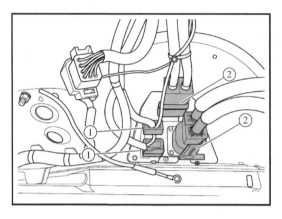

图4-35 断开动力电池的线束插接器

图4-36 动力电池水冷系统的水管拆除

5）如图4-38所示，拆卸动力电池总成前部2个固定螺栓①，拆卸动力电池总成左右各7个固定螺栓②，缓慢下降平台车取出动力电池总成。

注意：动力电池下降过程中平台车缓慢向前移动，可以避免动力电池与后悬架的干涉。

图4-39所示螺栓①、②在安装时的拧紧力矩为78N·m。

3. 动力电池的安装流程

在安装动力电池时应当按照与拆卸步骤相反的顺序进行装复，按照维修手册的规范将所有的螺栓拧紧到规定的力矩。在连接线束的插头时必须牢靠，不能有虚接现象，搭铁线的安装必须牢固。

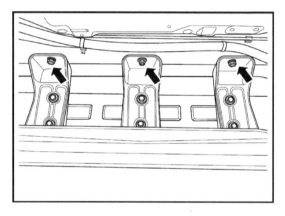

图4-37 拆卸动力电池总成后部固定螺栓

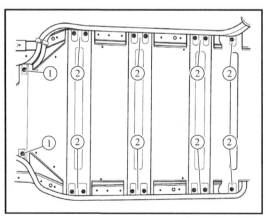

图4-38 拆卸动力电池总成前部固定螺栓

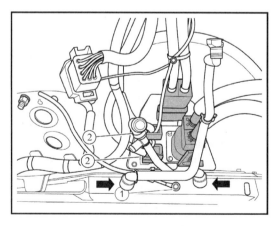

图4-39 动力电池线束的安装连接

安装动力电池前的检查要求如下：

1）检查电源线、插头、延长线、保护器是否破裂或损坏。

2）检查是否有过热、冒烟、冒火花的迹象；检查是否电池系统损坏（如破裂）、电池漏电。

3）检查动力电池系统、电源线是否出现进水现象。

4）检查按照操作说明进行操作时，是否有不正常运行现象。

5）将动力电池的负极装复，将诊断仪与车内诊断接口连接，打开电源，然后进入诊断系统进行测试，并清除故障码。

4. 电池更换与拆装安全注意事项

1）操作人员在接触高压部件时，必须佩带必要的劳保用品，如绝缘手套、绝缘胶鞋等，在车辆被举升的环境工作时应戴好安全帽。

2）为防止维修动力电池时电解液泄漏造成人身伤害，维修人员必须戴上酸碱手套和防护眼镜，防止电池电解液腐蚀皮肤和溅入眼睛。

3）为了防止有人未经授权进入工作站，确保高压安全，应使用隔离带。

4）在拆下盖之前，清除高压动力电池单元盖区域中残留的水分和杂质。

5）在每个工作步骤之前和之后，应仔细对工作部件进行目视检查。例如，在拆卸一个部件时，检查露出来的其他部件是否损坏。

6）拆卸和插入 BMS 的绝缘监测导线时必须特别小心，因为较薄的导线上存在高压。拔下插头时必须小心，不要拔电线。注意插头是否锁好。如果未正确锁定，则可能无法识别绝缘故障。

7）要使维修开关处于断开状态，解除高压危险，拔出维修开关后，维修开关端口需要阻塞。

8）拔出维修开关只会切断从动力电池到高压电气设备的电源，动力电池需要修理时，裸露在外的高压部件应用绝缘胶带包好，以免触电。

9）不要使用有锐边或尖锐的工具在高压部件或插接器上工作。例如，禁止使用螺钉旋具、偏口钳、刀具等。只允许在 12V 车载网络线束上，可以使用偏口钳打开扎带。

10）当需要拆卸动力电池时，使用双柱举升机和液压升降车。

11）当将动力电池运送到专用电池维护工作台时，应使用专用的动力电池吊架，严禁用手直接提起动力电池。

12）液压升降台的中心应支撑在动力电池组的底部中心约三分之二处，以防止电池掉落。

13）拆卸/安装电池模块连接线只能由 1 人完成，绝对禁止 2 人同时操作，但必须有人员监控。

14）一定要将前部/后部连接线全部连接完毕后，再进行另外一侧连接线的安装。

15）拆卸/安装电池模块紧固件时，先将前部/后部模块安装螺栓全部安装完毕后，再进行另一侧所有螺栓的安装。

16）动力电池箱用螺栓固定在车身地板下，螺栓拧紧力矩为 80~100N·m。在车辆维修过程中，要观察动力电池箱的螺栓是否松动，动力电池箱是否严重损坏或变形，密封件是否完整，以保证动力电池能正常工作。

17）小心轻放，不要乱扔乱挤，防止造成电池系统损坏或人身意外伤害。

18）当工作中断时，应盖住已拆下的壳体端盖，并通过拧入几个螺栓防止其意外打开。

19）不允许切断高压导体上的电缆扎带，可以松开卡子或将高压线连同支架零件一起拆下。

20）拆卸和安装动力电池模块时，必须注意不要松开螺栓并拆下动力电池模块上的塑料盖，电池导电接触系统安装在下面。

21）如果高压动力电池组内部有杂质，应在查明原因后仔细清洗相关零件。

5. 动力电池存储条件

1）动力电池储存温度为 20～35℃，相对湿度≤75%（无水冷凝）。

2）储存室应保持清洁、通风、干燥和凉爽，避免接触腐蚀性物体或气体。

3）标记清晰，不应置于阳光直射下，远离火源和60℃以上热源。

4）确保电池箱防护罩安装牢固，避免表面撞击、损坏等缺陷。

5）正负端子需用绝缘胶带或其他绝缘材料绝缘，不得有金属外露。

6）短期存储（1个月内）SOC≥30%，电池电压≥2.5V。

7）长期（3个月以上）存储 SOC≥50%，电池电压≥3.0V。

8）定期进行充放电试验（3个月），严禁 SOC 低于10%的存储。

9）建议使用后立即充储，每月充放电一次，并检查 BMS 功能。

10）禁止在露天堆放废旧电池，以免造成废旧电池污染环境。

4.2.2 电芯更换

当电动汽车动力电池组发生故障或电芯性能下降时，BMS 将检测到异常工作数据。如果判断为严重故障，则记录并存储故障码和故障电池。通过外部专用测试设备和软件可直接读取电池的地址代码。电芯更换过程主要包括电池组装、动力电池模块及损坏电芯的拆卸、电芯的更换、动力电池模块装入箱内及线束连接、电池模块性能测试、动力电池组性能测试等步骤。

1. 动力电池内阻测试

动力电池组装时，需挑选内阻相近的电池单元组成一组。电池的容量（A·h）越大，内阻就越小，因此可以根据内阻的大小粗略判断电池的容量。电池老化和失效后突出的表现就是内阻增大，因此通过测试内阻的大小就可以快速判断出电池的老化程度。电池维护过程中，需要测试各电芯的内阻，把内阻偏大的电芯挑出来进行更换，以保持电池内阻的一致性。

测量方法：测量电池的内阻可以采用直流测量，也可以采用交流测量的方式。由于电池的内阻很小，采用直流测量时，由于电流很大，电极容易极化，从而产生极化电阻，故直流测量无法测出其真实值。因此在对动力电池的实际测量中，常采用交流测量的方法。其方法是利用电池等效于一个有源电阻的特点，给电池施加一个1000Hz、50mA 的恒定电流，通过测量其交流压降而获得其内阻，测量值的精度可达毫欧级。可以通过专用的电池内阻测试仪来完成。燃料电池电动汽车用锂离子蓄电池内阻非常小，一般在几个毫欧。

2. 电池配组

所谓电动汽车电池配置，就是要保证每个电池组中电芯容量的一致性。每个电芯的性能不可能完全相同。当多个电池串联在一起形成一个电池组时，这种差异将导致电池组寿命严重缩短。因此，有必要选择性能非常接近的电芯一起使用，形成一个电池组，以实现更长的寿命。例如，虽然两个电池的初始容量相同，但容量随着循环的次数而衰减，然后随着电池寿命的增加，容量的差异增大。如果两个电池的内阻不同，充电时产生的热量也会不同。内阻大的电池在充电时会使温度升高。温度的升高会提升反应的效率，而温度的升高又会引起耗水量的增加，甚至引起热失控，这些问题将进一步促进两个电池之间更大的差异。

电池匹配的工作流程如下：

对于要更换的电池，通过电池性能测试系统获得电池的开路电压、容量、充放电曲线等信息，并输入到电池模型库中，该库存储所有预期更换电池的信息。

待匹配的电池模块通过电池模块性能检测系统，获取电池模块内所有电池的开路电压、容量、充放电曲线等信息，准确地挑出需要更换的"短板电池"。获取对电池组中其他电池的真实性能和容量的全面评估结果，以及需要匹配的电池的信息。

通过比较电池的开路电压、容量和充放电曲线，利用电池模型库找到匹配度较好的电池。如果测试通过，则完成更换过程。

电池匹配要求如下：

1）充放电电流要求：容量≤10A·h，充放电电流$1C$；容量>10A·h，充放电电流10A。

2）匹配前容量测试：以恒流恒压方式对电池充电，直至电流降至$0.02C$并结束充电，然后放电至所需的电池端电压，记录各电池的平台容量和总容量。

3）匹配前充电要求：匹配前对电池充电，标称电压为3.6V的动力电池充电至3.850V，标称电压为3.2V的动力电池充电至3.300V，然后恒压充电，直至电流充电至$0.02C$结束。

4）老化储存过程中电压降和内阻变化的测量：充电后让电池静置1h以上，然后用内阻表测量内阻（精确到$0.1m\Omega$），再用直流档测量电压（精确到0.001V）。

电池配组要求见表4-2。

表4-2 电池配组要求

自耗电	自耗电差	电压差	内阻差	容量差	平台容量比差
≤3mV/天	≤0.2mV/天	≤10mV	≤内阻平均值×10%	≤标称容量×2%	≤3%

3. 拆卸动力电池模块

下面以某电动汽车为例，说明动力电池模块拆卸过程。

1）根据动力电池诊断仪显示的故障电池采样点，利用相应的电池位置来确定故障电池的位置和需要拆卸的动力电池模块。

2）用斜嘴钳将连接动力电池模块与大导线固定端的扎带剪断，放在指定位置。

3）用专用扳手拧松大导线处的螺栓，将拆下的螺栓、平垫圈、弹簧垫圈、端盖等零件放在指定位置，以便安装时使用。最后，拆下用绝缘带保护的大电线。

4. 更换电芯

1）安装电池上下护套。注意，如果有损坏，需要更换新的护套以便安装。安装后，电池应与护套紧密配合，不得有相对运动。

2）将替换电池安装到电池模块中，并将其正确放置。如果连接件、侧护套和其他零件损坏，则需要更换新零件进行安装。电芯是通过焊接连接的，因此更换电芯时，需要激光切割机切割和分离焊点。

3）使用连接杆连接电芯极柱。如果极柱表面有焊点，用砂纸将焊点打磨光滑，以确保连接排的下表面与极柱的上表面紧密接触。用扭力扳手将法兰螺母或铝螺栓固定在电池极上。法兰螺母的拧紧力矩设定为 5.6N·m，铝螺栓的拧紧力矩设定为 3N·m。当确定螺栓已拧紧时，在紧固件上添加螺纹紧固剂。

4）采样线插接器用螺栓固定在连接排的安装孔上。在固定前，将导热硅胶注入指定位置。小心不要填满安装孔。最好注射 2/3。然后将温度采样管插入安装孔。温度采样线的下端应与护套平行。最后，用热熔胶将线体固定在电芯的护套上。加热熔胶前，注意确保护套上表面没有灰尘。加热熔体的面积应大于导热硅脂的面积。

5. 动力电池模块入箱及线束连接

1）安装电池模块盖。如图 4-40 所示，完成后应当使用万用表测量模块的电压，以确认电池模块在更换电芯后模块的安装正常。将电池模块安装到电池箱中。注意：如果在安装前要清洁电池箱，应确保机电池箱内的绝缘层没有损坏。

2）安装动力电池模块压盘，用专用扳手将压盘压紧，确保螺栓弹簧垫平整，拧紧后不翘曲。

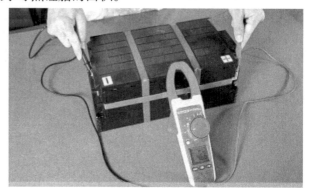

图 4-40 测量动力电池模块电压方法

3）安装动力电池采集单元，确保收集单元的安装位置正确，端口方向正确。

4）拆下临时固定线束的绝缘带，并根据标记将插头插入相应的断裂处。安装线束时，应注意插件的插入顺序。连接线束时，使用电缆扎带将线束固定到绑定开口上。注意，端口处的线束中必须留有一些余量。

5）拆下大导线端部的绝缘保护，将大导线铜线固定在模块输出端，用内六角扳手紧固螺栓，拧紧至规定力矩值。最后，用扎带固定护套，护套必须完全覆盖连接点。

6）作业结束后整理现场，剪断多余的扎带，放在指定的容器内。清点工具和附件，避免将其留在动力电池箱中。清洗箱内残留的灰尘和杂物。

思 考 题

本项目的学习目标你已经达成了吗？请通过思考以下问题进行检验。

序号	问题	自检结果
1	动力电池系统失效模式有哪些？	
2	非安全性故障的影响因素有哪些？	
3	电池容量衰减的影响因素有哪些？	
4	什么是电池配组？有哪些要求？	
5	请复述电芯更换步骤与要求。	
6	请复述动力电池外部绝缘故障检查方法。	
7	请复述动力电池组的更换步骤与要求。	

项目五

动力电池管理系统

学习目标

1. 说出动力电池管理系统的主要功能。
2. 掌握 BMS 的结构与原理。
3. 知道锂离子蓄电池的常见故障诊断模型。
4. 掌握动力电池管理数据采集与故障信息读取方法。

5.1 动力电池管理系统基本结构与原理

5.1.1 动力电池管理系统功能

电池管理系统，英文缩写为 BMS（Battery Management System），如图 5-1 所示，主要负责对电动汽车动力电池状态参数的检测和处理，从而充分合理地利用动力电池的能量，提高电能的利用率，预测行驶里程，提醒驾驶员及时给电池充电，避免在行驶过程中电量耗尽；在工作时检测并采集电池的实时状态参数，根据检测值与允许值的比较来控制电源电路的通断，并将收集到的关键数据报告给整车控制器（VCU），同时接收 VCU 发出的与车辆上其他系统协调的指令。电池管理系统需要通过感应电压、温度等信息，及时调整电动汽车的行驶条件，充分合理地利用电池的能量，提高电能利用率。同时，电池管理系统还可以根据电池的使用情况和用户的充电习惯选择合适的充放电方式，从而优化充电效率，延长电池寿命。

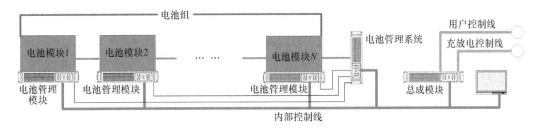

图 5-1 电池管理系统拓扑图

电池管理系统结构如图 5-2 所示，动力电池管理系统在电动汽车中的作用是控制高压电能在储能装置、电机、逆变器和空调压缩机等高压电气设备之间的能量流动；对锂离子蓄电池的各项参数进行集中监测、控制电池的均衡、估算荷电状态、充放电控制、电池热管理以及在线故障分析；包含系统状态估算、均衡管理、热管理、数据通信显示、安全保护等。它还包括功率转换器、控制系统和辅助设备。动力电池管理系统由处理器、各种传感器和执行器组成。通过传感器获取动力电池的电压、电流、温度状态信息，并以监测到的继电器状态、绝缘状态、各高压元件状态作为实时判断计算的依据，完成相应的执行处理操作。

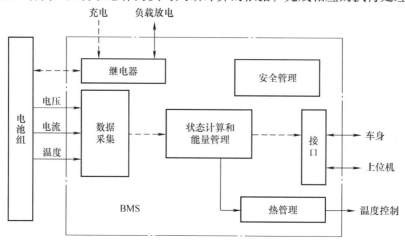

图 5-2 电池管理系统结构框图

动力电池管理系统所具备的基本功能如图 5-3 所示。为了满足相关安全标准或规范的要求，锂离子蓄电池的故障分析及处理已经成为整个电池管理系统的重中之重。由于整个 BMS 的构成较为复杂，电池的数量多、故障种类多，且根据系统要求，对于不同的故障等级进行与之相对应的故障处理，故动力电池的故障分析与处理系统是整个 BMS 的核心与关键所在。

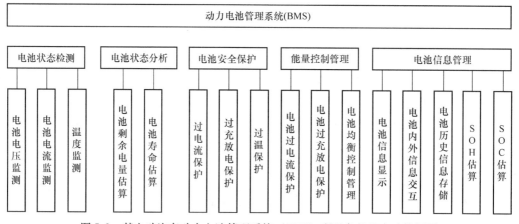

图 5-3 某电动汽车动力电池管理系统（BMS）所具备的基本功能框图

如图 5-4 所示，车辆的动力电池组由串联和并联的电芯或电池模块构成。复杂的车辆驾驶条件和不同的驾驶习惯将导致复杂多样的电池输出模式，需要测量电池状态电压、温度和电流以确保电池在使用过程中的安全性和稳定性，防止电池过充电、过放电、过电流、过温、过电压、欠电压等对电池的损坏。

如图 5-5 所示，动力电池管理系统的主要工作原理是采集电池模块电压、电池电压、串联电流、电池工作温度等参数，建立合适的电池模型。它利用一定的算法，估算电池的 SOC，得到电池的老化程度（SOH）评估。同时，电池安全保护系统还会通过确定电池在充

项目五　动力电池管理系统

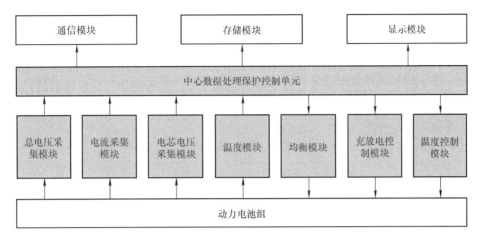

图 5-4　动力电池管理系统数据处理

放电过程中的电压、电流、温度等参数是否超过预设阈值，来保护电池。

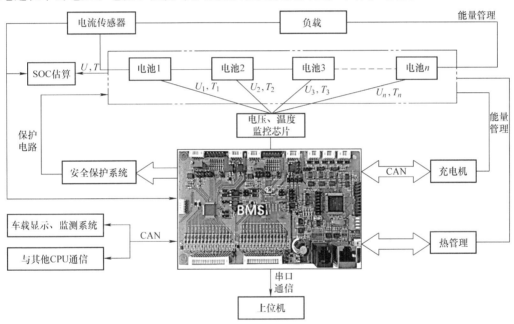

图 5-5　动力电池管理系统工作原理

在此过程中，将启动能量管理系统和热管理系统。能量管理系统通过优化电芯的充放电电流和电压平衡，提高了电动汽车的续驶里程，保证了电池在使用过程中的高库仑效率。充放电效率。热管理系统的作用是保证电池在最佳温度范围（10~50℃）工作，且电池组的最大温差不超过6℃，使电池组寿命最大化。最后，通过数据通信实现与其他控制器的信息通信，通过分析存储的历史数据，可以更有效地处理产生的故障。

系统状态评估通常包括充电状态（SOC）、功率状态（SOP）和寿命状态（SOH）。通过对采集到的电池参数进行算法研究，可以获得更有效的系统状态数据，并直接指导驾驶员，其中 SOC 为续驶范围提供依据，SOP 为驱动功率提供指导，SOH 为使用寿命提供参考，全面的电池状态估算使动力电池工作在最佳状态。随着使用次数的增加，电池之间的差异变得

更加明显。通过在工作过程中平衡不同的电池，可以提高电池的整体寿命和输出性能。

温度的变化将严重影响电池的使用和安全，因此动力电池需要有足够完善的安全和保护功能。通过对电池的热平衡管理，可以有效避免电池的高温燃烧爆炸和低温低效或失效，从而防止电池使用效率的快速下降和循环寿命的急剧下降。数据通信和显示可以改善电池管理系统与驾驶员之间的交互，以及与整车控制器之间的信息共享。电动汽车电池管理系统功能的依存关系如图 5-6 所示。

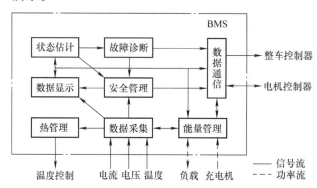

图 5-6　电动汽车电池管理系统功能的依存关系

1. 电池状态监测

电池状态监测一般是指对电压、电流、温度三个物理量的监测。动力电池管理系统需要对采集到的电压、电流数据进行有效的控制和管理，对于温度监测，除了电池本身外，还应监测环境温度、电池箱温度等。电池参数检测包括总电压、总电流、电池电压检测、温度检测、烟雾检测、绝缘检测、碰撞检测等，数据采样频率需要达到 1kHz。

如图 5-7 所示，BMS 数据采集系统的工作原理是实时监测动力电池，检测动力电池的

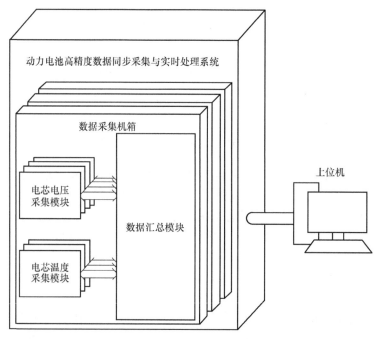

图 5-7　BMS 数据采集原理

工作电流、各电池单元的电压、电池模块运行时的总电压,以及其他电池相关信息,如表面温度,并将采集到的数据传送到预处理MCU上。预处理MCU对数据进行处理和分析,并向系统各模块发送相应的控制指令,实现对电池模块的实时监控,并将处理后的实时数据显示在人机界面上,保证电池模块的正常高效运行。

根据应用情况,较低的精度对于某些应用是足够的,而对于某些应用可能需要较高的精度。例如,测量磷酸铁锂电池的电压曲线。除电池和电池模块的电压和电流参数外,还需要测量电池模块中多个热或冷温度点的温度、电池模块中附加传感器(如湿度传感器)的参数或值,以及其他应用程序参数(如由于速度、功率、环境条件和电动汽车位置数据),这些参数必须使用模拟或数字I/O接口进行转换。

2. 电池状态分析

电池状态分析包括电池剩余容量评估(SOC)和电池老化程度评估(SOH)两部分。

(1) 剩余容量评估 电动汽车需要知道剩余能量的百分比,就像传统汽车的驾驶员需要经常注意汽车上还剩多少燃油。电动汽车除了以百分比的形式反映SOC状态外,还经常转换为等效时间或等效里程数,以便给驾驶员提供更直观的信息。

(2) 老化程度评估 电池状态分析的另一个重要功能是评估电池的老化状态,通常用百分比来反映。换言之,如果电池在"新"(刚刚装运)时的最大容量为1,那么在多个循环之后,电池所能装载的最大容量相对于出厂时容量的百分比即可反映电池的老化状态。电动汽车动力电池经过500次深充深放循环后,SOH通常仍能达到80%以上。

3. 电池安全保护

电池安全保护是电动汽车管理系统的首要和最重要的功能,主要包括过电流保护、过充电过放电保护、过温保护、绝缘监测、故障诊断等功能。

(1) 过电流保护 过电流保护是指在充放电过程中,如果工作电流超过安全值,应采取相应的安全保护措施。以磷酸铁锂动力电池为例,一般支持$1C$连续充放电。例如,标称$100A \cdot h$的磷酸铁锂电池可以在$100A$的电流下连续充电或放电,大多数磷酸铁锂动力电池支持短时过载放电,这样在汽车起动和加速过程中可以提供更大的电流,以满足动力性能的要求。然而,不同厂家和不同型号动力电池所支持的过载电流率和持续时间是不一样的。例如,某种类型的动力电池支持$3C$的过载电流不到$1min$,所以动力电池管理系统必须对过电流考虑保护功能。

(2) 过充电和过放电保护 动力电池安全保护的另一个基本功能是过充电和过放电保护。其中,过充电保护是指在动力电池充电状态为100%时,为防止动力电池继续充电造成动力电池损坏而切断动力电池充电电路的保护措施,BMS有一个充电管理模块,它可以根据电池的特性、充电机的温度水平和功率水平进行充电保护。

(3) 过温保护 动力电池是一种化学产品,在高温下工作可能会引起无法控制的化学反应。如果电池损坏,严重时会导致交通事故,造成人员伤亡。过温保护是将电池的工作温度控制在一个合理的范围内,并尽可能减小各电池模块之间的温差。当温度超过一定限值时,对动力电池采取保护措施。在整个操作过程中,需要监控每个电池的电压。误差控制在$10mV$以内。环境温度也是影响电池运行状态的重要因素,例如,镍氢电池、铅酸蓄电池和锂离子蓄电池的最佳工作温度需要在$25 \sim 40$℃,过温保护需要考虑环境温度、电池组温度以及每个电池本身的温度。由于温度变化需要一个过程,温度控制往往具有滞后性,所以温度保护往往需要考虑一些"超前性"。例如，如果检测到环境温度或电池箱温度过高，接近电池损坏阈值，应采取相应的保护措施。或者，电芯的温度突然快速上升，虽然还没有达到安全阈值，但仍应采取一定的保护措施，例如通过仪表警告驾驶员。

（4）绝缘监测　绝缘监测功能也是保证动力电池系统安全的重要功能之一。动力电池系统的电压通常是几百伏。一旦发生泄漏，会对人身造成危害，因此绝缘监测功能非常重要。BMS将实时监测总正、总负对车身接地的绝缘电阻，如果绝缘电阻低于安全范围，将报告故障并断开高压。

（5）故障诊断　电池安全控制和报警包括热系统控制和高压电源安全控制。BMS诊断出故障后，通过网络通知整车控制器，要求整车控制器进行有效处理（超过一定阈值时，BMS还可以切断主电路电源），防止高温、低温、过充电、过放电、泄漏等对电池和人体造成损坏。

电池对过电压、欠电压、过电流和规定的工作环境温度范围非常敏感。因此，安全管理的主要任务是监测这些参数的变化，并保护电池免受这些情况的影响。纯电动汽车普及的一个关键因素是电池本身的安全性。当电池过度放电或充电时，可能起火甚至爆炸。BMS的安全管理主要集中在漏电、过电流、过电压、高压冲击等问题上，需要实现的功能有过电流控制、过电压控制、温度过高控制、电池过放电控制、电池碰撞断电处理等，这些功能可以与热管理系统和电气控制一起完成。

安全管理还包括控制电池模块中的安全设备，以及处理从这些设备发送的信号，例如电池模块侧断开继电器、绝缘监测设备和灭火装置等。当电动汽车发生碰撞、一个或多个电池处于危险状态时，安全管理模块必须启动电池模块的紧急关闭，同时也应避免不必要的关闭。

4. 能量控制管理

能量控制管理往往被纳入电池的优化管理范畴，其主要功能如下。

（1）电池充电控制管理　电池充电控制管理是指电池管理系统对电池充电过程中的充电电压、充电电流等参数进行实时优化控制。优化目标包括充电时间、充电效率和充电充分性。

（2）电池放电控制管理　电池放电控制管理是指在电池放电过程中，根据电池的状态控制放电电流。例如，在动力电池组的剩余容量小于10%的状态下，如果电池组的最大放电电流可以适当限制，尽管它会影响汽车的最大速度，但将有助于延长车辆的巡航范围，并有助于延长动力电池组的寿命。

（3）电池的均衡控制和管理　电池均衡控制与管理是指采取一定措施，尽可能减少电池不一致性的负面影响，达到优化电池组整体放电效率、延长电池整体寿命的效果。电池的均衡管理有利于剩余电荷的利用，从而提高电池组的放电效率。就平衡时间而言，电池的平衡可分为充电平衡和放电平衡。就均衡手段而言，可分为被动均衡和主动均衡。

5. 电池信息管理

电动汽车动力电池组中的电池数量很多，每秒都会产生大量的数据。例如，这些数据有的需要通过仪表通知驾驶员，有的需要在电池管理系统外的设备传输，有的还需要作为历史数据保存。

（1）显示电池信息　电池管理系统通常通过仪表显示实时电压、电流和温度信息，剩余电池电量信息，预警信息，并辅助声音报警等方法，以吸引驾驶员的及时注意。

（2）系统内外的信息交互　电池管理系统具有"内部网络"和"外部网络"两个层次。其中，内部网络用于传输电池管理系统的内部信息。例如，在分布式电动汽车电池管理系统中，所有的动力电池首先被分成几个"组"，每个组由一个电路板管理。每组电路板通过内部网络将各电池的具体信息传送到电池管理系统的主电路板。同时，动力电池管理系统还需要利用外部网络与整车控制器、电机控制器等部件进行信息交换。

（3）电池历史信息存储　有两种方法可以随时存储信息，即"临时存储"和"永久存储"。临时存储器使用 RAM 临时存储电池信息，如临时存储最后 1min 估算的剩余电量和最近 1min 的电流变化信息，以估算此时剩余电池容量；永久存储器可以使用 EEROM、Flash 存储器等，可以在很长的时间跨度内保存历史信息。使用历史数据可以帮助过滤不正确的数据，以便获得更准确的数据，便于电池状态分析以评估电池的老化状态。当电动汽车发生故障时，通过对历史数据的分析，可以找出故障原因，有助于排除故障。

5.1.2　动力电池管理系统基本结构

动力电池管理系统在硬件结构和功能分布上主要采用集中式和分布式两种结构设计方式。

集中式电池管理系统是将所有电池信息测量集中在一个控制单元上，然后通过 VCU 辅助管理和控制多个功能，电池管理系统执行数据收集、处理和状态估算。

集中式最大的优点是可以利用高速的板间通信保证电压同步。每个采集子板中各个单元之间的电压采样时间差保持较小。电流传感器信号也可以自行采集，无需发送 CAN 时间。主要缺点是插接器和线束的设计比较复杂。电池管理单元有 6~8 个接头，相应的采样线束有一条长导线，这就需要在计算过程中测量和校准采样线束的线路阻抗，降低错误率。整个模块的内部电路还需要考虑在不同区段发生短路和过电流时对采样电路的保护。由于高低压的集中集成，整个电路板的尺寸很大，限制了布局的通用性，不利于电池系统的模块化应用，可靠性差，不利于维修。

如图 5-8 所示，分布式电池管理系统是把电池系统视为一个低压通用控制单元，接触器控制组件、电池电压和温度测量单元通过智能化管理，形成一个更加复杂的内部串行网络进行单独管理。

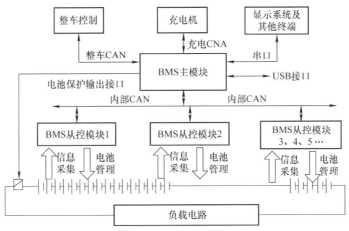

图 5-8　分布式电池管理系统

分布式是通过模块化设计实现的，整个系统由电池管理主系统、继电器总成和电池信息采集板组成内部串行通信网络，形成子网连接。电池管理主系统需要完成电池管理的核心算法功能，将接触器管理功能分配给继电器管理组件，完成电池组的高压采集和电流采集、接触器驱动及诊断、绝缘检测等功能，电池信息采集板完成单元电压的采集、均衡和温度测量。电池信息采集板设置在动力电池模块上，内部模块电源端子与12V电源端子安全、抗干扰隔离，能在恶劣环境下稳定可靠地工作。

例如，整个系统采用主控板+单元板的分布式结构，主控板具有采集模块、通信模块、充放电控制模块、温度控制模块和存储模块。采集模块负责采集电池组的总电压和总电流，然后发送给MCU，使MCU能够估算电池的SOC。通信模块负责数据的可靠传输。充放电控制模块负责充放电，一旦电路发生故障，可以及时停止充放电；控制继电器打开风扇使电池冷却。从控板必须采集电芯的电压和温度，并将采集到的电压信息发送到主控板。主控板根据信息判断是否需要启动平衡回路以发送指令进行电量均衡。从硬件结构上看，分布式管理系统大大简化了设计难度，实现了模块化设计，具有很强的适用性，有利于软件的改进，提高了开发效率、可靠性、可移植性和易维护性。缺点是成本高，在布局上也需要考虑模块、组件的分布较为复杂。

如图5-9所示，动力电池管理系统是以处理器为核心，采用多种传感器和执行器的系统。动力电池管理系统硬件部分的主要任务是为电池状态信息的采集、数据处理、存储和信息传输提供一个平台。中央处理模块是整个硬件系统的关键。信号采集模块采集的状态信息需要完成MCU模块中信号的A/D转换，以便将被测电池的状态信息转换成控制器可以处理的信息。电池管理系统和车身控制器的数据传输，人机交互界面的数据传输也需要在中央处理模块中发送指令。

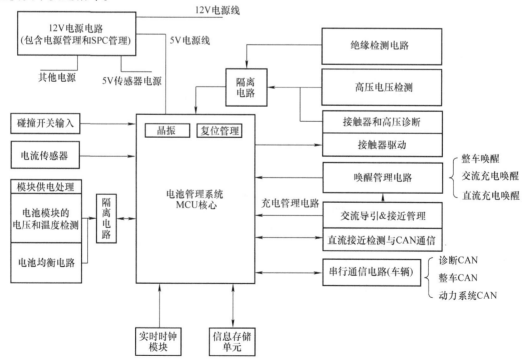

图5-9 电池管理系统硬件架构

电池管理系统主要包括以下模块：

（1）电源模块　电源模块主要是将车辆动力电池的电能，转换为动力电池管理系统及其检测电路中的传感器等部件的电源。

（2）信号采集模块　信号采集模块主要完成电池相关参数的检测，主要包括电芯电压数据采集、充放电总电流、电芯内部温度等参数。该模块将检测到的信号转换成可由中央处理器处理的信号。

（3）中央处理器模块　整个系统最重要的部分是中央处理器。它的主要功能包括信号分析与处理、报警装置工作控制、电池管理系统与整车控制器的通信、电池管理系统与人机界面的交互、电池 SOC 估算算法的实现。

（4）通信模块　通信模块包括 CAN 数据通信和串行通信。其中，CAN 通信部分负责系统与车身控制器之间的数据传输，串行通信部分负责系统与人机界面之间的数据通信。

（5）输出模块　系统中的输出模块主要的功能是在某些情况下需要驱动一些负载来完成相应的动作。例如，当发生故障时，需要驱动蜂鸣器或点亮相应的警告指示灯。

（6）数据存储模块　该模块的功能是存储管理系统采集的电池状态信息。通过查询和比较电池组或电芯的历史数据，可以分析电池的工作状态和性能最差的电芯，以提高电池的使用效率。

（7）扩展接口模块　为了提高电池管理系统的通用性，当系统中现有资源不足时，可以通过该接口模块连接其他功能模块，使得设计的电池管理系统具有扩展性，可以应用到不同的平台或工作区域。

从硬件结构上来看，电池管理系统由传感器、控制器、执行器、高低压线束等组成。

1）电池参数检测（传感器层）：包括电池系统总电压、总电流、电芯电压检测、温度检测、烟雾探测、绝缘检测、碰撞检测等。

2）接触器控制与电池安全保护（执行层）：电池管理系统具备驱动接触器的电路并可以诊断接触器各个高压节点的实际状态。诊断到故障后，根据故障的危害来分级处理，并通过串行网络通知整车控制器进行有效处理，在极端情况下超过一定安全阈值时，BMS 也可以切断主回路电源，防止对乘员产生伤害。

3）MCU 计算核心：这部分是整个电池管理系统的算法核心，也是电池管理系统实现既定的功能安全目标最基础的电路结构。

4）故障电路：这部分是有关整个电池管理系统本身和外部情况的处理，包括故障检测、故障类型判断、故障定位、故障信息输出等。故障检测是指通过采集到的传感器信号，采用诊断算法诊断故障类型。

5）均衡电路：整个电池系统的不一致性直接影响电池系统的实际可用容量，并且不一致性会随着时间累积。电池均衡电路和相应的控制算法，是根据电芯信息，采用均衡方式，尽可能使电池组容量接近电芯容量之和。

6）电源管理电路和 EMC 抑制：电池管理系统从电池模块和 12V 辅助蓄电池上得电，通过合理的保护电路来管控不同节点的电源情况。由于电池系统处在一个高压大电流的环境中，外部的负载会导致在母线上有大量的暂态分量。在电池系统内部的电池管理系统需要具备良好的抗电磁干扰能力，就要求在电源端、信号端进行良好的布局和处理。

7）网络通信和唤醒电路：电池管理系统需要与整车动力总成、车身网络等整车网络节点通信，也需要进行对应的网络管理和唤醒休眠管理。在整个电池寿命周期里面，需要完成刷写配置、在线标定、监控、升级维护等。一般电池管理系统包含多路串行通信网络。

8）信息存储单元：用于存储关键数据，比如在整个生命周期内客户使用的情况，这部分核心内容是记录电池系统超出预期的滥用数据的时间和频次。

9）其他辅助电路：在实际的设计中会考虑加入时钟模块等电路。

10）可选电路：在电池管理系统中可以加入绝缘检测电路等。

图 5-10 所示为动力电池管理系统采用主、从、高压板的结构设计方案。主板主要实现 BMS 策略计算和执行功能。从板主要实现各种信号（电压、电流、温度）的采集。应用层软件的功能设计主要包括上下电控制、预充电控制、快充慢充控制、绝缘检测和高压联锁检测。以软件设计为核心的能量管理和安全保护的实现，离不开硬件主板、从板和高压板的结构和通信设计。

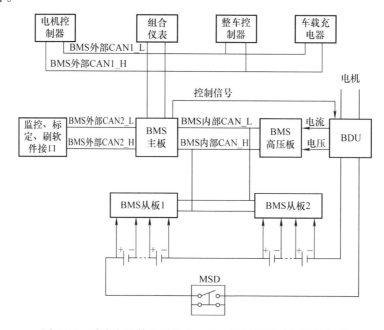

图 5-10 动力电池管理系统主、从、高压板的结构设计方案

图 5-11 所示是一个典型的电池管理系统架构，包括以主板为核心的子板模块、测量模块、中继模块、安全模块和通信模块。图 5-11 中的 7 块 CSC 采集子板用于检测电池模块的电压、电流和温度，测量模块用于测量主板上的电源线和低压线的电压，继电器模块包括主正极和负极继电器、预充电继电器、快速充电和慢速充电继电器。安全模块在电源线的正负两端实施绝缘检测和高压互锁电路检测。

主机通过内部通信总线连接到电压温度采集模块和电流采集模块。如图 5-12 所示，BMS 从动力电池监测单元和每个传感器获取信息，并根据测量输入的数据控制开关盒内的高压开关。BMS 通过动力电池监测单元（CSC）收集动力电池电压和模块温度。CSC 通常被放置在靠近电池模块的位置，用来测量电池模块中所有电芯的电压，也可以测量大量测量点的温度。温度传感器的数量基于能够近似估计每个电芯的温度的配置来选择。由于电压和温度的测量对电池组件的运行安全性和可靠性至关重要，因此通常采用冗余方式进行测量。

项目五　动力电池管理系统

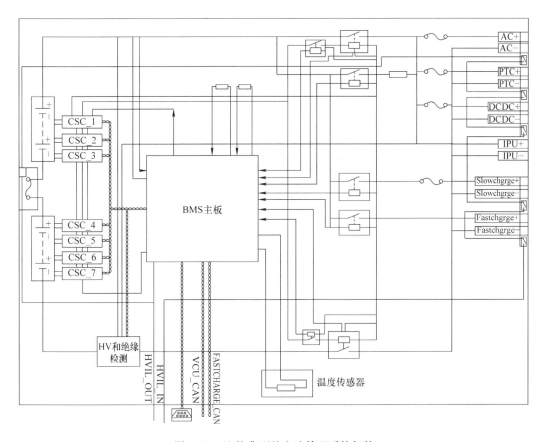

图 5-11　比较典型的电池管理系统架构

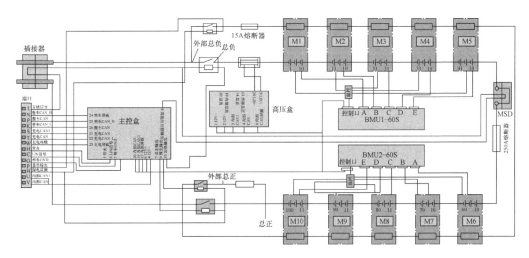

图 5-12　动力电池管理系统电气控制原理

即使一个系统发生故障，也能保证得到正确的测量值。此外，在多电池系统中，必须通过平衡系统平衡电池之间不可避免的充电失衡。通常，CSC（图 5-13 所示的电池监测系统）使用无源电阻来散热和平衡每个电芯的充电状态。BMS（或 BMS 主机）评估所有传感器传输的数据。数据来源于 CSC，电池模块的电流、电压传感器和其他传感器（如用于冷却系统的传感器）。当以临界状态运行时，主控制模块控制开关盒中的开关以切断电池模块的工作，防止系统损坏。此外，主控系统还负责计算电池模块的充电状态和运行状况，并将相关数据传送给电动汽车。

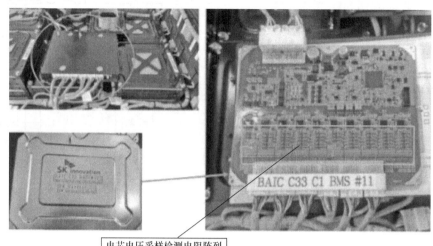

图 5-13　某车辆的电池监测单元

5.2　动力电池管理信息读取与数据采集故障检查

锂离子蓄电池的故障分析功能是在 BMS 这一平台上实现的。BMS 的作用是估算电池的剩余电量，对电池的放电强度进行预估，检测电池的相关信息，使得故障分析与处理系统可以获得精确的输入参数来进行分析判断。

5.2.1　锂离子蓄电池常见故障诊断模型

为了对动力电池的各类故障进行具体的研究，需要了解锂离子蓄电池的各项物理参数及参数之间的联系，深入分析电池充放电过程中的电化学反应，同时构建锂离子蓄电池的特性对应的电路模型，从参数的输入、输出对应关系来确定电池的特征指标。现阶段绝大部分的电池电路模型都采用了电阻、直流源、电容的协同构建对电池进行仿真分析。电容可以体现电池的某些电流电压相位改变特性、电化学极化特性、浓度极化特性和能量储存特性，电阻可以体现电池的某些欧姆极化特性和接触阻抗特性。比较经典的电路模型包括 Rint 模型、PNGV 模型、Thevenin 模型和高阶阻容模型等。

1. 内阻模型

最早的内阻模型由一个变化的电压源和一个固定的电阻构成（图 5-14）。虽然该模型由于简单实用，在早期得到了广泛应用，但这种模型不能体现出内阻的极化特性、电池的荷电状态随电池电压温度变化的各种特性，因此该模型仅限于稳态负载条件下。

2. 等效电路模型

因为内阻模型不能完全描述电池的极化效应，以及电池端电压随着工作电流发生的行为变化，所以需要建立电池的等效电路模型，它也被称为 Thevenin 模型，如图 5-15 所示。

项目五　动力电池管理系统

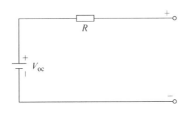
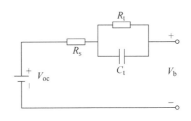

图5-14　内阻模型　　　　　　　　图5-15　等效电路模型

等效电路模型一般由电压源、欧姆内阻和多个 RC 模块串联而成，这种模型可以根据荷电状态值来计算对应情况下的开路电压。一阶的 RC 网络通常被称为 Thevenin 模型，在 Thevenin 模型的基础上串联一个电容的等效电路模型被称为 PNGV 模型。一般来说，RC 网络的阶数越高，该模型模拟的效果就越好，但相应的计算复杂度也越高。

3. 基于运行时间的电路模型

这种电路模型如图 5-16 所示。阻容模型并不能有效地表示出电池相应参数信息和时间的对应关系，因此基于运行时间的电路模型就应运而生。

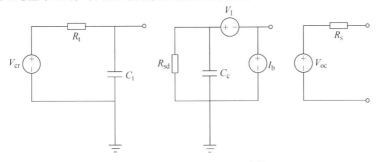

图5-16　基于运行时间的电路模型

4. 组合电路模型

这种模型的电路图如图 5-17 所示。组合电路模型是将基于运行时间的电路模型和二阶 RC 的等效电路模型结合起来，可以同时反映电池的各种输出特性，及它们相对于时间的变化关系。

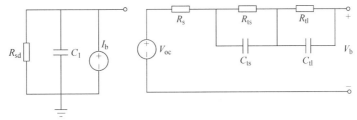

图5-17　组合电路模型

其中，电容和容控电流源被用于电池容量、SOC 和运行时间建模。

5.2.2　动力电池管理系统的信息读取

1. BMS 对动力电池系统自检的流程

BMS 自检的工作流程如下：

1）点火开关转到 ON 位置后，向动力电池管理控制器、MCU、PDU 和 BMS 提供 12V 低压电源。

2）此时，BMS 对动力电池系统进行自检。自检完成，各状态正常后，总负接触器接通，总电压信息通过车辆 CAN 线发送给动力电池管理控制器。

3）由电池管理控制器接收后，该总电压信息通过电机 CAN 线传输到 MCU。

4）同时，MCU 还对低压线路进行自检。自检完成，电池管理控制器通信正常后，通过电机 CAN 线向电池管理控制器发送信息。

5）收到此信息后，动力电池管理控制器将吸合 PDU 中的预充电接触器。吸合后，MCU 中的预充电容两端有一个直流电压。MCU 将预充电容两端的电压和电池管理控制器发送的动力电池电压进行比较。

6）当预充电容两端电压与动力电池电压差在 10V 以内时，通过电机的 CAN 线向电池管理控制器发送预充电完成指令。

7）电池管理控制器收到信息后，关闭 PDU 中的高压正极接触器，断开预充电接触器。

8）此时，再次将点火开关转到 STRAT 位置，即可正常起动。

2. 动力电池管理系统数据采集常见故障

动力电池以电池组的形式为电动汽车提供能量，而在电池进行充放电时，通过一系列电池串并联的外部工况将比单独的电池对外界进行功率输出的情形要复杂，比如电池的均衡问题会影响电池组的容量和寿命，所以均衡模块也是电池管理系统不可或缺的一部分。当过充电、过放电、内部短路等故障隐患出现时，故障分析与处理系统将对电池的状态进行分析评估，给出相应的故障处理，例如发出警告信号或是直接控制硬件电路。同时，电池管理系统中建立电池的相关记录日志，根据不断变化的电池状态记录详情信息，并判断电池的健康状态以及做好维护工作，从而保障电池工作在安全范围内。

读取动力电池管理信息的方法是使用专用软件连接汽车诊断接口。动力电池管理主控模块定时执行故障诊断，顺序检查各故障码的状态，为每个故障等级设置故障计数器，然后根据动力电池系统故障等级采取相应的故障处理措施，确保动力电池和车辆高压系统的安全。通常，动力电池的测试数据存储在存储器中，在维护工作中有两种读取方法。一种是用专用诊断仪读取 BMS 的工作状态信息和存储的故障码，另一种方法是通过专用软件和专用采集设备直接读取电芯的工作参数数据，并可以修改工作参数以优化动力电池的工作条件。动力电池管理系统的数据采集故障、故障原因与故障排查方法见表 5-1。

表 5-1 动力电池管理系统数据采集故障检查

故障现象	原因分析	排除方法	标准
电芯电压采集不准或者跳动	电压在跳动偏差较大的情况下，通常为整车干扰，或者采集模块损坏	测量电池实际电压然后进行电压校准，检查 BMS 的滤波功能是否完好，如通信线是否接地。如不符合要求，应相应地增加磁环	电压与实际电压相差 ≤10mV
电流采集不准或者显示为 0	霍尔传感器损坏、线没接好，软件问题	检查霍尔传感器是否损坏，另外可以在显示屏上查看设置是否错误，或者 BMS 主机软件不符	电流与实际电流相差 ≤1%

 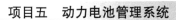

项目五　动力电池管理系统

（续）

故障现象	原因分析	排除方法	标准
动力主线继电器不吸合或者频繁工作	有故障保护	通过显示屏查看电池电压是否正常，有没有警告显示，检查电池动力线是否接对。另外检查电池是否漏电	上电之后继电器能正常工作
SOC（静态）	未校准	将电池充满电后在显示屏上进行校准。也可通过软件对SOC计算方式进行改正	SOC与实际相差≤8%
电池的总电压与实际不相符	采集不准、采集个数设置不对	检查主机设置里电池串数是否正确或者是否有电压采集模块损坏	总电压与实际电池总电压相差≤0.5V
温度采集为0或者不准确	采集模块损坏、温度传感器损坏、线束脱落	检查温度探头是否损坏。可拔掉温度采集线查看是否显示为2.2℃，如不是可能为采集模块损坏	电池温度与实际测量相差≤1℃
BMS未及时保护，造成电池过充、过放，无法正常工作	继电器可能卡死，或者采集模块采集的数据不正常。另外，在软件控制上也可能有问题	可以尝试更换主机	电池在设定的电压值时需正确对电池进行保护
充电机对电池充电时无法正常充电或者电池充完电不能安全关闭充电机	充电机与BMS对接的协议不对	捕捉报文，查看是否有报文，如果没有，可能是外CAN线束过长，造成通信不正常，可加一个120Ω电阻	按照充电协议对电池正确充电及关闭充电机
电池温度达到BMS设定值时，散热或者预热无法正常启动	风扇损坏、控制策略问题	通过显示屏查看设置温度是否正常，在BMS的控制策略上是否正确	电池在需要散热或者预热的时候要正常工作
绝缘性能、漏电保护不正常			在一定阻值之内需切断保护
整车通信不正常	通信数据传输不正常	内CAN采集的信息不对，通过显示屏参看，与BMS于整车通信策略不相符	内部CAN通信，与整车通信正常

电动汽车动力电池管理系统原理与检修

思 考 题

本项目的学习目标你已经达成了吗？请通过思考以下问题进行检验。

序号	问题	自检结果
1	什么是动力电池管理系统？它的主要作用是什么？	
2	动力电池管理系统所具备的基本功能有哪些？	
3	BMS 状态评估通常包括哪些？	
4	请复述电池状态监测的工作内容与原理。	
5	请复述电池状态分析的工作内容与原理。	
6	请复述动力电池安全保护的工作内容与原理。	
7	请复述能量控制管理的工作内容与原理。	
8	请复述电池信息管理的工作内容与原理。	
9	请复述集中式 BMS 的优点与缺点。	
10	请复述分布式 BMS 的优点与缺点。	
11	电池管理系统硬件架构有哪些？	
12	锂离子蓄电池故障诊断的常见模型有哪些？请简要说明。	
13	动力电池管理系统数据采集常见故障有哪些？	

阅读与思考

有一家电动汽车维修店，店主李师傅以精湛的技术和贴心的服务赢得了众多车主的信赖。这天，焦急的车主小王找到李师傅，他的电动汽车无法起动，仪表盘显示动力电池系统故障。

李师傅深知动力电池管理系统的重要性，它如同守护者，监控电池状态，确保安全高效运行。他迅速打开行李舱，连接诊断仪读取 BMS 数据。通过分析，他发现一个传感器故障触发了保护机制。他熟练更换了备用的传感器，故障灯熄灭，车辆重新起动。

小王感激地问："您怎么这么快找到问题？"李师傅微笑回答："这得益于我对 BMS 的研究与实践。每个细节都关乎车辆安全，我从不马虎。"他接着说："做人做事如同维护 BMS，需要细心、耐心和责任心。只有认真对待每一项工作，才能确保万无一失。人生也需要一位'守护者'，守护梦想和未来。"

小王若有所思地点头，明白了无论学习还是工作，都需要像李师傅一样用心对待，才能走得更远、更稳。李师傅的专业精神不仅修复了车辆，也传递了深刻的做事哲学。

项目六

动力电池状态检测与均衡管理

学习目标

1. 掌握动力电池管理系统中的电芯电压与电流检测方法。
2. 掌握动力电池 SOC 与 SOH 状态估算与信息读取的方法。
3. 掌握动力电池主动均衡控制与被动均衡控制的方法。
4. 掌握电池热管理的控制原理与方法。
5. 掌握动力电池常见热失控故障分析与检查的方法。

6.1 动力电池状态检测与分析

动力电池各个模块和组件的电流直接关系到动力电池系统的能量传输和运行安全。为了保证整个电力系统的安全运行，必须对每个电池模块和组件的充放电电流、电压、温度等各种参数进行监测和分析，根据各模块的基本运行参数，采用总线（CAN）来实现各模块的通信与运行管理。

6.1.1 电压检测

在充电过程中，当充电电压超过动力电池的截止充电电压时，会造成阴极晶格结构的破坏，导致动力电池容量降低，过高的电压还会使正负极短路而引起电池爆炸。BMS 始终在检测系统中动力电池的电压，以及每个电池模块中电芯的电压。当电压超过充电极限电压时，BMS 将断开充电电路以保护动力电池系统。

另一方面，当电池处于完全亏电状态时，如果继续放电，也会对电池造成损坏。此时，应采取措施切断动力电池的放电电路进行过放电保护。当然，电动汽车在行驶过程中突然断电是非常不安全的。因此，通常是在供电能力不足时（如不足 5%），提醒驾驶员电池电量不足，并逐渐减小电池放电电流，使车辆逐渐减速或减速停车。在放电过程中，当放电电压低于动力电池的截止电压时，动力电池负极上的金属集电器将被溶解，对动力电池造成不可逆的损坏，过放电的动力电池在充电时可能引发内部短路或泄漏。

能量控制管理的实现通常需要电机控制器和整车控制器（VCU）等电池管理系统以外的组件来一起完成。设置充放电的截止保护电压，当检测到的动力电池电压高于或低于设定的阈值时，及时切断电流回路对动力电池进行保护。在电动汽车的实际应用中，电池往往串联成一个电池组。只要电池组中有一个电池低于放电阈值电压，就必须保护整个电池组。

1. 电压检测原理与方法

对每一个电芯的电压检测点进行检查如图 6-1 所示。检测动力电池内部电压有两种方

法：一种是对每个电池单元进行电压测试。电压采集的目的是了解当前动力电池中任一电芯的电压情况，确定各电芯放电终止条件，防止过充电和过放电，保证电池使用安全。

第二种方法是监测动力电池电压，监测动力电池整体电压是否正常。动力电池的电压监测通过电压测量模块进行测量，电压测量模块一般设置在动力电池输出总线的位置。

如图 6-2 所示，假设动力电池的电压监测使用三个测量模块，对于电压监测，通过并联连接三个电压传感器 V1、V2 和 V3 来执行测量，以确定动力电池的充放电状态，这种方法能够准确测量动力电池的电压和外部充电母线的电压。

动力电池的容量遵循木桶定律。因此，当内部动力电池不平衡时，容量取决于电池容量最小的模块，但此时总线电压上显示的值正常。当电池正常放电时，动力电池的容量会迅速下降。因此，当母线电压显示异常时，一般故障点为动力电池内部连接、电压传感器损坏、电芯内部不平衡或温度传感器

图 6-1 对每一个电芯的电压检测点进行检查

故障。当电池中存在虚接时，电池电压将低于正常电压。此时，它相当于电池模块与电阻器串联，因此动力电池的电压将下降。当动力电池电压传感器出现故障时，动力电池电压显示也将异常。虽然这种现象不太可能发生，因为有多个电压传感器用于电压测量，但是，不能排除这种故障的可能性。

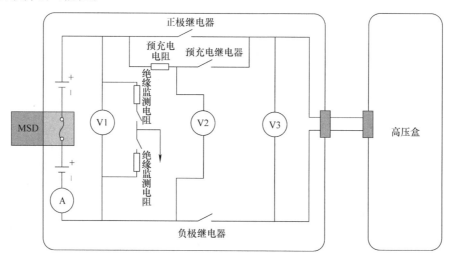

图 6-2 动力电池电压监测原理

当内部电池不平衡时，动力电池的电压显示正常值，但不能准确反映电池的容量。当动力电池输出功率时，电压会迅速下降。电池电压的异常显示也可能是由于动力电池自身的其他故障造成的。例如，当动力电池内的 PTC 加热元件发生故障时，电池的温度会升高。此时，动力电池的活性将增加，带来电压的升高。此时，电压显示实际电池电压，但真实电压

值高于正常电压，因此也属于电压显示异常。

2. 常见电压故障分析

动力电池常见的电压故障主要有动力电池电压过高、动力电池电压过低、动静电压差过大、电压突变、电流异常、电压采集异常等。电池过放电会导致负极板内锂离子和表面SEI膜脱落，导致负极部分层状结构坍塌。这样，当电池充电时，嵌入到负极过程中的锂离子电阻将继续增加，在负极表面进一步形成新的SEI膜，从而使电池中的锂离子耗尽，这将导致电池容量大大衰减。为了解决这些问题，常用的方法是先对故障电动汽车的充电问题进行分析，并对动力电池进行充电，直到电池充满电，然后使用专用读取器读取电池内部数据，得到各个单元的高低电压值和相应的时序参数。如果电池不能再使用，则需要更换新电池。

以磷酸铁锂电池为例，磷酸铁锂电池具有使用寿命长、安全系数高、耐高温等优点，但也存在放电容量差、低温充电不佳等缺点。电池在低温环境下的充放电会严重影响电池的寿命、功率和容量等性能。因此，在冬季低温环境下，车辆的动力系统将经历电池寿命和动力系统容量的缩减。

在电池充放电过程中，实时采集电动汽车动力电池组中各电池的端电压、温度、充放电电流和动力电池组的总电压，防止电池过充电或过放电，及时给出电池状态，挑出有问题的电芯并将该电芯的ID地址存储，如果动力电池的性能处于可维护修复状态，则可以通过BMS的维护功能进行电池容量的均衡，以保持整个电池运行的可靠性和效率，使剩余电量估算模型得以实现，为系统故障离线分析提供依据。

在实际应用过程中，电压采集是通过硬件电路进行数据采集的。电压采集模块包括电源电路、温度测量与加热、单元电压测量与均衡、CAN通信与风扇控制、存储与"看门狗"定时电路等。电池电压采集模块是动力电池管理系统的重要组成部分，其性能或精度决定了系统对电池状态信息判断的准确性，进而影响后续控制策略能否有效实施。电芯电压检测接点如图6-3所示。

单元阵列电压检测使用单元阵列电压值，每个单元的正负极引出检测线，通过控制板上的测量电路与电阻阵列的相应电阻（图6-4）相连接。依次打开感测电阻，这样就可以测出感测电阻上某个单元的电压值。控制板上的测量电路对检测到的每个电池单元的电压值进行比较、计算和判断，看电池单元的一致性是否符合要求。放电时，电芯达到放电截止电压，就停止放电。充电时，电芯达到切断电压就会停止充电。

图6-3 电芯电压检测接点

图6-4 电芯电压检测线与检测电阻阵列

3. 故障检查方法

动力电池出现电压故障与产生的原因比较复杂，其常见电压故障见表6-1。

表6-1 动力电池常见电压故障

故障类型	故障症状	故障原因	故障处理
电池电压高	满电静置后，电池单串或几串电压明显偏高，其他电池正常	采集误差 电池数据采集监控模块均衡功能差或失效 电芯容量低，充电时电压上升较快	电芯显示值较其余电芯偏高，测量电芯实际电压值进行比对，若实际值较显示值低，且与其他电芯电压相同，则以实际值为标准对电池数据采集监控模块电芯电压进行校准；若测量值与显示值相符，则人工对电芯进行放电均衡 检查电压采样线是否断裂、虚接 更换电池数据采集监控模块
电池电压低	满电静置后，电池单只或几只电芯电压明显偏低，其他电池正常	采集误差 电池数据采集监控模块均衡功能差或失效 电芯自放电率大 电芯容量低，放电时电压下降较快	电芯电压显示值较其余电芯偏低，测量电芯实际电压值进行比对，若实际值较显示值高，且与其他电芯电压相同，则以实际值为标准对电池数据采集监控模块电芯电压进行校准；若测量值与显示值相符，则人工对电芯进行充电均衡 检查电压采样线是否断裂、虚接 更换电池数据采集监控模块 对故障动力电池组进行更换
动态压差/静态压差	充电时电芯电压迅速至满电截止电压，跳枪；踩加速踏板时，电芯电压比其他串下降迅速；踩制动踏板时，电芯电压比其他串上升迅速	连接电池铜排紧固螺母松动 连接面有污物 电芯自放电率大 电芯焊接连接铜排开焊（造成该串电芯容量低） 个别电芯电池漏液	对螺母进行紧固 清除连接面异物 对电芯进行充/放电均衡 对问题动力电池组进行更换
电压跳变	车辆运行或充电时，电芯电压跳变	电压采集线连接点松动 LUM故障	对连接点进行紧固 更换电池数据采集监控模块
电压采集异常	电压采集异常	电池本身欠电压 采集线端子紧固螺栓松动或采集线与端子接触不良 采集线熔丝损坏 从板检测问题	将监控电压值与万用表实际测量的电压值对比，确认后更换电池 螺栓松动或端子接触不良会导致电芯电压采集不准，此时轻摇采集端子，确认接触不良后，紧固或更换采集线 测量熔丝电阻值，若在1Ω以上，需进行更换 确认采集电压与实际电压不一致，其他从板若采集电压与电池电压一致，则需要更换从板并收集现场数据，读取历史故障数据，进行分析

当车辆动力电池电压异常时，首先要确定是否发生了绝缘故障，因为绝缘故障发生后容

易出现危险情况。因此，需要检查仪表板绝缘故障指示灯是否亮起。连接故障诊断仪，测试车辆参数是否能正常读取。如果车辆参数不能正常读取，则检查 CAN 总线并测试 VCU，以确定是 VCU 故障还是总线故障。

使用诊断测试仪测试是否可以进入 BMS。如果不能，首先检查电源电池接口是否连接正确。如果连接不正确，应在连接后确定是否进行故障排除。假如，动力电池接口连接正常，但如果 BMS 不能正常进入，则判断 BMS 有故障。

故障排除过程如图 6-5 所示。如果可以进入 BMS，观察动力电池参数，包括动力电池总电压是否正常，最高电压与最低电压之差是否符合要求。可以进行主动测试，如果动力电池有故障，需要更换动力电池。如果没有发现故障，应检查其他的相关联设备，例如，检查驱动电机是否有故障。

如果车辆出现动力电池电压异常故障，应首先检查绝缘故障。检查后，如果绝缘电阻测试正常，连接专用故障诊断仪，打开起动开关。使用故障诊断软件执行快速测试功能，检测是否存在故障码。

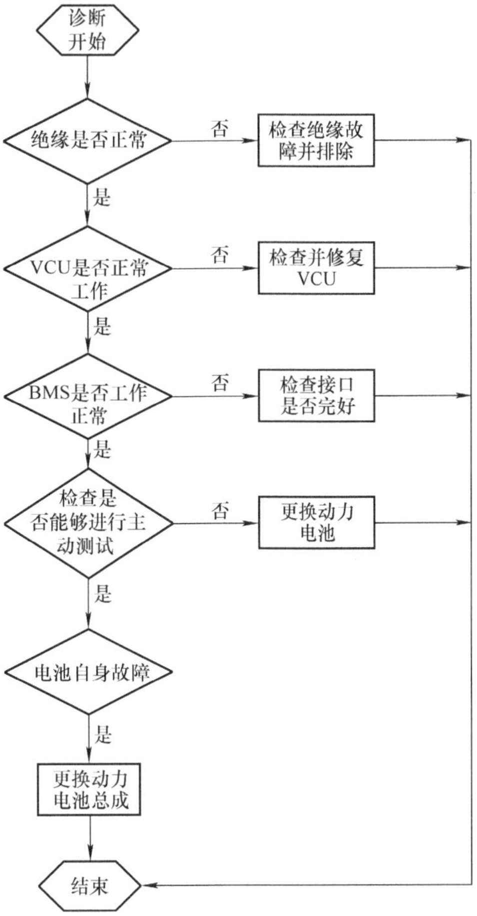

图 6-5 动力电池电压或电流异常故障检测流程

以磷酸铁锂电池为例，电池的最大电压通常为 3.37V，最小电压为 2.58V，如果确定有电芯损坏或不均匀，应更换动力电池。

将动力电池返厂，并使用软件读取动力电池的参数。如果结果显示内部动力电池不平衡，如图 6-6 所示，该案例的第三组中有一个电芯电压为 2.58V，电压低于平均电压。因此，动力电池在使用中会出现"虚电"现象。此时，应根据软件中给出的模块号和电芯的 ID 地址码来查找该电芯并进行更换。

6.1.2 电流检测

为了保证整个动力电池电力系统的安全，必须对每个电池模块和组件的充放电电流进行监测。电池的充放电电流是动力电池的重要参数，对整个电池系统的性能和安全起着至关重要的作用。

由于电池具有一定的内阻，当电池工作时，过大的电流会使电池产生过多热量，热量的增加会使电池温度升高，从而使电池的热稳定性降低。对于锂离子蓄电池，正极和负极材料对锂离子的脱嵌影响是一定的。充放电电流大于其脱嵌能力时，会使电池的极化电压升高，导致电池实际容量下降，严重时会影响电池的使用寿命，影响电池的安全。BMS 将判断电流值是否超过安全范围，一旦超过，将采取相应的安全保护措施。

电池电压/V　BMS:2/4

组\单元	1/11	2/12	3/13	4/14	5/15	6/16	7/17	8/18	9/19	10/20
第1组	3.27	3.37	3.27	3.37	3.27	3.37	3.27	3.37	3.27	3.37
第1组	3.27	3.37	3.27	3.37	3.27	3.37	3.27	3.37	3.27	3.37
第2组	3.27	3.37	3.27	3.37	3.27	3.37	3.27	3.37	3.27	3.37
第2组	3.27	3.37	3.27	3.37	3.27	3.37	3.27	3.37	3.27	3.37
第3组	3.35	3.25	3.35	2.58	3.35	3.25	3.35	3.25		
第4组	3.35	3.25	3.35	3.25	3.35	3.25	3.35	3.25		
第5组	3.35	3.25	3.35	3.25	3.35	3.25	3.35	3.25		
第6组	3.35	3.25	3.35	3.25	3.35	3.25	3.35	3.25		
第7组	3.35	3.35	3.35	3.35	3.35	3.35	3.35	3.35	3.35	3.35
第7组	3.35	3.35								
第8组	3.35	3.35	3.35	3.35	3.35	3.35	3.35	3.35	3.35	3.35
第8组	3.35	3.35								
第17组	3.35	3.35	3.35	3.35	3.35	3.35	3.35	3.35	3.35	3.35
第18组	3.35	3.35	3.35	3.35	3.35	3.35	3.35	3.35	3.35	3.35

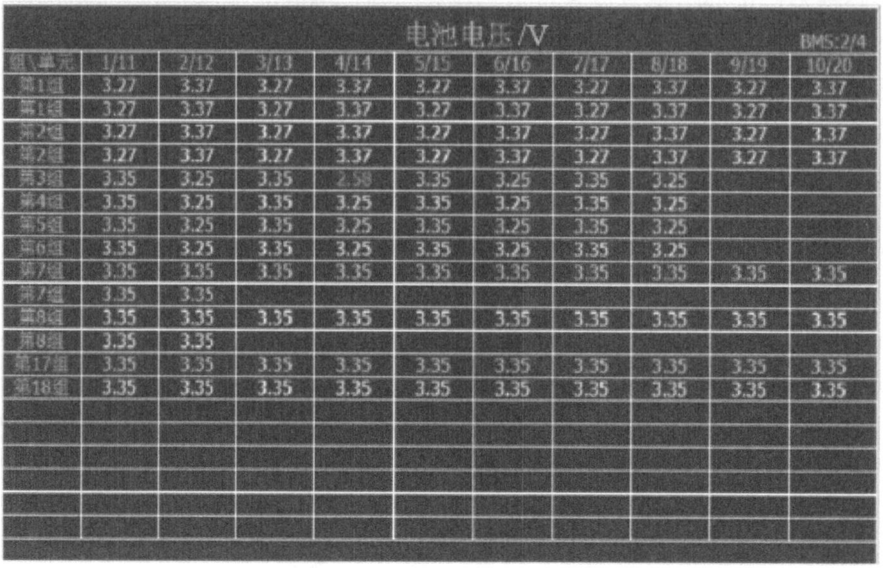

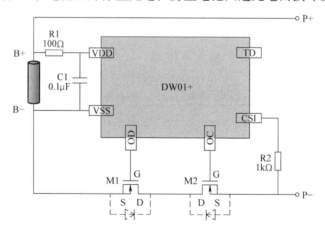

图 6-6　利用专用软件读取动力电池的电压工作参数

以图 6-7 为例，该电路主要由保护芯片 DW01＋、充放电控制 N 沟道 MOSFET 等元器件组成。单个电池连接在 B＋和 B－之间。P－输出电压。在充电过程中，充电机的输出电压连接在 P＋和 P－之间，电流从电芯的 P＋流向 B＋和 B－，然后通过充放电控制 MOSFET 管流向 P－。充电过程中，当电芯电压超过 4.35V 时，专用集成电路 DW01＋的 OC 引脚输出信号关闭充电控制管 M2，电池立即停止充电，防止电池因过充电而损坏。

图 6-7　动力电池过流保护

在放电过程中，当电芯电压降至 2.30V 时，DW01＋的 OD 引脚输出信号关闭放电控制管 M1，电池立即停止放电，防止电池因过放电而损坏。DW01＋的 CS 引脚是电流检测引脚，当输出短路时，充放电控制 MOSFET 管的通态电压降急剧增大，CS 引脚的通态电压降迅速上升。DW01＋输出信号快速关闭充放电控制 MOSFET 管，实现过电流或短路保护。

项目六　动力电池状态检测与均衡管理

1. 电流检测原理与方法

常用的电流检测方法有并联测量、霍尔电流传感器测量和电流互感器测量。

（1）并联测量法　并联电流测量的原理是基于电流通过电阻时在电阻上形成电压降，它常用于均值电流采样检测。用分流器（图6-8）测量电流，可以在整个过程中保持良好的线性，并具有良好的精度。分流器实际上是一个标准输出的采样电阻，它以准确测量的锰铜线为标准参数测量电流，利用直流电流过导体产生电压的原理，通过测量电压值来计算电流。

图6-8　分流器

（2）霍尔电流传感器测量法　霍尔电流传感器的测量基于霍尔效应原理（图6-9）。霍尔元器件的作用是将一定范围内的磁通量转化成电压信号。霍尔电流传感器在测量方式上可以分为两种，开环式霍尔电流传感器和闭环式霍尔电流传感器，闭环式霍尔电流传感器在精度上要优于开环式。从结构上来说，闭环式传感器比开环式多了一个补偿线圈，该线圈缠绕在铁心上。当电流传感器通过铁心时，铁心感应出磁场，霍尔元器件将磁场转化成电压，该电压被运放处理后驱动电路产生一个补偿电流，该补偿电流流过线圈产生一个磁场，该磁场与一次电流产生的磁场大小相等、方向相反，从而抵消一次磁场，使之处于磁平衡状态。

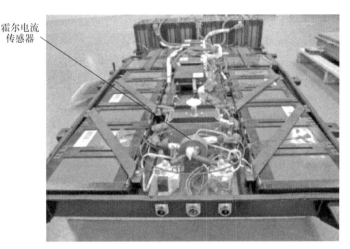

图6-9　霍尔电流传感器

霍尔电流传感器可以测量任意波形的电流和电压，输出端能真实地反映输入端电流或电压的波形参数。总电源线通过霍尔电流传感器，电流值由电磁感应获得。霍尔电流传感器可以在电流隔离下测量各种波形的直流、交流和脉冲电流。测量精度为±0.3%，测量范围为±500A，测量过程中几乎没有插入损耗，电路稳定。它的缺点是精度不高，灵活性不高，有温度和零点漂移等问题。

（3）电流互感器测量法　电流互感器测量法（图6-10）基于电磁感应原理来检测电流。电流互感器的作用是将一次电流的较高值转换为二次电流的较小值。它用于保护、测量等用途，可起到电流转换和电气隔离的作用。电流互感器由闭合铁心和绕组组成，其一次绕组的匝数很少，与待测电流串联。

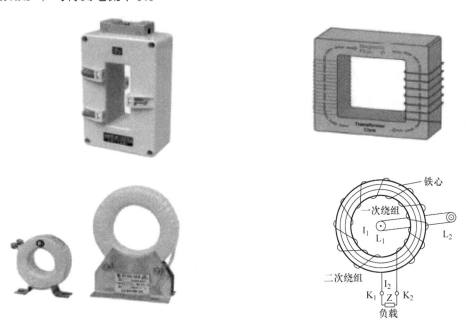

图6-10　电流互感器

电流互感器测量法通常将导电体按设定电阻比例分成大导电体和小导电体，将大导电体和小导电体并联在同一电路中，通电后使用电流互感器测量出小导电体的电流值，根据小导电体的电流值和设定的电阻比计算出大导电体的电流值，将小导电体的电流值与大导电体的电流值相加，即可得到导电体的电流值。

（4）几种电流检测方法的对比　几种电流检测法的比较见表6-2。

表6-2　电流检测方法的比较

方法	优点	缺点	适应范围
并联测量	高精度，响应速度快，成本低	测量电路与被测电流没有电隔离	低频率小幅值电流测量
电流互感器	能将较大的电流转变成较小的电流测量	不能测量直流电流	可测大交流电流20~40kHz
霍尔电流传感器	可测直流和交流，频率高达100kHz，有较高的精度和很好的隔离	响应速度不够快，小电流精度低一些	直流和交流 DC 100kHz

实际应用中，主要是以并联为代表的采样电阻法和以霍尔传感器为代表的间接测量法。作为采样电阻的分流器必须与主电源电路串联，这给主电源电路的接线增加了一部分工作量。另外，以分流器为电流检测元件，其输出电压一般较低。如果分流器的安装位置选择不

当,将大大增加共模电压对电流检测精度的影响。此外,分流器基本上无法将主电源电路与控制电路电隔离。因此,分流器不适用于锂离子动力电池管理系统。

动力电池电流的测量多采用霍尔传感器,在实际电路中,虽然霍尔电流传感器能有效克服分流环节的缺点,但仍存在以下问题。

1)在零电流输入下,同一型号不同器件的输出电压值存在一定的离散,导致测量精度降低。

2)实际需要的范围往往小于传感器的实际范围,并且传感器范围过大会导致模数转换的有效分辨率和精度显著降低。

3)在测量大电流范围和测量小电流时,误差往往是由于分辨率不够引起的。

4)常用霍尔传感器的输出电压范围很难与模数转换器的参考电压一致,会导致精度的降低。

理想的电流检测方法是:在测量大电流范围时,采用分段测量的方法来提高小电流检测的精度。MCU实现了两个量程的自动切换,完成了全量程电流的高精度测量。以图6-11为例,图中给出的锂离子蓄电池动力总成由四个电池模块和一个管理系统组成,四个动力电池模块向总成传输功率。为确保整套动力系统的运行安全,必须监测四个模块和总成的充放电电流、电压、温度等多种参数。总成依据各模块的基本运行参数利用通信总线实现对各模块的运行进行管理。各模块及总成的电流作为动力电池的主要参数,直接关系着动力电池系统的能量传输与运行安全,在锂离子动力电池的动力系统中,必须准确测量四个动力电池模块和组件的电流。

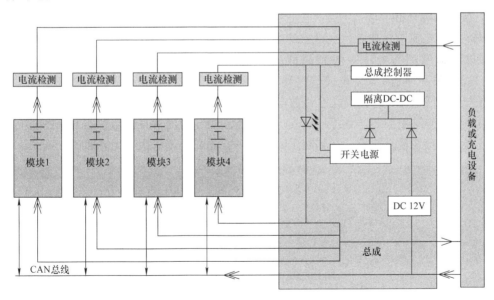

图6-11 锂离子动力电池电流检测电路

充放电过程中电流方向不同,四个模块的电流检测应具有足够的分辨率和精度。正常工作时,四个模块的电流检测系统在设计的两个不同范围之间自动切换,组件内电流检测范围的确定与模块相同,当总成电流大于总成电流检测系统的实际有效范围时,电池管理系统可以根据四个电池模块的电流计算出总电流。

2. 锂离子动力电池的绝缘检测

对于锂离子动力电池的电性能检测，需要确保检测数据的精确性、客观性，因此应尽可能排除其他无关因素的干扰。

动力电池正、负母线对地绝缘电阻的大小是衡量纯电动汽车绝缘状况的重要标志，对动力电池的绝缘状况进行检测实际上是对电池正、负母线对地绝缘电阻的大小进行测量。绝缘电阻的检测方法有很多，主要使用的方法包括电桥检测法、低频信号注入法和有源式绝缘检测法。

电桥检测法的检测精度不高，且只能检测电池两端绝缘电阻值下降不相等的情况，当电池正、负母线对地的绝缘电阻值下降相等时，电桥依然平衡，因此，这种电桥检测方法容易失效。

低频信号注入法是通过将低频交流小信号注入电池两端，能够对正、负母线的绝缘电阻值下降相等的情况进行检测，但是交流信号的注入不仅增大了直流供电系统的纹波系数，影响供电质量，而且交流信号受到电路分布电容的影响，最终的检测精度不高。

有源式绝缘检测法是通过 PWM 信号控制隔离变压器，分别给电池正、负母线与车体之间注入高压直流信号，进行绝缘电阻的测量。这种方法能够提高检测的精度，但是瞬间的高电压对电路的冲击很大，电路结构复杂，且 PWM 波的稳定性也存在可疑之处。

在汽车的使用过程中，动力电池的正、负母线都有对地绝缘电阻值，但在进行绝缘检测时，不需要对两个值都进行测量，只需测量它们中较小的一个即可，应把它们中较小的值作为纯电动汽车动力电池的绝缘电阻值。

3. 常见故障分析

BMS 具有电流监测功能，高精度的电流检测可以保证高精度的 SOC 计算。动力电池总线电流检测最常用的方法一般有两种：一种是在电池高压电路上串联检测电流传感器（图 6-12）；另一种是用霍尔电流传感器套装在高压母线上（图 6-13），检测的电流信号送到控制盒。母线电流用于判断是否过放电或过充电，是否降低功率运行，主控盒是否采取进一步的相应措施。数据还送到显示仪表、整车控制器和数据采集终端。动力母线电压信息直接在正负母线接线柱上取出，送到高压绝缘盒内，隔离处理后检测计算即可。

图 6-12 串联在主回路内的电流传感器

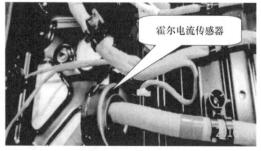

图 6-13 套装在母线上的霍尔电流传感器

在许多车辆中，动力电池电流监测是通过在主线上串联霍尔电流传感器来完成的。电流传感器安装在外部正极接触器附近，用于测量正极总线上的电流。同时，动力电池模块之间安装了熔丝。当主电路中的电流变大时，电流表将向 BMS 发出信号，提醒 BMS 动力电池或外部电路可能有故障。当电流继续增大时,熔丝会熔断,以保护整个电路。

总线电流显示异常故障点主要有霍尔电流传感器故障、熔丝短路故障、动力电池内部不平衡、电池内部线路虚接、外部故障引起的电流异常等。电流传感器在动力电池内部串联,所以当电流传感器发生故障时,总线电流会出现异常。为了保护电池,在电池内部串联一个熔丝(图6-14)。因此,当熔丝断开时,也会出现总线电流显示异常故障,并报告动力电池断开故障。当内部动力电池不平衡时,动力电池输出电流下降,车辆进入紧急模式。此时,不是电流监测故障或显示系统的故障,而是动力电池性能下降故障。

图6-14 北汽某电动汽车的熔断器检查

当电池内部虚接时,相当于在电池内部模块之间连接一个电阻器。此时,输出电流减小,所以总线电流也异常。外部故障引起的电流异常主要是外部电气设备的异常,引起用电电流的变化,从而引起母线电流异常。例如:当驱动电机运行时,电机突然失相,会引起电流的突然变化。当空调压缩机突然失相时也会出现同样的情况。另一种情况是当电机控制器的限流保护电路启动时,电流会被限制在一定范围内,此时总线上的电流也会出现异常。

4. 故障检查方法

当车辆动力电池显示异常时,维修方法与动力电池电压故障检查方法相同。首先,确定是否发生绝缘故障,检查仪表板绝缘故障指示灯是否亮起。连接故障诊断仪,测试车辆参数是否能正常读取。如果车辆参数不能正常读取,则检查CAN总线并测试VCU,以确定是VCU故障还是总线故障。

使用诊断仪测试是否可以进入BMS。如果不能进入,首先检查电源电池接口是否连接正确。如果连接不正确,在连接后确定是否进行故障排除。动力电池接口连接正常,但BMS不能正常进入,则判断BMS有故障,当前故障诊断过程与电压故障诊断过程相同。

电流互感器检测方法是基于电磁感应原理来检测电流,电流互感器的作用是将较大的一次电流值转换为较小的二次电流值进行保护和测量。如果可以进入BMS,观察动力电池参数,包括动力电池总电流是否正常,最高电压与最低电压之差是否符合要求。

如果没有发现故障,试运转检查驱动电机是否有相位故障。检查空调压缩机是否有相位故障。

如果可以进入BMS并执行主动测试,则确定动力电池有故障,需要更换动力电池。

维修案例:如果车辆出现动力电池电流异常故障,应首先检查绝缘故障。检查后,如果绝缘电阻测试正常,连接专用故障诊断仪,打开起动开关。使用故障诊断软件执行快速测试。测试表明没有故障码。进入软件导航菜单中的电池管理系统,读取电池信息,判断动力电池中有损坏或不均衡的电芯,应更换新的动力电池,并将损坏的动力电池送回工厂检查和修理。

将有故障的动力电池送回工厂后,处理方法如下:

1）如果发现采集线连接不当，此时正负电流将颠倒，应当更换当前采集线。

2）如果采集线的连接不可靠，首先确保高压电路中有稳定的电流。当监测电流波动较大时，检查分流器两端的采集线，如发现螺栓松动，应立即拧紧。第二次测试后，确定采集线有故障，更换采集线。

3）检查端子表面是否氧化。首先确认高压电路具有稳定的电流，使用软件读取电流参数，当监测电流远低于实际电流时，应检查端子或螺栓的表面是否有氧化物层，如果有，则对表面进行处理。

4）当故障表现为高压板电流检测异常时，可以关闭检修开关，然后用软件读取电流参数。当监测电流值大于0.2A时，说明高压板电流检测异常，应更换高压板。

5）如果是电芯平衡故障，使用软件读取动力电池的电流参数。如果读数结果显示内部动力电池不平衡，如图6-15所示，一组电池中有一个电芯读数为0.8A，则电池电流值高于平均电流值。此时，根据软件给出的模块号和电芯的ID地址码，对有故障的电池模块用均衡器进行均衡。第二次测试后，如果问题仍然存在，应当更换有缺陷的电芯。

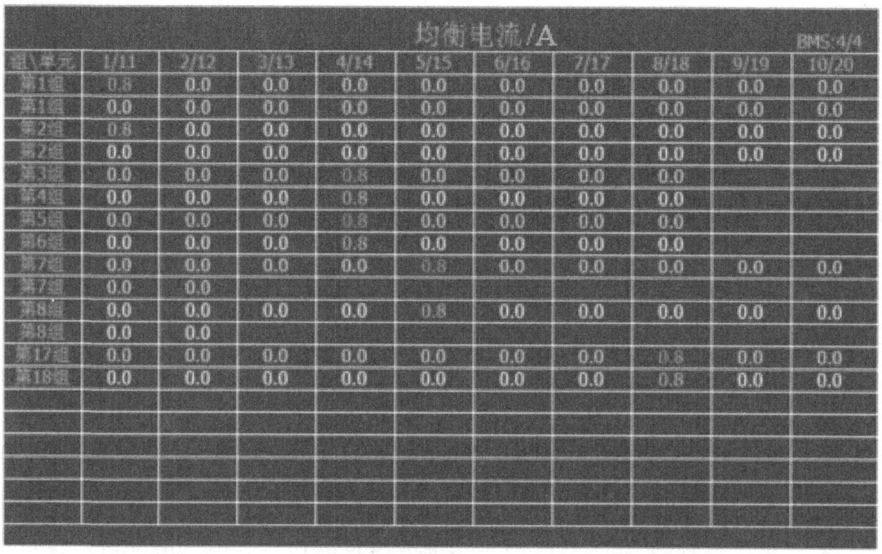
均衡电流/A　BMS:4/4

组\单元	1/11	2/12	3/13	4/14	5/15	6/16	7/17	8/18	9/19	10/20
第1组	0.8	0.0	0.0	0.0	0.0	0.0	0.0	0.0	0.0	0.0
第1组	0.0	0.0	0.0	0.0	0.0	0.0	0.0	0.0	0.0	0.0
第2组	0.8	0.0	0.0	0.0	0.0	0.0	0.0	0.0	0.0	0.0
第2组	0.0	0.0	0.0	0.0	0.0	0.0	0.0	0.0	0.0	0.0
第3组	0.0	0.0	0.0	0.8	0.0	0.0	0.0	0.0		
第4组	0.0	0.0	0.0	0.8	0.0	0.0	0.0	0.0		
第5组	0.0	0.0	0.0	0.8	0.0	0.0	0.0	0.0		
第6组	0.0	0.0	0.0	0.8	0.0	0.0	0.0	0.0		
第7组	0.0	0.0	0.0	0.0	0.8	0.0	0.0	0.0	0.0	0.0
第7组	0.0	0.0								
第8组	0.0	0.0	0.0	0.0	0.8	0.0	0.0	0.0	0.0	0.0
第8组	0.0	0.0								
第17组	0.0	0.0	0.0	0.0	0.0	0.0	0.0	0.8	0.0	0.0
第18组	0.0	0.0	0.0	0.0	0.0	0.0	0.0	0.8	0.0	0.0

图6-15　利用专用软件读取动力电池的电流工作参数

6.2　SOC与SOH估算

6.2.1　SOC

1. SOC定义

电池的荷电状态简称SOC，一般用百分比表示。电池的荷电状态反映了电池的剩余容量状况，即在一定的放电倍率下，当前电池的剩余容量与总的可用容量的比值。剩余功率评估是动力电池管理系统的重要功能之一，系统中的许多其他功能依赖于剩余功率评估的结果，但剩余功率评估是一项具有挑战性的任务。

项目六　动力电池状态检测与均衡管理

SOC 的数学表达式为

$$\text{SOC} = Q_t / Q_0 \times 100\%$$

式中，Q_t 为动力电池在计算时刻的剩余电量；Q_0 为动力电池的总容量。

电池的剩余电量（称为 Q_{remain}），是指从当前时刻通过化学反应从电池中释放出来的电量。剩余电量可以用"安时"（A·h）来衡量。广义地说，剩余电量应该是所有（通过选择合适的温度和放电速率而不损坏电池释放的电荷的最大值）可能的化学反应释放的电荷量的反映。从狭义上讲，剩余电量是指电池在限定的温度条件和放电速率下所能放电的电量。

2. 动力电池 SOC 估算原理与方法

估算动力电池 SOC 的方法有很多，包括传统的电流积分法、电池内阻法、放电测试法、开路电压法、负载电压法等，还有 Kalman 滤波法、模糊逻辑理论法和神经网络测算法等各种估算方法，这些方法各有利弊，适合不同的电池系统估算。在 BMS 中，SOC（电池荷电状态）、SOP（电池能源状态）和 SOH（电池健康状态）是非常重要的管理指标，直接关系到 BMS 的管理质量和评估的成功与否，尤其是实时 SOC 值，匹配一个与之相应的预估里程，是用户判断电池系统在实际使用中的状态依据，直接影响出行计划的安排和实施。

各种动力电池 SOC 估算方法都存在一个严重缺陷，即如果电池组存在一致性问题，特别是一致性问题突出时，SOC 估算会产生很大的估算误差，给用户带来误导，甚至引发事故。比如，电动汽车显示续驶里程远高于驾驶员实际行驶距离，但在行驶过程中突然断电，中途发生故障，如果是在高速公路上行驶，还很容易发生追尾事故。

实时 SOC 是一个不能直接测量的变量，只能通过电池端电压、充放电电流、内阻等参数来估算。这些参数还受到各种不确定因素的影响，如电池老化、环境温度变化和汽车驾驶条件。因此，准确估算电池 SOC，一方面来自电动汽车正常运行的要求，另一方面是为了充分发挥电池容量，提高安全性。

电动汽车运行时，动力电池管理系统必须保证各电池容量的均匀性。如果电池出现问题，需要及时发现并反馈给上层控制单元进行分析，监控动力电池的充放电情况，并通过各种方法获得准确的电池荷电状态（SOC）。

如图 6-16 所示，SOC 值可以清晰地反映电动汽车运行时电池的状态，电压、电流和温度的测量精度对 SOC 的测量精度至关重要。在实际操作中，可以首先预测汽车需要多长时间行驶，然后定义最大值。由于每个电池的性能是不同的，当有限的最大电流通过时，效果会有所不同。根据不同的性能差异，采用均衡充电的方法，这样可以防止电池内部性能受损，最终延长电池寿命。

3. SOC 值设置的方法

SOC 设置是新能源汽车的一个独特功能，它是指自动或手动调节电池电量。如图 6-17 所示，以比亚迪混合动力汽车为例，在车辆视听娱乐系统的显示界面上有一个"SOC 设置"功能键。单击屏幕上的功能键，可直接进入设置界面，出厂设置的默认状态为 25%。

如图 6-18 所示，如果连续长途行驶的行驶里程超过 200km，并且车辆在出发时已充满电，将 SOC 值设置为 70% 可使电动汽车能够保持更多的电量，并使用普通 HEV 的 ECO 模式。当 SOC 下降到 70% 时，发动机将工作以补充动力电池电量，使动力电池 SOC 稳定在 68%~70%。如果继续在此状态下驾驶，油耗将为 7.0~8.5L/100km。在长途行驶时，完全可以将 SOC 设置为 70%。当其达到 30% 时，可以手动切换到混合动力模式。

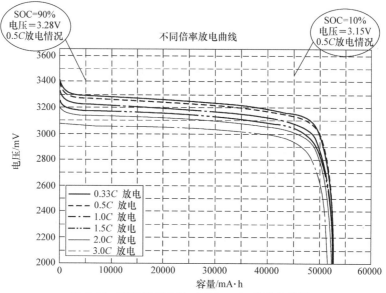

图 6-16　磷酸铁锂电池（50A·h）的放电曲线

图 6-17　SOC 设置界面

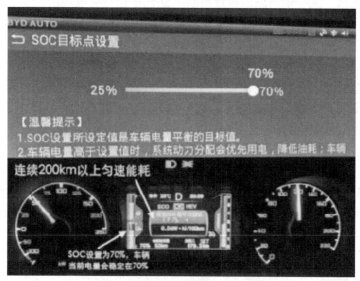

图 6-18　将 SOC 值设置为 70%

如图 6-19 所示，经过市区后，应规划线路，估算市区内的行驶距离，合理调整车辆的 SOC 值。假设全程总里程为 400km，在此路程中将通过 15km 的市区或拥堵道路。目前，该车已行驶 200km，SOC 设定值为 70%，在 ECO 模式下行驶，预计通过城区或拥堵道路时，用电量将从 70% 下降到 55%，通过城区后约 200km 为高速或非拥堵道路。此时，车主可以将 SOC 设定值调整为当前功率为 55%，并尽量避免反向充电。

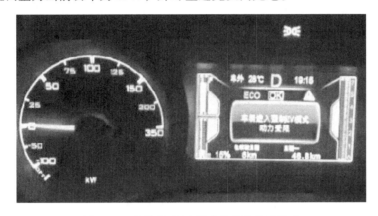

图 6-19　切换为 ECO 模式的仪表显示状态

如果里程相对较短，SOC 可以设置为 25%。采用普通 HEV 的 ECO 模式，在整个计划行驶过程中，电池电量会逐渐减少，整个过程中不会出现反向充电。建议在通过市区或拥堵道路时使用 EV ECO 模式，以尽量减少发动机介入。

例如，在完全充满电状态下，可以在 EV 模式下使用 60km 及以下的行驶里程。在 EV 模式下，无需设置 SOC。纯电状态电量可从 15% 到 100% 使用。当电量为 15% 时，发动机会强行干预，给动力电池充电。

4. SOC 常见故障检查

通常，电动汽车动力电池的 SOC 失效故障，表现为电池性能正常，需要进行维护。SOC 失效主要包括电芯的低 SOC 和电芯的高 SOC。如果电芯的 SOC 较低，则在车辆行驶过程中，电池电压首先达到放电截止电压，从而降低电池组的实际容量，需要对电芯进行充电。

在维护期间，首先打开车辆电源并运行。在此过程中，如果仪表板有 SOC 故障预警，应使用故障诊断仪连接车辆诊断接口，读取故障码并查询故障码的含义。以吉利 EV300 为例，常见的故障码有 B140F45（SOC 闪存故障）、B141045（SOC 内置闪存故障）、P15DD64。如果诊断结果为 "P15DD64"，说明 SOC 不合理，可能的原因是动态电阻有问题。如果 SOC 异常，则 SOC 在系统运行过程中会发生较大的变化，或在多个值之间反复跳变。在系统充放电过程中，如果 SOC 有较大的偏差，总是显示一个固定值，造成这种故障的主要原因包括电流失调、电流传感器型号与主机程序不匹配、电池长期深充放电、数据采集模块采集跳变导致 SOC 自动校准或霍尔传感器故障等。维护和测试方法请参阅前面介绍的电压/电流数据读取方法。动力电池 SOC 的软件测试如图 6-20 所示。

SOC 校准应具备两个条件：第一个条件是实现过充电保护和平均电压达到 2.58V 以上。第二个条件为如果电池一致性差，超过 3.37V 即为过充，可通过显示屏检查电池的剩余容量和总容量，查看电流传感器是否正确连接。

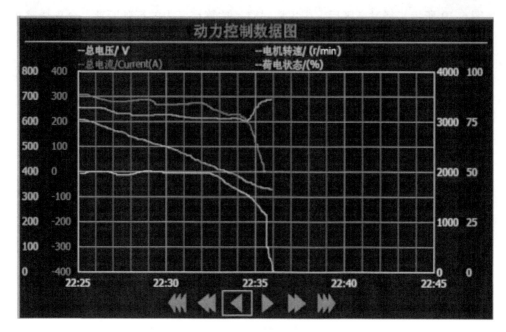

图 6-20 动力电池 SOC 的软件测试界面

故障排除方法如下：

1）如果电流未校准，则在软件触摸屏配置页面校准电流，修改主机程序，根据客户实际情况调整"平均电压达到 2.58V 以上"的电压要求，设置正确的电池总容量和剩余容量。

2）如果当前传感器型号与主机程序不匹配，可以在软件界面修改主机程序或更换当前传感器。

3）如果提示电池长时间未深度充放电，则需要对电池进行一次深度充放电。

4）如果由于数据采集模块采集转换而自动校准 SOC，则应更换数据采集模块，并手动校准系统 SOC，建议每周深充放电一次。

5）如果霍尔电流传感器有故障，应正确连接电流传感器，使其正常工作或更换电流传感器。

维修案例：比亚迪 e5 的 SOC 从 30% 突然跳变为 0%。

比亚迪 e5 采用分布式电池管理系统，由电池管理控制器（BMC）、电池信息采集器、电池采样线组成。电池管理控制器的主要功能有充放电管理、接触器控制、功率控制、电池异常状态报警和保护、SOC/SOH 计算、自检以及通信功能等；电池信息采集器的主要功能有电池电压采样、温度采样、电池均衡、采样线异常检测等；电池采样线的主要功能是连接电池管理器和电池信息采集器，实现二者之间的通信及信息交换。如果汽车出现无法行驶故障，组合仪表系统虽然提示"请检查动力系统"，但是在维修电动汽车时，任何高压系统故障都会导致车辆无 EV 模式。电动汽车中的高压系统包括高压电控系统、主控制器系统、充电系统、动力电池系统、电池管理系统、电动空调系统、漏电传感器，遍布整个车辆。所以，首先要根据故障现象和故障码将故障点缩小，然后再根据数据流，结合模块的工作原理来进行检测，确定故障。

SOC 突然跳变为 0% 的常见原因主要有：

1) 刷新问题。
2) BMS 故障。
3) 电池模块问题。
4) 采集器故障。
5) 线路故障。

比亚迪 e5 电动汽车的 SOC 突然从 30% 跳变为 0% 的原因主要有以下两种可能：

1) BMS 与仪表模块失去通信，仪表接收不到 BMS 发送的故障报警信息（包括 SOC、电机温度过高、电池温度过高）。

2) 动力电池箱内有某个电池的电压严重过低，因而控制单元禁止放电。

接下来通过分析缩小故障范围，如果 CAN 通信出现故障导致仪表无法接收到 BMS 所发出的所有报文信息，除了点亮动力系统故障灯、动力电池故障灯外，应该还会点亮其他故障灯，如动力电池温度过高警告灯等。这辆车只点亮了动力系统故障灯和动力电池故障灯，其他故障灯并没有点亮。说明 BMS 与组合仪表 CAN 通信正常。

电芯严重欠电压时，即在 2.7V 以下，BMS 根据已经设置好的控制策略，限制放电功率到 0，避免电池过放，此时 BMS 就会发送电芯电压过低的报警信息给仪表系统，仪表系统就同时点亮动力系统故障灯和动力电池故障灯，OK 灯熄灭，车辆无法行驶，以保护动力电池。

首先用万用表测量比亚迪 e5 的低压蓄电池是否在标准电压值 12~14V 之内。

将比亚迪汽车专用检测仪 VDS2000 连接到汽车上，整车上"ON"档电，单击自动扫描整车故障，如果 BMS 有故障，而其他系统没有故障。则进入 BMS 读取故障码，检查电压与通信是否异常。

如果是电压故障，说明在动力电池包内部有一个电芯的电压低于 2.7V，也不能排除是电池管理器出现故障，导致电芯电压的检测失误。因为磷酸铁锂电池的标准电压为 3.2V，放电截止电压为 2.7V，充电截止电压为 3.7V。

如果是通信故障，这个故障不会导致汽车 SOC 从 30% 跳变到 0%。

根据比亚迪 e5 的维修手册，断开动力电池管理器插接器，测量线束端输入电压。找到端子 BMC01-14，它是常电源（仪表）的电压输入端。使用万用表测量 BMC01-14 对车身地的输入电压，是否正常，如果电压异常，则可能存在线路接触不良或者熔丝熔断。如果测得电压正常，黑色接地线也正常，则排除低压故障。

通过诊断仪检查数据流，查看其他电芯信息，磷酸铁锂电池的放电截止电压是 2.7V。如果发现有单只电芯电压低于标准放电截止电压，而其他数据流信息正常，说明电池管理器正常，它的电池信息采集器能够正常采集电池信号。

如果是因为某个电芯的电压过低，导致 BMS 根据已设定的控制策略，为了避免电池过放电限制了它的放电功率，使 SOC 直接从 30% 跳变为 0%。需要更换动力电池包。

根据比亚迪 e5 维修手册，按照手册中的维修步骤对动力电池进行拆卸更换。

换上新的动力电池包后，起动汽车，使用比亚迪汽车专用检测仪 VDS2000 再次检查故障码，读取数据流，如果无故障码且数据流正常，故障现象也不再出现，说明故障排除。

比亚迪 e5 动力电池拆装步骤：

1）将车辆退电至 OFF 档，等待 5~10min 放电。
2）用举升机将整车升起到合适的高度。
3）使用专用的动力电池举升设备托着电池箱。
4）佩戴绝缘手套，拔掉动力电池箱的电池信息采样通信线，然后拔掉直流母线接插件。
5）佩戴绝缘手套，使用拆装工具拆卸掉托盘周边紧固件，卸下动力电池箱。
6）佩戴绝缘手套，用万用表测试动力电池包母线是否有电压输出，没有电压输出就更换动力电池。
7）佩戴绝缘手套，将新的动力电池箱放在专用动力电池举升设备上。
8）佩戴绝缘手套，安装托盘的紧固件，力矩为 135N·m。
9）佩戴绝缘手套，接上动力电池箱直流母线接插件，然后接上电池信息采样通信线接插件。
10）上电，检测动力电池系统问题是否解决。

6.2.2 SOH

1. SOH 定义

电池健康状态（SOH）是指电池的当前容量与初始容量之比。它可以显示电池的老化和变质情况。锂离子蓄电池是一个复杂的电化学系统，电池的健康状况和失效机理非常复杂，受环境温度和放电深度等多种因素的影响。SOH 不仅反映了电池的当前容量，而且有效地反映了电池使用过程中容量的衰减。

从电池容量衰减的角度，电池健康状态估算的公式为

$$\text{SOH} = \frac{C_{\text{bat}}}{C_{\text{bat}}^0} \times 100\%$$

式中，C_{bat} 为电池的当前容量（A·h），C_{bat}^0 为电池的初始容量（A·h）。

新电池的 SOH 值通常大于或等于 100%，在使用过程中，电池的 SOH 值会缓慢下降。对于纯电动车辆，在标准操作条件下，如果电池的当前最大容量下降到额定容量的 80%，则电池寿命被判定为已经结束。

在低倍率充放电条件下的电池老化过程中，容量下降有三个阶段：

在第一阶段，薄膜的反应导致阴极中的夹层数量在循环过程中减少。

在第二阶段，阴极的活性物质将丢失，在放电的后期，阴极的中间层将逐渐增加。在第一阶段和第二阶段，阳极是极限电极，阳极电压的变化会使电池达到放电电压。

在第三阶段，阳极向阴极的转变受到限制，放电后期阳极放电越来越少。因此，越来越多的可回收锂残留在阳极中，导致容量下降。

以上是通过剩余容量来衡量电池健康程度的方法。实际上我们通过估算动力电池的剩余电量、容量、功率、内阻等性能参数均可以得到电池的健康状态。电池 SOH 最直接的测量方法就是对其进行放电，实际测试一下。直到现在，用负载对电池进行完全放电测试是公认的唯一可靠方法。然而这种方法存在诸多弊端：比如测试需要离线进行，这就意味着需要有备用电池组，而且测试时间很长。

准确估算动力电池的 SOH 具有以下意义：

1）保护电池，延长动力电池的使用寿命。单个电芯能够提供的动力是有限的，因此实际使用中，许多电芯会采用串、并联的方式连接成组。准确地估算每个电芯的 SOH 可以避免电池过负荷工作，有效地保护电池。同时也可以将健康状态达到临界值的电芯予以处理或者更换，确保了电池组能够以最优的状态进行工作，延长了整个电池组的使用寿命。

2）确保安全性和可靠性，预防严重事故的发生。准确地估算单个电芯的 SOH，进而对电池组的健康状态进行估算和判断，有助于实时监测整个电池组的运行状况，避免电池过负荷工作，确保了用电设备在使用过程中的安全性和可靠性，有助于预防严重事故的发生。

3）有助于降低维修成本，获取最佳效益。准确地估算动力电池的 SOH 可以具体了解每块电芯的健康状态，得到每块电芯的剩余使用寿命（RUL），指导电池组的维修，降低了维修成本，可获取最佳经济效益。

2. SOH 状态估算基本原理

电池健康状况（SOH）是衡量电池寿命的重要指标，也是判断锂离子蓄电池能否继续安全使用的关键参数。另一方面，通过监测锂离子蓄电池的 SOH 值，可以及时更换老化的电池。然而，电池的 SOH 是其下降的量化表现，是一种隐性状态，不能直接测量。因此，目前基本是通过识别和估算诸如容量和阻抗等特征参数来间接评估电池 SOH。

动力电池在使用过程中由于复杂的运行环境经常会出现很多故障，常见的故障包括自放电程度深、容量严重不足、内阻急剧升高、温度异常、电池内部短路和开路等。电池的故障预测就是依据电池管理系统监测到的电压、电流等历史数据，通过特定预测方法提前判断电池可能出现的故障。

预测动力电池故障之前一般都需要估算动力电池的 SOH，而电池的 SOH 又与电池的容量息息相关。容量衰减是动力电池的一个比较普遍的问题，动力电池在使用过程中随着电池循环次数的增加，不可避免地会遇到容量衰减问题，即可以充电的容量越来越小。

当电池的可用容量衰减到一定程度时，就应视为寿命终止。容量衰减的成因可以归结到电池内部因素和外部使用因素两个方面。

（1）外部使用因素　动力电池容量发生衰减的外部使用因素包括温度、充放电方法、放电深度、荷电状态（SOC）等。温度对动力电池容量衰减的影响很大，高温时电极材料会加速溶解，与电解液反应加剧，使得材料发生变化，造成容量的不可逆损失；低温时动力电池的充放电容量以及输出功率均会迅速下降。研究表明，同型号的电池在高温（40℃）时的容量衰减比正常室温下的容量衰减程度大，并且随着循环次数的增加，容量衰减的程度会越来越严重。根据 IEEE 1188—1996 标准，电池长期使用后，当完全充电状态下的电池容量低于额定状态下电池容量的 80% 时，电池已经处于不健康状态，应予以更换。

电池的放电深度通常是指电池在特定环境下的放电容量与电池额定容量之比，通常用放电深度（DOD）来表示。此外，锂离子蓄电池的 SOH 与电池的欧姆内阻也有一定的关系。当电池在使用过程中内阻增加 25% 左右时，电池就开始出现安全隐患；当电池内阻增加到 150% 时，电池的安全问题就开始显现；当电池内阻增加到 200% 时，电池就会失去性能。

充放电方法包括恒流恒压法、脉冲法、限时大电流法等。充放电过程中采用的电流大小，以及充放电结束时的截止电压大小均对电池的容量衰减产生一定的影响。较高的充电截止电压和较低的放电截止电压均会使电池内部产生副反应，产生气体，从而影响电池的容量。研究表明，恒压充电时，电极电势若长时间保持在截止电压的水平，会造成电解液的分解，产生不可逆的化学反应，最终会引起容量的衰减。

放电深度（DOD）是动力电池放出的容量占其额定容量的百分比，而荷电状态（SOC）则是动力电池使用一段时间或长期搁置不用后的剩余容量与其完全充电状态的容量的比值。它们之间的关系为 DOD + SOC = 1。电池循环过程中的 DOD 或 SOC 不同，电池容量衰减的程度也不同，电池的寿命也就不同。例如电池满充满放循环时，循环寿命只有 1000 次左右，但当电池在 SOC 为 40%~70% 之间循环时，寿命就可以达到 20000 次以上。

（2）电池内部因素　动力电池的容量发生衰减的根本原因在于电池内部发生了一系列不可逆的变化。引起容量衰减的内部因素主要包括电极材料结构的变化、活性物质的溶解、内阻的增加等。

以锂离子蓄电池为例，正极材料是锂离子动力电池中锂离子的主要来源，因此正极材料一般都是由 Li 和 Co、Ni、Mn 等金属元素形成的氧化物。在电池循环实验过程中，锂离子会从正极脱出，而 Co、Ni、Mn 金属元素要想维持材料的中性条件一定会被氧化，这种组分的转变会很容易导致相转移的发生，从而使得正极材料的结构稳定性下降。此外，在循环过程中，锂离子的嵌入和脱出也会对石墨负极的层状结构产生破坏性的影响。这些都造成了电极材料的不可逆消耗，导致了容量的衰减和寿命的降低。

活性物质的溶解是造成电池容量衰减的原因之一，尤其是在高温下正极材料的溶解。活性物质的溶解导致电池容量衰减的原因可以归纳为以下三个方面：①金属材料的溶解导致活性物质的数量减少，直接导致了容量的损失。②正极材料的溶解使得材料结构发生变化，并在表面形成没有活性的物质，阻碍了锂离子的脱离和嵌入。③电解液中金属离子会不断地迁移至负极，然后在低电势条件下以金属或盐的形式沉积在负极材料表面，这些沉淀物会使电池内阻增大，从而导致可用容量降低。研究表明，高温会加速 Fe^{2+} 从 $LiFePO_4$ 溶解到电解液中，这些铁离子在电解液中迁移到负极，被还原成金属沉积在碳负极表面，加速了 SEI 膜的形成。这一系列的反应会消耗更多体系中可循环的锂离子，同时使得负极表面阻抗增大，这些都是导致容量衰减的原因。

电池充放电循环实验过程中，内阻会有增加的变化趋势，而内阻增加也是造成能量密度降低和容量衰减的因素之一。内阻增加的原因有很多，主要来自两个方面：①在电极与电解液的界面上，电解液发生氧化反应并导致电极表面膜的电阻增加，负极界面 SEI 膜不稳定，在电池充放电循环中不断形成新的表面膜，这些都使得极化增加，电池的内阻增加；②电解液中溶解的金属离子通过电解液迁移到负极，并以金属或者盐的形式沉积在负极表面，造成电极极化增大和内阻的增加。

以上因素表明，电池内部的电极材料结构变化、活性物质的溶解、锂离子的嵌入和脱出、电解液的分解、界面膜 SEI 的形成、阻抗的增加等是电池容量衰退的根本原因。

以磷酸铁锂电池为例，电池的端电压由正负开路电位和过电位组成。在动力电池低速恒流充放电的情况下，除电极平衡电位外，其他电位对动力电池端电压的影响非常均匀。在新电池充电结束后，正极材料处于完全脱锂状态，但负极材料不会完全嵌入锂，因此充电结束时的最大开路电压受正极限制。在放电结束时，负极材料处于完全脱锂状态，由于活性锂的消耗，正极不能与锂完全嵌入，因此放电结束时的最小开路电压受到负极的限制。

电池在老化过程中，由于内部复杂的结构以及化学反应发生变化，一般很难直接测量。然而，我们可以通过获得电池的一些外部特性来分析电池的一些内部老化机理，常见的外部特性参数有容量、内阻和接触网电压。例如，开路电压（OCV）用于获取更多的电池内部老化信息。理论上，电池的 OCV 是电池正负电位的差，正负电位的匹配决定了电池的 OCV。电池内部材料和结构的变化是电池老化的关键，电池老化的主要原因是电池内部活性锂离子的消耗和正负极活性物质的损失。

为了在负极表面形成稳定的 SEI，电池在出厂前需要经过充放电循环过程。但是在电池成型过程中形成的 SEI 不能将负极材料与电解液完全隔离。电解质仍将以较低的速率分解，SEI 将逐渐增长。当锂离子嵌入到负极活性材料中时，SEI 增厚也可能导致电阻增大，电池内阻增大，电池容量减小。但对正、负极电位的电化学特性无影响，且不改变电位曲线特性，但它会影响电位曲线的匹配关系。由于活性锂的消耗，导致正极和负极活性物质空间相对过剩，电位曲线左右两端的偏移量相对于初始状态增大。正负极初始状态与端电压的关系如图 6-21、图 6-22 所示。

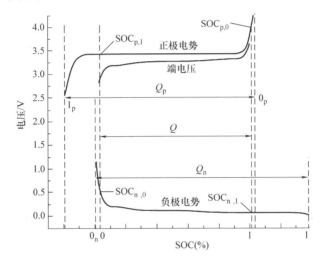

图 6-21　正负极初始状态与端电压之间关系

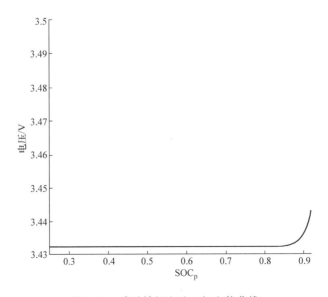

图 6-22　磷酸铁锂电池正极电势曲线

从磷酸铁锂电池的正极电位曲线可以看出，在荷电状态下，磷酸铁锂正极的电位为 10%~90%，电池的放电截止状态通常由石墨负极控制。因此，在低倍率充放电的情况下，电池正极特性参数的变化对终端电压影响不大，很难得到磷酸铁锂正极特性参数的变化。

其他人为因素和电池材料结构本身不可避免的变化，也会导致电池容量下降和性能下降。如果动力电池过充电，动力电池负极在过充电过程中会产生锂不溶物，使电解液中锂离子在正负极之间来回循环的能力大大降低，导致动力电池容量下降。此外，在过充过程中，负极会产生金属锂。这些金属锂中的一部分可能被堵塞在电池负极和聚合物隔膜之间，严重阻碍了活性锂离子的通过速率。在电池充电时，电阻增大，充电速度减慢，产生热量，从而影响电池寿命和容量。

动力电池集流体是电池从内到外导电的部件。最常用的锂离子蓄电池负极和流体材料是铜箔和铝箔，集流体本身的电阻会影响电池的输出效率和输出电流的大小。金属箔在使用过程中不可避免地会发生腐蚀，从而增加锂离子迁移过程中的电阻，影响电池的正常充放电和容量性能。在使用其他电池组件的过程中，由于各种环境和因素的影响，也会发生腐蚀，导致电池的内部结构和材料结构发生腐蚀或改变其性能，从而影响电池的容量和内阻。

(3) SOH 数据的读取方法　比亚迪秦混合动力汽车为例，将车辆点火开关转到接通位置，接通车辆电源，打开车辆视听娱乐系统，并在显示屏上找到车辆信息的功能导航键。打开子菜单中的"电池状态"，可以直接在车上读取 SOH 的估算值。如图 6-23 所示，动力电池的 SOH 值为 95%，说明动力电池是比较新的。

3. 锂离子蓄电池的健康状态估算方法

锂离子蓄电池的健康状况对电动汽车的应用非常重要。动力电池在以前的常规维护工作中，均采用人工测试诊断方法来估算电池的健康状态

图 6-23　比亚迪秦 SOH 数据的读取

和可能出现的故障。这种方法首先需要把动力电池拆卸下来，然后用一定倍率的电流对电池放电，并测量电池的电压、温度等参数，最后计算电池的实际容量，从而得到电池的健康状态以及可能出现的故障。该方法只是一种离线的电池放电容量测试，并没有对电池进行全面的诊断，在现代动力电池的维修中，应当避免使用这种方法对动力电池的故障进行预测。

SOH 在动力电池使用过程中受工作温度和放电电流大小等因素的影响，在使用过程中需要不断地评估和更新，以确保驾驶员掌握更准确的信息。目前的 SOH 估算方法主要包括粒子群、神经网络、支持向量机等算法。通过对标准粒子群算法的改进，引入高斯模态过程（MGP）和支持向量机（SVM）过程来分析模型中参数的变化，从而实现电池 SOH 的预测过程。使用神经网络模型时，省去了建立电池模型的过程，通过简单的数学模型，模拟人的思维方式，在输入电阻和电流条件下，可以实现电池的 SOH 智能化估算。另外，还有一种 Kalman 滤波相关算法能够精确处理线性和非线性数据，由于电池内部工作特性呈现非线性趋势，因此 Kalman 算法在电池 SOC 和 SOH 估算中得到了广泛的应用。基于以上算法，目前常用的电池健康状态估算主要包括基于模型的估算、数据驱动的估算和基于融合的估算。

（1）基于模型的电池健康评价方法

1）基于模型的锂离子蓄电池健康评估方法包括基于电化学模型的健康估算方法、基于经验模型的健康估算方法和基于等效电路模型的健康估算方法。

2）基于电化学模型的健康状态估算方法，是在分析电池内部化学反应的基础上建立电池 SOH 模型，并在此基础上估算电池 SOH 值。

3）基于经验模型的健康状态估算方法，是利用大量的电池充放电实验数据，采用拟合方法得到电池 SOH 与各变量之间的关系。例如，目前广泛采用的电压曲线拟合方法。根据不同健康水平的电池在充放电过程中的不同电压曲线趋势，估算电池的 SOH。

4）基于等效电路模型的健康状态估算方法，是利用电阻、电容、电感和电压源模拟电池的充放电特性，建立电池的等效电路模型，估算电池的 SOH 值。例如，完全放电方法（也称为定义方法）。也就是说，使用一定的电流速率对待测电池进行完全放电，并利用安培小时测量法计算最大放电容量，并根据电池容量与健康之间的关系来估算电池的健康状态。该方法精度高，但测试时间长，且不能进行在线测量。另一个例子是，内阻值通过降阻算法估算，然后根据公式转换成 SOH 值。然而，由于内阻的精确测量比较困难，估算结果往往存在较大误差。

（2）数据驱动估算方法

1）数据驱动估算方法从电池的电压、电流、温度、内阻、SOC 或容量等状态参数出发，采用神经网络方法、粒子滤波方法和支持向量机方法实现电池 SOH 预测。

2）通过神经网络建模和连续学习来调整结构参数，模拟电池的真实输入输出关系，达到估算的目的。神经网络方法是电池 SOH 估算方法中的一种非线性估算方法。人工神经网络建模是由多个相互连接的神经元单元连接而成的智能网络系统。根据上一个循环的额定容量预测下一个循环的容量。

3）粒子滤波法是通过对电池的循环寿命试验，获得了足够的实验数据，然后利用贝叶斯算法构造系统状态的概率密度分布函数，实现了电池 SOH 值的估算。

4）支持向量机方法是一种分类算法，在解决小样本、非线性和高维模式识别问题上显示出许多独特的优势。采用向量机方法对电动汽车动力电池的 SOH 值进行估算。使用 2/3 的有用数据进行训练，并测试 1/3 的有用数据。在实际工作条件下，考虑温度和 SOC 来预测电池 SOH。将容量退化和功率退化相结合，将两个特征输入到一个自动回归支持向量回归模型中来估算 SOH。

（3）基于融合方法的评估方法　该方法是多种评估电池健康状态方法的融合，充分利用了各种方法的优点，逐渐成为评估电池健康状态的重要方法之一。

1）考虑温度、电流、开路电压、循环次数和剩余容量等因素的影响，建立了锂离子蓄电池集总参数模型，并基于序列重采样和循环寿命粒子滤波算法对单次放电循环放电终止时间进行了预测。仿真结果表明，基于集总参数模型的粒子滤波算法能够正确预测锂离子蓄电池的健康状况。

2）基于电芯的等效电路模型，建立二阶电池等效电路模型，并对锂离子蓄电池的充放电数据进行在线监测。采用遗忘因子递推最小二乘法辨识电池模型参数，将粒子滤波算法与电池组等效电路模型相结合，以实现锂离子蓄电池的健康状态估算。

3）为了解决电池 SOH 在线估算时无法预先确定电池模型初始参数的问题，引入双卡尔曼（Kalman）滤波算法。通过建立两个独立的扩展卡尔曼（Kalman）滤波器，分别估算电池系统的状态和参数。通过状态和参数的相互更新，实现锂离子蓄电池的健康状态估算。

电化学模型、经验模型、等效电路模型比较简单，但预测精度不高。数据驱动的估算方法通常需要大量的数据来提高模型的估算精度。锂离子动力电池的应用环境受到温度、老化条件、工作条件等多种因素的影响。因此，多方法的有效融合将是一个重要的方向，例如，一种基于模型数据融合的模型参数在线辨识方法和一种基于数据驱动的模型参数在线辨识方法。

6.3 动力电池均衡与热管理

BMS除了具有测量电池电压、温度和电池组电流等基本功能外，还必须提供电池间平衡充电的机制，以便延长由多个电池组成的电池系统的寿命，同时增加每个放电循环的可用能量。

6.3.1 导致动力电池不一致的原因

1. 动力电池性能不一致性的原因

动力电池不一致主要表现在三个方面：电压不一致、电流不一致和温度不一致。其中，造成动力电池不一致的最重要原因是温度。一般来说，当锂离子蓄电池的环境温度比其最佳工作温度高出10℃时，其寿命将缩短一半。由于汽车动力电池系统串联数量较多，每个电池安装在不同的位置，会出现温差。即使在同一个动力电池箱中，由于位置不同和动力电池发热，也会出现温差，这种温差会对动力电池寿命产生显著的负面影响，使动力电池不一致，减少续驶里程，缩短循环寿命。正是由于这些问题，使得整个电池系统的容量无法充分利用，导致电池系统的损耗，而减缓这种系统损耗将大大延长电池系统的使用寿命。

动力电池使用过程中的充放电温度平衡如图6-24所示。电池在不同的温度下会有不同的工作性能。例如，铅酸蓄电池、锂离子蓄电池和镍氢电池的最高工作温度为25~40℃。温度的变化会改变电池的SOC、开路电压、内阻和可用能量，甚至影响电池的使用寿命。温差也是造成电池不平衡的原因之一。当电池温度超过其正常工作温度范围时，必须限制电池工作，否则会影响电池寿命。锂离子动力电池对环境温度有一定要求，在0~50℃下工作良好，在-10℃以下充放电困难。

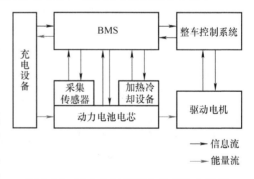

图6-24 动力电池使用中的充放电均衡

特别是低温充电时应采取加热措施，环境温度高时应采取降温措施。电池热管理系统是一套确保电池系统在适当温度范围内工作的管理系统，主要由电池箱、传热介质和监控部件组成。BMS需要实时监控电池的状态，这就需要各种传感器来采集电池的电压、电流、温度等物理参数。BMS收集相关信息后，需要对信息进行分析和处理，以确定需要采取的措施。例如，根据电压和电流信息估算电池的SOC；根据温度确定加热或冷却系统的工作，将指令输出到热管理系统,并监视热管理系统的工作状态等。

如图 6-25 所示,在充电过程中,由于 BMS 检测到容量较小的电池 b,为了保持各电池的一致性,需要通过均衡电路对 b 进行补偿,b 必须尽快达到满功率状态。

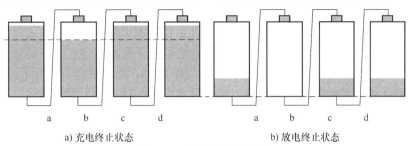

a) 充电终止状态　　　　　　　　b) 放电终止状态

图 6-25　电池的木桶效应

同样在放电过程中,容量最小的动力电池 b 必须先放电,并持续过度放电,直到动力电池提前达到放电截止状态,系统不再继续放电。此时,其他容量较大的电池将被停止放电,这样,小容量的电池 b 总是被系统过度充电和放电,而大容量的电池 a、c 和 d 总是只使用到部分容量,导致整个电池模块的一部分容量无法使用,从而导致容量损失。动力电池的整体寿命也符合"木桶效应",是由串联电池模块中寿命最短的电池决定的。

一般来说,寿命最短的电池是容量最低的电池。最小容量的电池在每次充放电循环中都会过充电和过放电。过充电和过放电会使动力电池电解液蒸发、发热、膨胀,从而使原本使用寿命较短的动力电池寿命再次缩短。随着充放电循环的进行,电池 b 很可能首先达到寿命的终点。电池寿命结束时,整个串联的动力电池寿命将随之结束。

2. 动力电池不一致性产生的影响

由于动力电池的不一致性,电池直接过充电和过放电,过充电和过放电的电池组很可能导致电解液泄漏甚至爆炸,造成很大的安全隐患。此外,如图 6-26 所示,当动力电池出现不一致时,电池的剩余容量(SOC)将难以估算。在新能源汽车的实际应用中,SOC 估算是非常重要的,可以用来估算电动汽车的剩余续驶里程,防止低功率跳闸时出现电池寿命问题,提醒及时充电。

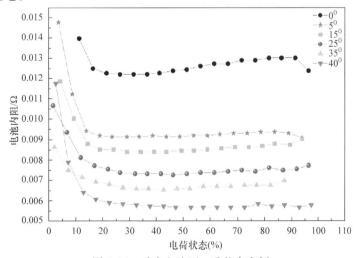

图 6-26　动力电池不一致状态实例

这种不一致性不仅对电池模块的容量、寿命和性能产生负面影响，而且对使用电池模块的应用产品的安全性、可靠性、可行性等诸多方面构成了巨大的隐患。

6.3.2 动力电池均衡方法

目前，动力电池均衡方法主要为化学均衡方法和物理均衡方法，其中化学均衡方法实际上是使用氧化还原对添加剂实现过充保护，该方法目前还未能得到广泛应用。

动力电池的均衡需要实现以下功能：根据当前 SOC、温度和电池健康状况控制放电电流，控制充电过程，包括电池平衡充电。根据动力电池的技术和类型，设计电控系统中控制动力电池充放电的算法逻辑，作为充放电控制的标准。在动力电池管理系统中，均衡充电是一个非常重要的环节。动力电池通常由多个串联的电池单元组成。当电池成组使用时，很容易使电池过充和过放，造成电池之间的不一致，使得整个电池模块的使用效率降低，影响电动汽车的性能，危及电动汽车的安全。在多次充放电后，如果不采用均衡充电，则电池间的最大电压差可达到2V。

动力电池均衡控制原理如图 6-27 所示。电池均衡方案有很多种。在设计方案时，首先考虑的是均衡电路设计的复杂性，其次是均衡效率。为了延长电池寿命和提高效率，电气管理系统负责根据估算的电池状态和输入参数，通过限制放电电流、控制充电电流和充电电压来控制电池的充放电过程。

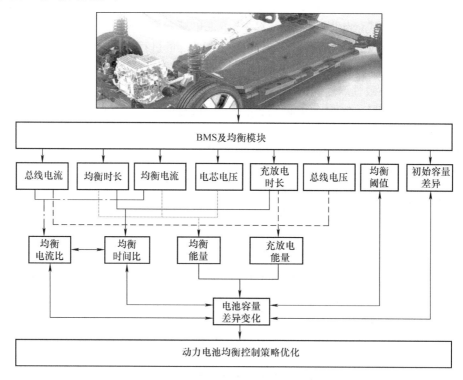

图 6-27　动力电池均衡控制原理

1. 动力电池均衡方法的种类

串联电池组中使用的均衡方法有五种：电容均衡、电感均衡、变压器均衡、并联均衡和模块间均衡。物理均衡方法根据是否有能量损失又分为被动均衡和主动均衡。

被动均衡是指在电池组中以较大功率消耗电池能量,直至充电状态达到平均值的均衡电路,因此也称为能量耗散型均衡。被动均衡一般采用旁路放电电阻实现对高能量的电池放电,使其同模块中具有最小电量的电芯保持一致。该方案结构简单,容易实现,但由于每个电芯并联一个放电电阻,损耗电能并产生热量,给电池系统热管理提出了更高的要求。

主动均衡也称为有源均衡,是指利用电容、电感等储能元件在电池或电池组之间进行能量转移,保持电池组电压一致的均衡电路,因此又称为能量转移均衡。主动均衡主要通过储能元件实现不均衡电池间的能量转移。主动均衡结构复杂,硬件成本高,对系统的可靠性设计也提出了较高的要求;但其能量利用率较高,是目前电池均衡研究的一个热点。根据储能元件不同主动均衡,又可分为电容均衡、变压器均衡和电感均衡等。

被动均衡和有源均衡都是为了消除电池模块的不一致性,但两者的实现原理完全相反,主动均衡是未来发展的方向。

(1) 电容均衡 电容均衡是将一个容量适当的电容器并联到每个单元上,然后用电子开关控制容量高的电芯对电容器充电。电池充满后,通过电子开关切换到低压的电芯充电,反复地来回充电,直到电压一致。电容均衡的优点是均衡过程不产生热量且无温升。均衡功能可以在充电、放电和静止状态下启动。缺点是在均衡结束时,当两个电芯的电压接近时,均衡时间较长。

例如,用于电池 B1 ~ B4 的开关电容网络均衡电路(图 6-28)由电容 C1 ~ C3 和相应的开关组成。所有开关均上下均匀闭合,使电容器 C1 ~ C3 与电池模块 B1 – B2 – B3、B2 – B3 – B4 并联交替工作,不断地将高压电池的电荷转移到低压电池上,最终达到电池电压平衡。均衡电路控制简单,但当高低压电池相隔较远时,相邻电池之间会有一定的电压降,导致均衡效果恶化,均衡速度减慢。

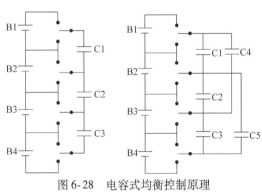

图 6-28 电容式均衡控制原理

双层开关电容均衡电路由电容器 C1 ~ C5 和相应的开关组成。与开关电容网络均衡电路相比,新的均衡电容 C4 和 C5 增加了电荷转移路径,缩短了平均转移距离,减小了均衡电容电流。

(2) 电感均衡 电感均衡是利用电感升压或降压模式给低压单元充电,可以在充电、放电和静止时保持平衡,并可根据需要调整。均衡电流一般为 1 ~ 2A,与电容均衡方式相比,效率有所降低,但电容均衡电流不如电感均衡电流大,效果不如电感均衡。

电感均衡的原理是:如图 6-29 所示,电感作为储能元件,使能量以电流的形式在电芯和电芯之间或电芯和电池组之间传递,使电芯之间的能量处于平衡状态。均衡电路的每个均衡模块都是典型的 buck – boost 斩波电路。

该电路的上下臂采用 MOSFET 功率场效应晶体管。每个相邻的两个电芯都有一个均衡模块,均衡模块可以使相邻两个电池之间的能量双向流动。开关装置进行开关控制,从而平衡电路,减少功率损耗,提高电池组的使用效率和寿命。

电感均衡的优点是均衡电流大,均衡效果明显,均衡过程产生的热量可以控制。

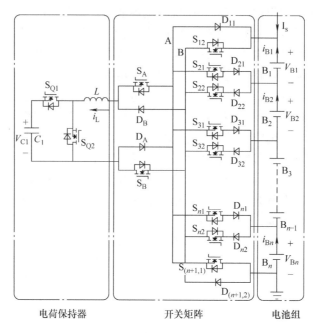

图 6-29 电感式均衡控制原理

（3）变压器均衡　变压器均衡是指变压器作为吸收能量源和释放能量源，吸收与释放能量的转换在于能量在磁能与电能之间的转换。如图 6-30 所示，变压器均衡器还使用 boost 模式或 buck 模式对整个电池组充电。例如，10 组电池中的任何一组电池断开，其余 9 组同时启用均衡功能也可以让电动汽车正常行驶，直到整个电池电量耗尽。

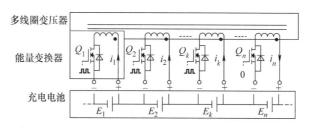

图 6-30 变压器式均衡控制原理

（4）并联均衡　如图 6-31 所示，理想的均衡方法是所有电池具有相同的能量和终端电压。并联电池模块中电芯的电压总是相等的，因为与插接器的原理相同，并联的高电压电池会自动向低电压电池充电。但是，如果要将此原理应用于串联电池模块，则需要稍微更改原始电池模块的拓扑结构。并联均衡是指在充电过程中，充电电流分流给电压低的电芯多充电，而给电压高的电芯少充电。这样可以避免最高和最低电压电芯的额外充放电负担。

（5）模块之间的均衡　模块之间的均衡控制在实际应用中很少，其原理如图 6-32 所示。

基于模块均衡控制的原理，在系统级对多个串联电池模块间的电压和电流进行统一的实时动态快速均衡，实时显示电池系统参数和故障报警提示，简化了电池模块本身的设计和维护，降低了电池系统的成本和故障率，提高了电池模块的放电容量以及使用寿命。

项目六　动力电池状态检测与均衡管理

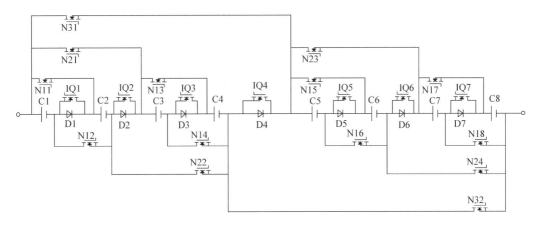

图 6-31　并联均衡控制原理

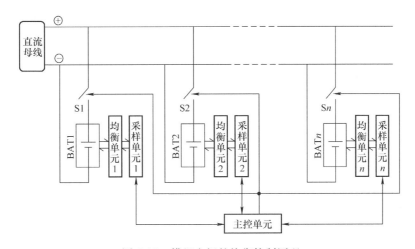

图 6-32　模组之间的均衡控制原理

2. 动力电池均衡策略

动力电池的均衡通常是通过"削高填低"的概念来实现动力电池的性能平衡，即将高压电芯的部分能量转移到低压电芯上，从而推迟最低电压电芯触及放电。

当截止阈值和电芯最高电压触及充电终止阈值时，获得系统提高充放电量的效果。然而，在这个过程中，高压电芯和低压电芯都额外进行了充电和放电过程。

充电条件下，充电均衡控制流程如图 6-33 所示。$U_{max}(t)$ 是电池组在一定时间内的最高电芯电压；U_0 是设定的平衡开启电压。充电开始后，收集每个电芯的电压，找到电压值最高的电芯，然后判断该电芯电压是否大于平衡开启电压；如果电压值较大，则对该电芯进行分流。在这种情况下，最大电芯电压的上升速度将减慢。

放电条件下的均衡控制流程如图 6-34 所示。$U_{min}(t)$ 是电池组在一定时间内的最低电芯电压；ΔU 是设定的最大电芯电压与最低电芯电压之间的最大差值；U_c 为储能电容器电压值。放电开始后，实时采集每个电池的电压，找到电压值最高和最低的电池，并将计算结果与设定值 ΔU 进行比较，如果结果大于 ΔU，最高电压电芯的能量通过储能电容器传递到最低电压电芯，直到电池组的总电压达到设定的截止电压。

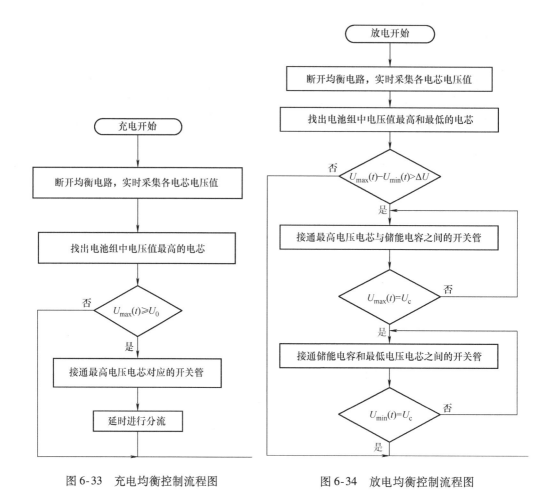

图 6-33 充电均衡控制流程图   图 6-34 放电均衡控制流程图

6.3.3 被动均衡

1. 被动均衡原理

被动均衡由于其电路简单、成本低廉等优点，至今仍得到广泛的应用。被动均衡适用于小容量、低串数的锂离子蓄电池组件。根据单组电池的电压数据，高压电池能量通过电阻放电，保持与低压电池相同的状态，最高电压也作为判断的依据进行放电均衡。被动均衡一般是通过电阻放电的方式，使电池以较高的电压放电，以热的形式释放能量，为其他电池争取更多的充电时间，因此整个系统的功率受到容量最小电池的限制。被动均衡电路将能量消耗电路并联到每个电池上，并通过适当的算法对电芯进行过大功率放电，以达到与其他电池平衡的目的。

被动均衡的原理是基于电池功率和电压之间的正相关。根据电芯电压数据，高电压电芯能量通过电阻放电，保持与低电压电芯相同的状态。还有一个最高电压的标准，比如三元锂电池最高电压是 4.2V，如果超过 4.2V，就会开始放电均衡。如图 6-35 所示，被动均衡电路包括多个能量存储单元、多个均衡单元和分时控制器。多个储能单元串联，每个均衡单元连接到相应的储能单元，以收集相应储能单元的电压，从而确定是否对相应储能单元执行均衡操作，并在需要时执行。在均衡操作期间，对相应的能量存储单元执行均衡操作。分时控制器连接到多个均衡单元以根据所需均衡单元的数量执行均衡操作，而分时段控制需要执行均衡操作的均衡单元对相应的储能单元分时段执行均衡操作。被动均衡的过程如图6-36所示。

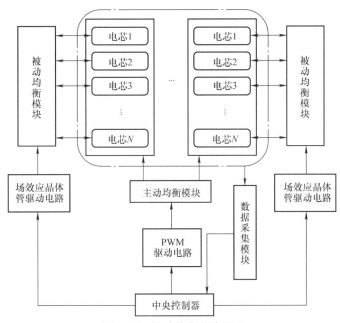

图 6-35 被动均衡电路原理

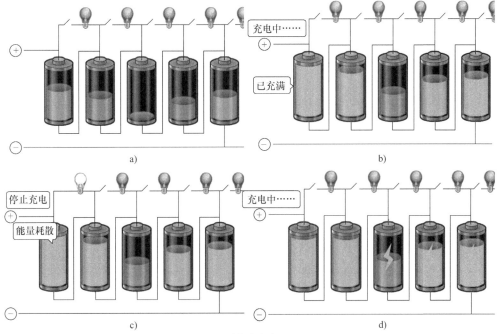

图 6-36 被动均衡的过程

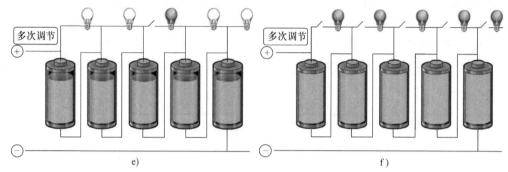

图 6-36 被动均衡的过程（续）

在充电过程中，锂离子蓄电池一般具有充电上限保护电压值。当某一串电池达到该电压值时，锂离子蓄电池保护板将切断充电电路，停止充电。如图 6-37 所示，如果充电过程中的电压超过该值（通常称为"过充电"），电池可能会燃烧或爆炸。因此，电池保护板一般具有防止电池过充电的保护功能。充电过程中，2 号电池先充电至保护电压值，触发电池保护板的保护机制，停止电池系统充电，直接导致 1 号、3 号电池充满电。整个系统的完全充电受到 2 号电池的限制，即系统损耗。为了增加电池系统的功率，电池保护板在充电时会平衡电池。

如图 6-38 所示，均衡启动后，电池保护板将 2 号电池放电，并延迟达到保护电压值的时间。这样一来，1 号和 3 号电池的充电时间将相应延长，从而提高电池系统的整体功率。但是，2 号电池 100% 的放电容量转化为放热，造成了巨大的浪费（2 号电池的散热是系统的损耗，也是对电的浪费）。

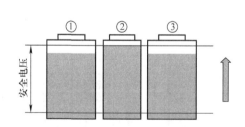
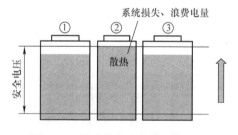

图 6-37 电池保护造成系统损失的原因　　图 6-38 被动均衡充电时工作原理

如图 6-39 所示，除过充会严重影响电池性能外，过放也会对电池造成严重损坏。同样，电池保护板具有过放电保护。放电时，当 2 号电池电压达到放电保护值时，触发电池保护板的保护机构，停止系统放电，直接导致 1、3 号电池剩余电量不能充分利用，平衡启动过放电后，系统将得到改善。

2. 被动均衡的特点

被动均衡的优点是成本低，电路设计简单。但缺

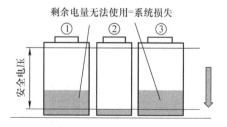

图 6-39 被动均衡放电时无法均衡

点是以电池剩余量最小为基础进行平衡，剩余量较少的电池容量无法提高，100% 的均衡功率被浪费为热量。

当电池的一致性相差在一定范围内时，电池的功率与电压正相关；但当电池的一致性很差时，即电池处于损坏状态时，功率与电压的相关性会降低。此时的平衡基础不能仅仅由电压数据来判断。如果没有意识到电池已在临界状态下，还根据电压进行平衡，此时，反而会对动力电池造成损坏，尤其是主动均衡，大电流造成的损害将高于被动均衡。被动均衡策略如图6-40所示。被动均衡有效地防止了过充和过放，减少了充放电能量的不平衡。

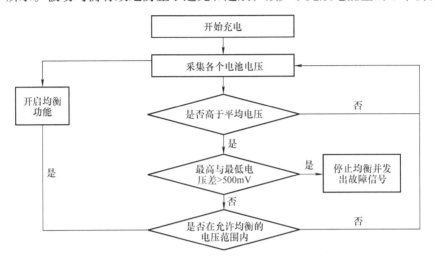

图6-40　一种被动均衡策略

如果将电池模块比成木桶，则串联的电池是构成木桶的板。低功率的电池就是短板。高功率的电池是长板。高功率电池组的能量以热的形式耗散，能量利用率低。如果平衡电流较大，就会有更多的热量。如果均衡电流很小，在大容量电池模块大功率差的情况下能量平衡效果不佳，达到平衡需要很长的时间，所以被动均衡的电流一般在100mA的水平。在充电过程中，必须先将低电量动力电池充满电。动力电池模块充电时，已充满的动力电池会放电。在放电过程中，高功率电池组必须按最低功率电池组放电，否则后期容易造成低功率电池组过放电。

6.3.4　主动均衡

1. 主动均衡原理

主动均衡是一种高效率、低损耗的功率均衡传输方法，需要与其他电池交换能量。通常，节能元件（如电容器、电感和变压器，与电源开关、晶体管）和其他设备一起使用，以打开新的电流回路。当电池不一致时，储能元件可用于将高电荷电池中的能量转移到低电荷电池中即实现能量平衡。不同厂家的方法不同，均衡电流也从1~10A不等。

如图6-41所示，每6个电池是一组。感应式主动均衡是基于物理转换，集成了电源开关和微电感，采用双向均衡的方法，通过附近或相邻电池间的电荷转移来均衡电池。

放电和充电的工作原理如图6-42和图6-43所示。第二个电池将电能传输到第一

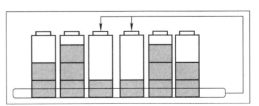

图6-41　变压方式主动均衡原理

个和第三个电池。在充电过程中，有效的电荷转移使三个电池的电压保持在平衡状态，这样所有的电池都能充满电。电池保护板还可以在放电时平衡电池。1号和3号电池将电能转移到2号电池。这3个电池的电压在平衡状态下放电，这样所有的电池电量都能用光。

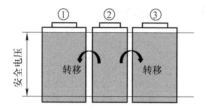
图 6-42 电感式主动均衡充电时的工作原理
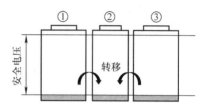
图 6-43 电感式主动均衡放电时的工作原理

从图6-44和图6-45可以看出，主动均衡可以最大限度地提高电池组的容量，同时可以完全充放电，从而有效地延长电池组的使用寿命。

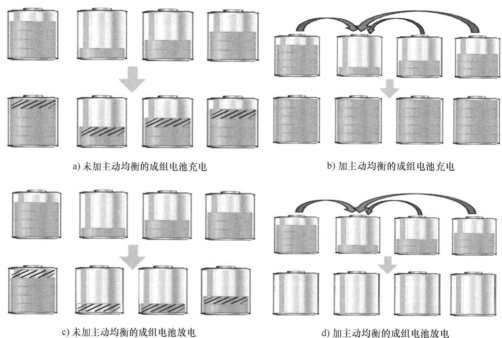

a) 未加主动均衡的成组电池充电　　b) 加主动均衡的成组电池充电

c) 未加主动均衡的成组电池放电　　d) 加主动均衡的成组电池放电

图 6-44 加主动均衡与未加主动均衡电池的充放电比较

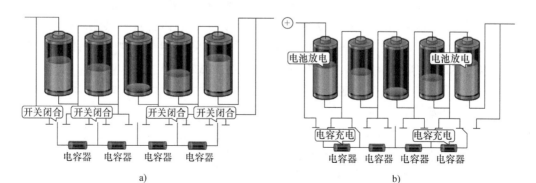

图 6-45 电容式主动均衡的工作过程

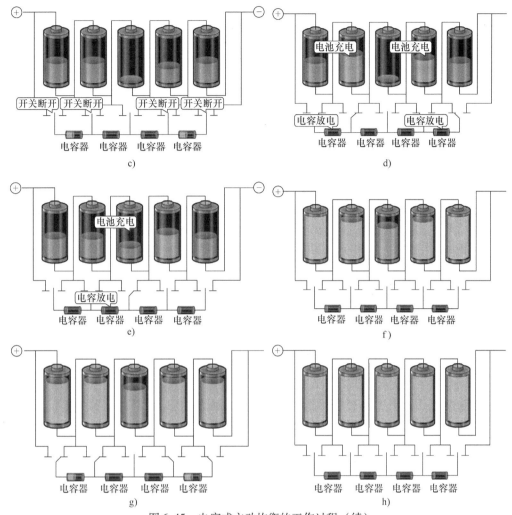

图 6-45 电容式主动均衡的工作过程（续）

2. 主动均衡的特点

由于主动均衡电路一般是通过能量传递来实现的，其发热量取决于能量传递电路的传递效率，其传递效率也随所采用的拓扑结构而变化，通常可达 70% 以上，即与被动均衡相比，热损失至少减少 70%，能量浪费至少减少 70%。主动均衡电路可以同时工作在充放电过程中，基本解决了过充过放电问题。相对于被动均衡，主动均衡电流一般大于 1A，高能量电池放电，低能量电池充电。实现了双向均衡，可以更快地实现大容量电池模块的能量平衡。与被动均衡相比，主动均衡可以消除电池模块不一致的根源，电池模块不会随着充放电循环而进一步恶化，从根本上实现了电池模块的能量平衡，实现了电池模块的充放电循环寿命大幅度延长，可用容量进一步提高。

6.3.5 动力电池热管理

1. 动力电池热管理的意义

温度对电池的日历寿命有很大影响。对于同一电池，在 23℃ 的环境温度下，6238 天后电池的剩余容量为80%,但在55℃的环境温度下,272天后电池的剩余容量已达到80%。当温度上升32℃时,电池的日历寿命下降95%以上。因此,温度对日历寿命有很大的影响。温度越高,日历寿命下降得越多。同一电池,当剩余容量为90%时,25℃时输出容量为300kW·h,35℃时输出容量仅为163kW·h,当温度升高45℃时,电池的循环寿命缩短近50%。因此,为了优化电池组的性能,需要一个热管理系统使电池在合理的温度范围内工作。

与电池模块冷却相比,电池模块的加热是不可避免的。当电池温度低于-10℃时,电池的工作电压和放电容量将大大降低。当电池低温放电时,电极极化严重,电池内阻大大增加,电解液的活性物质不能充分利用。电池电压下降快,放电效率低。当环境温度低至-40℃时,电动汽车就正常运行。当温度较低时,电池的可用容量将迅速衰减。在超低温(例如低于0℃)下对电池充电可能会导致瞬时电压过充现象,导致内部锂析出,并进一步导致短路。其次,与锂离子蓄电池相关的热问题直接影响电池的安全性。制造过程中的缺陷或使用过程中的不当操作,也可能会导致电池局部过热,进而引发一连串的放热反应,最终引发严重的热失控事件,如冒烟、火灾,甚至爆炸。

2. 动力电池的加热

动力电池加热方法分为电池内部加热法、电池外部加热法。

(1)电池内部加热法(充电加热法) 内部加热法是利用电流通过有一定电阻值的导体所产生的热量来加热动力电池,导体为动力电池本身。如图6-46所示,用交流电直接加热电池电解液的方法是用低频60Hz和高频10~20kHz交流电加热动力电池,只需几分钟即可将动力电池温度从-40℃加热至20℃。

图6-46 动力电池充电加热

根据电流的正负流向,可分为充电加热法、放电加热法和交流激励加热法等,根据提供电流的电源不同,可分为自损耗型加热和外部能源供给加热。

动力电池低温充电加热法是利用低温下动力电池阻抗增加的特性,用充电过程中的产热使动力电池恢复常温。

放电加热法是利用动力电池放电过程中的内部阻抗产热实现动力电池的升温,通过电池放电产热和内部加热片综合升温,能在30s内将锂离子动力电池从-30℃加热到0℃以上,具有较好的温升效果和加热效率,但要对动力电池电芯结构进行较大的改动,从而在一定程度上减小了电池的能量密度。

(2)电池外部加热法 外部加热法依托车辆热管理技术,通过在动力电池包或动力电池模块外部添加高温液体/气体、电加热板、相变材料,以及利用珀尔贴效应等方式来实现热量由外向内的热传导。与内加热方式相比,外加热方式更安全、更容易实现,但能耗大、加热时间长。

PTC加热装置如图6-47所示。电动汽车的主要热源是动力电池、电机和电机控制器。总散热量约为同等功率传统轿车的2.5~3倍,这些热源的工作温度范围相差很大。为了及时散热,保证部件的可靠运行,必须有一个体积、质量、尺寸合理的有效冷却系统。

项目六　动力电池状态检测与均衡管理

图 6-47　PTC 加热装置

3. 动力电池的散热

动力电池体积大，使得表面积体积比相对较小，电池内部热量不易散发，内部温度不均匀、局部温升过大等问题更易出现，从而进一步加速电池电量衰减，缩短电池寿命。动力电池管理系统的热管理主要分为散热和制热，通过测控板完成散热和制热的控制，控制制热和风机两个继电器的运行。动力电池内部比较紧凑，如果没有适当的冷却措施，电池模块的局部温度会升高，电池模块的充放电性能会下降，部分电池会过充或过放电，从而缩短电池寿命。有很多方法可以冷却电池模块。以下方法在动力电池冷却中更为常见。

1）直接冷却系统。直接冷却系统是一个双蒸发器系统。该系统无电池加热功能，无冷凝液保护功能，制冷剂温度难以控制，制冷系统寿命短。

2）低温散热器冷却系统。低温散热器冷却系统是一个独立的动力电池系统，由散热器、水泵和加热器组成。该冷却系统具有系统简单、成本低、经济节能等优点。但也存在着制冷性能差、夏季冷却液温度高、应用范围有限等缺点。

3）直接冷却液冷却系统。如图 6-48 所示，直接冷却液冷却系统具有系统紧凑、冷却性能好、工业应用范围广等优点。但是，该系统零部件多，系统复杂，燃油经济性差，压缩机负荷高。这种冷却系统是目前最常用的电池热管理系统之一。

4）风冷/水冷混合冷却系统。如图 6-49 所示，风冷/水冷混合冷却系统有两个关键部件：一个是水冷电池冷却器，另一个是风冷电池散热器。风冷/水冷混合冷却系统具有结构紧凑、性能优良、在低温环境下节能的优点。但该系统结构复杂、成本高、控制复杂、可靠性高。

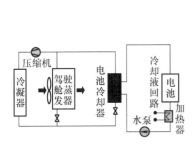

图 6-48　直接冷却水冷却系统工作原理

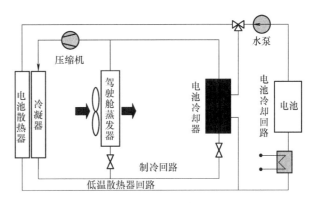

图 6-49　风冷/水冷混合冷却系统工作原理

145

5）直接空冷系统。如图6-50所示，直接空气冷却系统利用驾驶舱内的低温空气来冷却电池。直接空冷系统具有系统简单、风温可控、成本低等优点。然而，该系统并不适用于所有类型的电池。

以下以某车型为例介绍水冷系统的结构和原理。

电动汽车冷却系统的功能要求与传统汽车基本相同（图6-51）。但由于两者在结构和原理上的不同，其热源和散热方式也有所不同。由于电池、电机、电机控制器、充电机的效率达不到100%，会在能量转换过程中产生大量热量。如果这些热量不能及时散发，将导致车辆限功率运行，甚至会对零件造成损坏。电动汽车冷却系统的作用是及时驱散动力电池、电机、电机控制器和充电机产生的热量，确保其在要求的温度范围内稳定高效地运行。

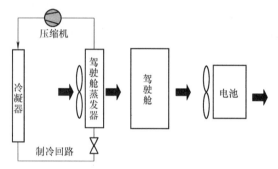

图6-50　直接空气冷却系统　　图6-51　某车型动力电池散热

电动汽车冷却系统主要由电动水泵、散热器、风扇、水管和冷却液等组成。

（1）电动水泵　如图6-52所示，电动水泵是冷却液循环的动力部件。电动水泵的作用是给冷却液加压，促使冷却液在冷却系统中循环，带走系统散发的热量。电动水泵的工作原理是，泵内的隔膜通过机械装置往复运动，从而压缩和拉伸泵腔内的空气。在止回阀的作用下，在排放口形成正压力，在吸入口形成真空，从而产生与外部大气压力的压力差。在压差的作用下，水被压入进水口，然后从出水口排出。在电机传递的动能作用下，水不断地被吸入和排出，形成相对稳定的流动。

图6-52　电动水泵

该电动汽车的冷却系统（电机/电池）有两个电动水泵。电动水泵由低压回路驱动，为冷却液循环提供压力。电动水泵驱动管路中冷却液的流向如图6-53所示，冷却系统的控制原理如图6-54所示。

（2）膨胀罐　膨胀罐总成（图6-55）是一个透明的塑料罐，类似于前风窗玻璃洗涤液罐。膨胀罐总成通过水管与散热器相连。随着冷却液温度逐渐升高和膨胀，部分冷却液从车载充电机流入膨胀罐总成。散热器和液体通道中的空气也会排入膨胀罐总成。当车辆停止时，冷却液会自动冷却并收缩，先前排出的冷却液会被吸回到散热器中。因此，散热器内的冷却液始终保持在适当的液位，提高了冷却效率。当冷却系统冷却时，冷却液液位应保持在

项目六 动力电池状态检测与均衡管理

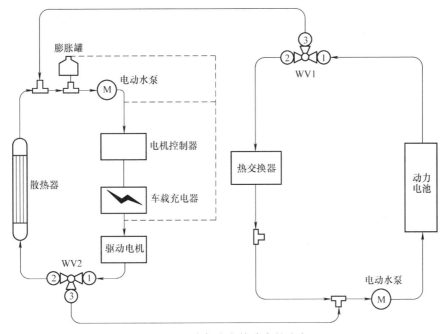

图 6-53 冷却液在管路中的流向

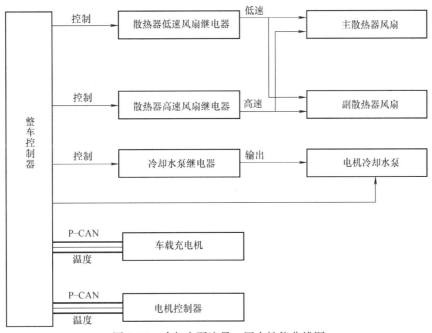

图 6-54 冷却水泵流量、压力性能曲线图

膨胀罐总成上的 L（最低）和 F（最高）标记之间。

（3）冷却风扇　该电动汽车的冷却风扇总成安装在驾驶室散热器后部，主要作用是增加散热器和空调冷凝器的通风，从而有助于在低速时加快车辆的冷却速度。风机采用双风机高低速控制方式，风机叶片由两台不同的电机驱动。冷却风扇由车辆控制模块（VCU）使用冷却风扇低速继电器和冷却风扇高速继电器直接控制。在低速电路中，风扇的转速是通过串联调速电阻来改变的。

注意：在维修过程中，车上的冷却风扇可能会起动并伤人，因此，应当保持手、衣服和工具远离风扇。如果风扇叶片弯曲或损坏，不要修理或重新使用损坏的零件，必须更换。损坏的风机叶片不能保证适当的平衡，在连续使用过程中可能会出现故障和飞出。

4. 冷却系统的维护与检查

检查冷却液液位时，车辆必须停放在平坦的地面上。如图6-56所示，检查冷却液膨胀罐中的冷却液液位是否在F和L刻度之间。如果冷却液膨胀罐中的冷却液沸腾，在冷却前不要执行任何操作。如果冷却液液位低于L标记位置，按照规定的步骤向冷却液膨胀罐中加注冷却液。如果向冷却液膨胀罐中添加冷却液，则在冷却系统（包括膨胀罐压力盖和散热器上部软管）完全打开之前，必须完全冷却冷却液，才能打开膨胀罐压力盖，以防止被烫伤。

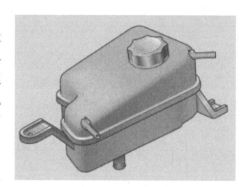

图6-55　膨胀罐

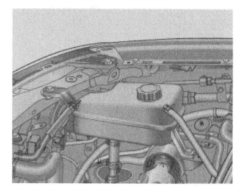

图6-56　检查冷却液液位

步骤如下：

1）逆时针缓慢转动压力盖。如果听到嘶嘶声，应等到它消失后再打开。嘶嘶声意味着里面还有压力。

2）继续转动压力盖并将其拆下。热冷却系统中的蒸汽和沸腾液体可能会溅出来，严重灼伤皮肤。切勿在冷却系统（包括膨胀罐压力盖）仍然热的情况下拧下压力盖。如果需要打开压力盖，必须等待冷却系统和膨胀罐压力盖冷却后才能打开。

3）缓慢加注冷却液，直到膨胀罐中的冷却液量达到80%左右，且液位不再下降。如果把冷却液溅到热的部件上，可能会被烧伤。冷却液中含有乙二醇，如果部件温度足够高，乙二醇会燃烧。因此，不要将冷却液溅到电机控制器和驱动电机等高温部件上。加注时使用的冷却液应是符合制造商要求的用于电机的乙二醇型电机冷却液。冰点≤-40℃，禁止使用普通水。电机冷却液不能混合。冷却液加注量为7L。请注意，冷却系统中使用的冷却液与空调系统中使用的暖风冷却液相同。不要混合不同品牌和规格的冷却液。不同品牌的冷却液中加入了不同类型的化学成分，如不同类型的防腐剂和防锈剂。相互混合容易发生化学反应，造成沉淀、结垢、腐蚀等危害，影响车辆的使用寿命。

4）起动车辆，打开暖风系统，通过运行电动水泵排出系统中的剩余空气，挤压散热器出口软管以加快排空。注意，风扇随时都可能运转，小心受伤。如果冷却液液位保持恒定且没有冷却液流出膨胀罐通风孔，则需要重新起动车辆并挤压散热器出口软管以强制将其排空。

5）观察膨胀罐中的冷却液是否下降，并及时补充冷却液，以保持冷却液液位在L和F标记之间。

6）观察膨胀罐排气口，等待冷却液从膨胀罐排气口流出，且膨胀罐冷却液的液位不再下

项目六　动力电池状态检测与均衡管理

降。拧紧膨胀罐盖。如果未拧紧压力盖，则可能会丢失冷却液，损坏驱动电机。确保压力盖已正确拧紧。如果冷却液液位在短时间内显著下降，则冷却系统可能存在泄漏，应尽快修理。

6.3.6　动力电池热失控故障检查

1. 常见热失控故障分析

不同的热管理系统、不同类型的元件、不同的结构、不同的重量、不同的系统成本、不同的控制方法，使得热管理系统的性能不同。

锂离子蓄电池具有电池电压高、寿命长、体积小、能量密度高等优点。但它有对高温极其敏感、电极材料老化快、低温内阻高等缺点。动力电池达到一定温度后，会变得不可控，温度线性上升，最后导致燃烧爆炸。过热、过充电、内部短路和碰撞是导致动力电池热失控的几个关键因素。

（1）过热引发热失控　动力电池过热的原因是电池选择和热设计不合理，或外部短路引起电池温升、电缆接头松动等，应从电池设计和电池管理上加以解决。从电池材料设计的角度，可以开发出能够防止热失控和阻止热失控反应的材料；从电池管理的角度，可以预测不同的温度范围，定义不同的安全级别，并进行分级报警。

（2）过充触发热失控　过充触发的热失控是由于动力电池管理系统缺乏电路安全功能，导致电池 BMS 失控，但仍在充电。对于这种过充的原因，解决的办法是首先查找充电机的故障，可以通过充电机的完全冗余来解决；其次是检查电池管理是否不合理，比如不监控每个电池的电压。随着电池的老化，电池之间的一致性变得越来越差，更容易发生过充问题这需要均衡整个电池模块以保持电池模块的一致性。例如，电池模块采用"并联 – 并联 – 串联"的组合方式，最好以与容量最小的电池为基准进行充电。在这种情况下，可以有效进行充电，同时防止了过充。

（3）内部短路触发热失控　电池制造过程中的杂质、金属颗粒、充放电膨胀过程中的收缩以及锂的析出都可能导致内部短路。这种内部短路在很长一段时间内发生得很慢，不知道什么时候会失去控制。解决内部短路问题，首先要选择产品质量好的电池产品，选择电池和电芯容量；其次要对内部短路进行安全预测，在热失控前找到内部短路的电芯。

（4）机械触发热失控　碰撞是一种典型的机械触发热失控方式。解决碰撞热失控的方法是设计电池安全保护装置。

2. 动力电池常见热管理故障排查方法

电动汽车动力电池管理系统的功能主要包括对电力驱动系统的电压、电流等进行检测以及对电池负荷状态、充放电功率等进行估算、对电池故障进行诊断等。动力电池常见热管理故障的检查方法见表6-3。

表6-3　动力电池常见热管理故障检查表

故障类型	故障现象	故障原因	处理方法
加热故障	温度低于某一数值时，在充电时，加热不开启	① 加热继电器或 BMS 故障 ② 加热片或继电器供电路异常	① 修复或更换加热继电器或 BMS ② 检查修复供电电路

电动汽车动力电池管理系统原理与检修

(续)

故障类型	故障现象	故障原因	处理方法
散热故障	温度高于某数值后，风扇未工作	① 风扇继电器或 BMS 故障 ② 风扇或继电器供电电路异常	修复或更换风扇继电器或 BMS 故障 检查修复供电电路异常
温度高	电池系统中某个或者某几个温度点偏高，运行或充电中达到报警阈值	① 温度传感器故障 ② 电池数据采集监控模块故障 ③ 电连接异常，局部发热 ④ 风扇未开启，散热差 ⑤ 靠近电机等热源 ⑥ 过充电	① 测量温度传感器电阻值，与显示值进行比对，若实际值较显示值低，且与其他温度值相同，则以实际值为标准对电池数据采集监控模块温度值进行校准 ② 紧固电连接点，清除连接点异物 ③ 确保风扇开启 ④ 增加隔热材料，与热源进行隔离 ⑤ 暂停运营进行散热 ⑥ 立即停止充电 ⑦ 更换电池数据采集监控模块
温度低/温差	电池系统中某个或者某几个温度点偏低，运行或充电中达到报警阈值	① 温度传感器故障 ② 电池数据采集监控模块故障 ③ 局部加热片异常	① 测量温度传感器电阻值，与显示值进行比对，若实际值较显示值高，且与其他温度值相同，则以实际值为标准对电池数据采集监控模块温度值进行校准 ② 检查修复加热片 ③ 更换电池数据采集监控模块

思 考 题

本项目的学习目标你已经达成了吗？请通过思考以下问题进行检验。

序号	问题	自检结果
1	环境温度与电池使用寿命的关系是什么？	
2	动力电池为什么会产生热量？	
3	温度传感器在动力电池中的作用是什么？	
4	电芯电压数据采集方法是什么？	
5	电流检测方法有哪些？	
6	什么是电池充放电平衡？锂离子蓄电池充放电的保护措施有哪些？	
7	霍尔电流传感器测量感应电压的原理是什么？	
8	动力电池电压集成系统由哪些部件组成？	
9	请复述 SOC 的定义与估算的方法。	
10	请复述 SOH 的定义与估算的方法。	
11	引起电池热失控的原因有哪些？	
12	均衡热管理的主要功能有哪些？	
13	什么是主动均衡？什么是被动均衡？	
14	动力电池管理系统的热管理主要分为散热与加热，散热的方法有哪些？	
15	动力电池常见热管理故障有哪些？	

项目七

动力电池充放电管理

学习目标

1. 说出充放电温度对电池的影响。
2. 说出恒压、恒流、涓流充电的充电原理与充电负载之间的作用关系。
3. 说出 DC/DC 变换器的作用与原理。
4. 知道车载充电机的作用与原理。
5. 说出电动汽车充电系统的类别与组成。
6. 说出充电控制原理与充电过程控制原理。
7. 掌握常见充电故障的分析与检查方法。

7.1 动力电池充电系统的组成

电动汽车充电系统是维持电动汽车运行的能量补充设施。它是一种具有特定功能的功率转换装置,用于从电源中提取能量,为动力电池充电。动力电池充电系统由充电接口、DC/DC 变换器、车载充电机、充电桩等设备组成,以下将分别介绍。

7.1.1 充电方法与接口定义

电动汽车充电接口和通信协议是实现电动汽车传导充电的基本要素,目前,我国电动汽车接口、充电控制、充电通信协议等国家标准与美国、欧洲、日本并列为世界四大充电接口标准。电动汽车的充放电条件受外部环境、外界温度的影响,并且对充电时间和在不同运行模式下的续驶能力有不同的要求,其总体需求由电动汽车的动力电池容量和平均日电能消耗量决定。

1. 充电方法

(1) 充电类型 对于纯电动汽车,充电系统将根据动力电池的实时状态启动和停止充电,并根据动力电池的功率和温度控制来调节充电电流和电池发热。在充电时可根据电动汽车充电时间的需要选择相应的充电方式。电动汽车的充电方式可分为交流充电(慢速充电)和直流充电(快速充电)。

动力电池根据充电电流的大小主要有快速充电($>0.2C$,$<0.8C$)、慢速充电($0C \sim 0.2C$ 之间)、涓流充电($<0.1C$)、高速充电($>0.8C$)四种类型,另外还有恒压充电方法与恒流充电方法等,还可以通过快换的方法直接更换充满电的同型号电池。此外,还有无线充电的方法,这里不再细述。

1) 恒压充电。锂离子动力电池最简单的充电方法是恒压充电。恒压充电是在充电过程中，使动力电池两极之间的电压保持恒定值的一种控制方法。在开始时，给定所需的电压值，系统开始充电，充电电流随着充电过程不断减小。当充电电流小于一定值时，充电过程结束。恒压充电最大的特点是控制简单。另外，充电结束时电流很小、气体析出量小、能耗低。但由于充电初期充电电流过大，容易对电池板造成冲击，严重时可能损坏电池。动力电池中途充电一般采用恒压充电法，在充电阶段开始时，有必要增加保护措施以限制最大电流。

2）恒流充电。恒流充电是指电流保持在恒定值的一种充电方法，该方法应用广泛。恒流充电法的控制过程是：在充电开始时，充电器对蓄电池进行恒定的大电流充电；当电池即将充满电时，使用恒定的小电流给电池充电，并进入浮动充电阶段，以补偿电池自放电的影响。但这种方法充电时间长、析气严重、能耗高。

动力电池的初始充电大多采用恒流或分段恒流充电。充电电流值可根据动力电池的容量确定，直接计算充电量，确定完成充电的时间。与恒压充电法相对应，充电电路主要通过开关电源控制来实现。充电过程中，可根据动力电池的容量和接收特性曲线，确定合适的充电电流值，采用小电流长时间充电的方法，在不损害动力电池性能的前提下完成充电。

为了尽可能缩短充电时间，充电电流值的选择不能太小，但这会导致在蓄电池即将充满电时，充电特性曲线在后期超过动力电池接收曲线。因此，在恒流充电的基础上，可用小电流连续充电代替后期恒流充电。

3）涓流充电。涓流充电用来弥补电池充满电后自放电造成的容量损失。为了补偿自放电，使动力电池处于近似满电状态，连续的小电流充电也称为维护性充电或阶段性充电。常用的分段充电方式有两阶段充电和三阶段充电。第一阶段采用恒流充电，充电电流逐渐减小，当动力电池组的端电压上升到电压极限值，充电电流降至零时，充电器自动切换到恒压充电，直至充电完成。这是锂离子蓄电池最常用的充电方法。

大多数电池充满电后，由于自放电现象，会造成持续的功率损失。涓流充电可以对保持在几乎完全充电状态的动力电池进行持续充电来补偿损失的功率。目前，大多数与直流供电系统相连的动力电池在完全充电后，在放电时会进入涓流充电状态。在恒流恒压充电过程中，涓流充电往往起辅助作用。对于串联动力电池组，涓流充电可以很好地平衡各电池的端电压，起到动力电池维护和化学活化的作用。三阶段充电方法是在充电开始和结束时采用恒流充电，在中间采用恒压充电。前两阶段之间的转换电压通常是第二阶段保持的恒定电压。当电流衰减到预定值时，第二阶段切换到第三阶段进行恒流充电，后两阶段之间的转换电流一般是第三阶段保持的恒流。这种方法可以使气体产生量最小化。

4）快速充电。快速充电一般采用380V三相交流电源。电源转换后，高压大电流通过总线直接充入动力电池。可在短时间内（4h内）充满电。一辆剩余电量为25%的电动汽车可以在25min内充满电。快速充电系统主要由充电设备（充电桩）、快速充电接口、高压控制箱、动力电池、整车控制器、高压线束、控制线束等组成，如图7-1所示。与慢速充电模式相比，快速充电模式不需要汽车充电机的帮助即可完成充电。因为直流快速充电桩可以提供更高的电压和更大的电流以实现电动汽车的快速充电需求。

快速充电的充电原理是：首先在整车控制器（VCU）初始化后，唤醒电池BMS低压供电，低压自检完成后通过CAN发出信号，快充继电器闭合，电池高压继电器闭合，电池高压检测后高压系统开始预充电，高压系统检测完毕后进行动力电池高压充电。

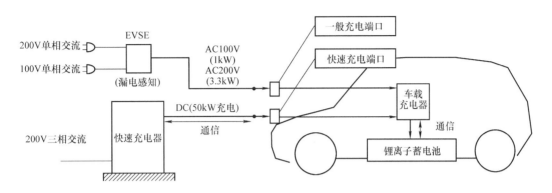

图 7-1 纯电动汽车充电线路图

5）慢速充电。如图 7-2 所示，慢充系统采用 220V 单相交流电源，由车载充电机将交流电源转换为高压直流电源，为动力电池供电。完成充电需要 6~7h。慢充系统的主要部件是供电设备（电缆保护箱、充电桩、充电线等）、慢充接口、车内高压线束、高压配电箱、车用充电机和动力电池。

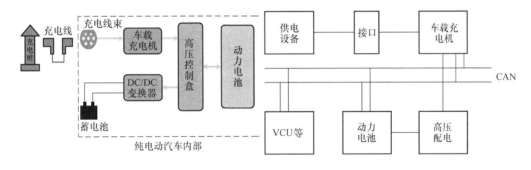

图 7-2 慢充系统构架简图

车载充电机通过充电电缆与外部交流电源（慢充电桩或单个交流电源插座）相连，具有漏电检测和保护功能。车载充电机将交流电源转换为直流电源，并连接至车辆动力电池，所以必须具有漏电诊断功能。

充电设施采用普通家用插座、专用充电电缆和带专用插头的适配器，具有统一的充电接口。

慢充模式的充电原理为：首先将充电枪与车辆慢充口连接，车载充电机在充电开始时与整车控制器（VCU）进行通信，当车辆慢充口与充电线导通之后，车载充电机会对整车控制器发出信号，整车控制器再唤醒仪表显示连接状态，车载充电机同时唤醒整车控制器和动力电池的 BMS，整车控制器唤醒仪表启动显示充电状态。整车控制器发出指令给动力电池的 BMS，使其控制动力电池内部的正、负主继电器闭合，进而使动力电池充电。

6）高速充电。高速充电是指在极短的时间内完成动力电池的充电，原理是基于电化学模型，通过控制阳极电位恒高于析锂电位阈值，最大化输入充电电流，而电流的输入会影响阳极电位，从而形成一个闭环控制，使电池充电时间达到最小化。通常是通过恒电位闭环控制快速充电算法将最大充电控制在析锂之前,又要在 5~15min 内充满 80%,这在技术上比较难实现。这种方法不考虑系统内部动态变化,也不能保证电池的耐久与安全性,很难做到不影响电池寿命。

7)动力电池更换。动力电池更换原理是:当电动汽车动力电池电量较低时,车主首先将电动汽车开往更换站或充电站电池更换区域。充电站工作人员将电动汽车动力电池组取出后,首先对拆下的动力电池组进行检测,如果有故障,则进行动力电池维护,如果没有故障,则进行动力电池组充电。

(2)充电模式标准 国际标准 IEC 61851-1 中规定了电动汽车几种不同的充电模式,见表 7-1。

表 7-1 电动汽车充电模式

充电类型	充电模式	额定电压电流	通信方式	充电插头连接
交流充电	充电模式 1	AC 220V/16A	无	插座
	充电模式 2	AC 220V/8~16A	通过充电电缆内的模块	插座
	充电模式 3	AC 220V/16~63A	通过充电站内的模块	交流充电桩
直流充电	充电模式 4	AC 380V/30~300A	通过充电站内的模块	非车载充电机

1)充电模式 1。此模式为车辆通过充电枪线缆直接与交流电网相连。因为在家用充电插座中没有控制线和接近导线,充电模式 1 不能与车辆建立通信,并且不可能限制和确认充电期间的最大电流,因此大多数电动汽车制造商不使用该充电模式。

2)充电模式 2。如图 7-3 所示,这是一种通过控制导线将家用电源与车辆建立连接与通信的充电模式,车辆通过带有控制保护装置的充电枪线缆直接与交流电网相连。与充电方式 1 相比,电动汽车充电时增加了充电电缆。车载充电机可接交流电网。车载充电机的主要功能是将交流 220V 电压转换成高压直流电源所用电压,因此这种充电方式满足了对车辆充电的基本要求。插座可采用 16A 空调插座。因此,充电模式 2 具有广泛的适用性,可以在家庭和公共充电站设置。

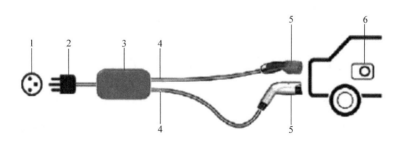

图 7-3 充电模式 2
1—普通插座 2—用于普通插座的插头 3—集成式电缆箱
4—充电电缆 5—充电插头(欧规和美规) 6—车辆上的充电接口

3)充电模式 3。如图 7-4 所示,这种充电模式为车辆通过充电枪线缆直接与交流充电网侧的专用供电设备相连,这是一种主要应用在公共交流充电桩的充电模式,与车辆之间的

项目七 动力电池充放电管理

通信协议同充电模式 2 类似。在充电模式 2 中，电源插头连接集成式电缆盒，然后与汽车的充电接口进行连接，但是在充电模式 3 中，充电桩端的充电接口直接与车辆充电接口相连接。

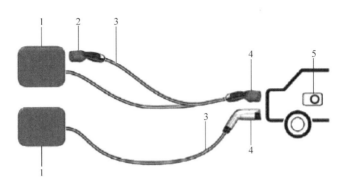

图 7-4 充电模式 3

1—充电机或充电桩　2—充电插头（欧规）　3—充电电缆
4—用于连接车辆的充电插头（欧规和美规）　5—车辆上的充电接口

4）充电模式 4。这种充电模式是车辆通过充电枪线缆直接与交流电网或直流电网侧的专用直流供电设备相连，主要应用于直流充电桩对电动汽车进行快速充电。由于采用 DC 380V 供电，电压可以直接通过车辆端的快充口进入车辆，这种充电方式与慢充最大的区别是电流电压较高，充电时间较短，不通过车载充电机而直接到达高压控制盒，在充电桩与整车控制器（VCU）、动力电池管理系统（BMS）之间通信正常后，便可以直接为动力电池充电。但这种充电方式对电池的损害较大，对电池保护散热方面要求更高，所以并不是每款车型都可快速充电。动力电池长期快速充电会影响电池的使用寿命，因此并不建议常使用直流充电桩进行充电。

2. 充电接口

充电接口是用于连接移动电缆和电动汽车的充电部件，由充电插座和充电插头组成。由于充电插座用于连接电缆，是充电机的必备设备。充电过程中，充电插头与充电插座结构相结合，实现电能的传输。

如图 7-5 所示，充电时，与家用电器一样，只要有插座，就可以在任何地方充电，但是由于下雨等原因有漏电的危险，连接部分需要防水。

a) 常规充电

b) 快速充电

图 7-5 充电方式

2015 年，我国出台了电动汽车充电新标准。在安全方面，新标准增加了充电接口温度监测、电子锁、绝缘监测、泄放电路等功能，细化了直流充电接口的安全防护措施，明确禁止采用不安全充电方式，有效避免了人员的触电和设备的烧毁，可以保证电动汽车和用户在充电过程中的安全。在兼容性方面，交直流充电接口的类型和结构应与原标准兼容。新标准修改了一些触点和机械锁的尺寸，但新旧插头和插座可以相互配合。直流充电接口增加的电子锁紧装置不影响新老产品之间的电气连接，用户只需更新通信协议版本即可实现新的供电设备和电动汽车的兼容，以保证基本的充电功能。

充电系统由直流充电口、交流充电口、车载充电机、高压控制箱、动力电池、高压电源线等部件组成，图 7-6 显示了某电动汽车的充电位置。通信管理方法采用 CAN 网络，以整车控制器（VCU）和动力电池管理系统（BMS）为主要管理单元，监控各执行部件的工作状态。

a) 交流充电口

b) 直流充电口

图 7-6　某电动汽车的充电位置

电动汽车通常有三种充电接口：单相交流充电接口、三相交流充电接口和直流充电接口，其中单相和三相交流充电共用一个接口。单相交流充电接口主要用于家庭用户的充电设施和一些标准的公共充电设施，这种充电插头比较简单，一般情况下，插头有三个端子，分别是交流电源相线（俗称火线）、中性线（俗称零线）和接地保护线。它与传统电源插座类似，只是外形和额定电流都比较大。充电接口各端子功能定义见表 7-2。

表 7-2　慢充充电接口各端子功能定义

端子编号/标识	功能定义
（L）	交流电源（相线）
（NC1）	备用连接 1
（NC2）	备用连接 2
（N）	交流电源中性线
（PE）	保护接地（PE），连接供电设备地线和车辆底盘地线
（CC）	交流连接确认
（CP）	控制连接确认

（续）

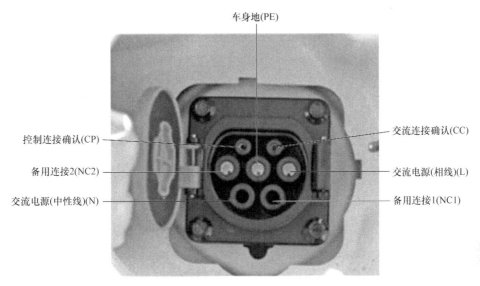

图7-7 北汽电动汽车慢充充电口端子名称

慢充接口适用于电动汽车的传导充电，其接口功能定义执行GB/T 20234.2—2015《电动汽车传导充电用连接装置 第2部分：交流充电接口》。打开充电盖后，可以看到充电插头为7孔式，其端子排列如图7-7所示。注意：不充电时不要打开充电盖。

如图7-8所示，直流充电桩充电接口是将充电桩与电动汽车快速充电端口物理连接，完成充电和控制引导的插接器。直流充电桩与电动汽车充电接口功能定义执行GB/T 20234.3—2015《电动汽车传导充电用连接装置 第3部分：直流充电接口》的规定，见表7-3。

表7-3 电动汽车的充电接口功能定义

端子编号/标识	功能定义
（DC+）	直流电源正，连接直流电源正与电池正极
（DC-）	直流电源负，连接直流电源负与电池负极
（-）	保护接地（PE），连接供电设备地线和车辆底盘地线
（S+）	充电通信CAN_H，连接非车载充电机与电动汽车的通信线
（S-）	充电通信CAN_L，连接非车载充电机与电动汽车的通信线
（CC1）	充电连接确认1
（CC2）	充电连接确认2
（A+）	低压辅助电源正，连接非车载充电机为电动汽车提供低压辅助电源正
（A-）	低压辅助电源负，连接非车载充电机为电动汽车提供低压辅助电源负

（续）

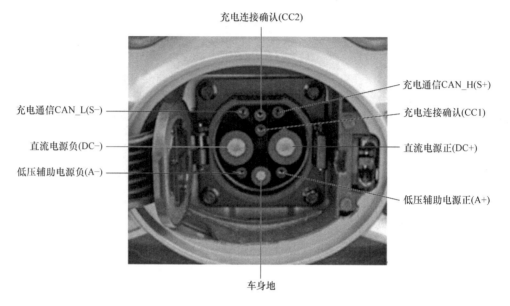

图 7-8　北汽电动汽车快充充电口端子名称

直流充电接口的拆装方法如下。
1）打开机盖，拆卸低压蓄电池负极桩头。
2）断开手动维修开关。
3）拆卸左后轮，并拆卸轮罩内衬。
4）举升车辆，断开快充高压插接器，并拆卸高压线束的两个固定螺栓。
5）脱开固定直流充电线束的卡扣。
6）拆卸直流充电座的固定螺栓。
7）拆卸直流充电插座搭铁线束固定螺栓并脱开搭铁线束。
8）拆卸直流充电插座线束胶套环箍。
9）断开直流充电插座线束低压插接器。
10）脱开直流充电插座高压线束固定支架。
11）取出直流充电插座总成。

交流充电接口的拆装方法如下。
1）打开机盖，拆卸低压蓄电池负极桩头。
2）断开手动维修开关。
3）拆卸左后轮，并拆卸轮罩内衬。
4）断开车载充电机的高压线束插接器。
5）举升车辆，拆卸动力电池前面的低压插接器及右侧固定交流高压线束的卡扣。
6）拆卸交流充电插座 4 颗固定螺栓，取出交流充电插座总成。

7.1.2 DC/DC 变换器

车载电源变换器分为 DC/DC 变换器和 DC/AC 变换器。在电动汽车的电力系统中，车载电源变换器主要是 DC/DC 变换器，分为 Buck、Boost 和双向三种形式。DC/DC 变换器单独放置或集成在集成控制器中并可以通过自然冷却，有输入过电压/欠电压保护、输出过电压/欠电压保护、输出过载短路保护、过温保护等功能，并具有工作效率高、体积小、耐高温、耐恶劣工作环境等优点。

1. DC/DC 变换器结构与类型

DC/DC 变换器是将一种直流电转换成另一种直流电的变换装置，是实现电能转换和传输的重要电气设备。

DC/DC 变换器的作用是代替传统汽车的发电机。它将动力电池的 290~420V 高压直流电源转换为车辆的 12V 低压直流电源，并为车辆的低压电源系统供电，为铅酸蓄电池充电。

DC/DC 变换器的内部结构如图 7-9 所示。根据拓扑结构的不同，双向 DC/DC 变换器有两种：隔离型和非隔离型，主要区别在于有无变压器。隔离双向 DC/DC 变换器采用隔离方式，高压侧和低压侧由变压器隔离。常用的隔离双向变换器有反激隔离双向变换器、半桥隔离双向变换器和全桥隔离双向变换器。隔离双向 DC/DC 变换器不能满足电动汽车用大功率双向 DC/DC 变换器的要求。由于隔离变压器的存在，当变换器的工作频率过低时，会导致变压器铁心饱和并产生过大的磁化电流，MOSFET 开关损耗较大，电流容量小，变换器工作频率范围窄。隔离双向 DC 变换器仅用模拟电路很难控制其状态切换，控制方法也比较复杂，因此，非隔离的双向 DC/DC 变换器更常用。

DC/DC 变换器一般由控制芯片、电感、二极管、晶体管和电容组成。如图 7-10 所示，主要包括输入滤波器、输出低通滤波器、主控制器、电压保护器、热保护器、电流检测比较器和误差放大器，其端口包括高压输入、低压输出和低压控制。

高压输入端子：从动力电池和高压控制箱接收 290~420V 高压直流电源，中间是高低压联锁终端。

图 7-9 DC/DC 变换器结构

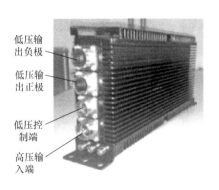

图 7-10 DC/DC 变换器的组成

低压输出正极：由 DC/DC 变换器转换的 12V 低压直流电源输出到动力电池正极。

低压输出负极：由 DC/DC 变换器转换的 12V 低压直流电源输出到动力电池的负极。

低压控制端 A 脚：控制回路电源正极兼使能（DC/DC 变换器使能），DC12V 启动，0～1V 关闭；B 脚：电源状态信号输出（故障线），接组合仪表，12V 高电平时显示故障，低电平时仪表显示正常；C 脚：控制电路电源的负极，与动力电池的负极相连。

DC/DC 变换器的类型如图 7-11 所示，有双向半桥变换器电路、双向 Buck/Boost 变换器、双向 Sepic 变换器和双向 Cuk 变换器等，双向 DC/DC 变换器是能量转换的关键部件。

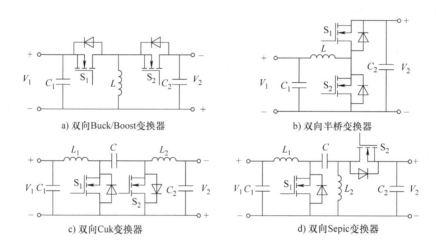

图 7-11 非隔离双向 DC/DC 变换器工作原理

2. DC/DC 变换器工作原理

DC/DC 变换器的工作原理是为整车 ON 档供电或充电唤醒供电，动力电池完成高压系统的预充电过程，整车控制器向 DC/DC 变换器发送 12V 使能信号，DC/DC 变换器开始工作。DC/DC 变换器通过高压控制箱接收动力电池分配的高压直流电源，经降压变换后处理成低压直流电源。它一方面为低压蓄电池充电，另一方面为车灯、刮水器等低压车身电器设备提供电源。

双向 DC/DC 变换器的控制系统分为硬件和软件两部分。硬件部分主要实现以下功能：首先通过电压电流采样调理电路采集超级电容器侧电压、流过电感的电流、直流母线侧电压，然后将采集的数据发送到 A/D 模块，A/D 模块将采集到的模拟量信号转换成数字量信号，采用电压外环模糊、电流内环模糊的双闭环控制方式控制变换器，实时更新占空比，主要用于驱动变换器主电路中的开关 DSP 事件管理器与 EV 模块通用定时器，产生 PWM 波形。当变频器出现过电流、过电压等异常情况时，产生中断信号，DSP 立即停止，产生脉冲宽度调制波以保护变换器。

3. IGBT

IGBT 的中文名称是绝缘栅双极功率晶体管，它是一种常用的晶体管（图 7-12）。IGBT 是由 MOSFET 双极型晶体管复合而成的一种器件，其输入极为 MOSFET，输出极为 PNP 晶体管。它融合了这两种器件的优点，既具有 MOSFET 器件驱动功率小和开关速度快的优点，又具有双极型器件饱和压降低而容量大的优点，它的频率特性介于 MOSFET 与功率晶体管之间，可正常工作于几十千赫兹频率范围内。若在 IGBT 的栅极 G 和发射极 E 间加上驱动正电压，MOSFET 导通，这样 PNP 晶体管的集电极 C 与基极 B 之间成低阻状态而使得晶体管导通；若 IGBT 的栅极和发射极之间电压为 0V，则 MOSFET 截止，切断 PNP 晶体管基极电流的供给，使得晶体管截止。IGBT 与 MOSFET 一样也是电压控制型器件，在它的栅极 G 与发射极 E 间施加十几伏的直流电压，只有微安级的漏电流流过，基本上不消耗功率。

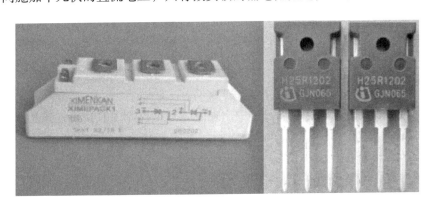

图 7-12 IGBT

从功能上讲，IGBT 是一种计算机控制的电路开关。它的优点是采用电压控制，饱和压降小，耐压高。它是能量转换和传输的核心设备，主要用于直流电压 600V 及以上的换流系统。IGBT 功率模块是电动汽车电源转换器的核心功率器件，其驱动电路是发挥 IGBT 性能的关键电路。IGBT 的作用是转换交直流电源，同时，IGBT 还具有电压电平转换功能。

当外界用交流电充电时，需要通过 IGBT 将其转换成直流电，然后用于给电池供电。同时，在给动力电池组充电之前，必须将 220V 的电压转换成适当的电压。当电池放电时，直流电源通过 IGBT 转换成交流电，交流电源也起到交流电机变频控制的作用，它的质量优劣直接影响电动汽车的动力释放速度。车辆运行时，特别是在城市内行驶中往往频繁起停，此时控制器中 IGBT 模块工作电流也随之升降，电流的这种快速变化会导致 IGBT 结温的快速变化。

IGBT 在使用时应注意以下问题：

1) 如果 IGBT 栅极 G 与发射极 E 之间的驱动电压过高，IGBT 不能稳定正常工作，驱动电压过低，IGBT 将会损坏。

2) 如果 IGBT 集电极与发射极之间的电压超过它们之间的耐电压，将会导致 IGBT 损坏。

3) 如果流过 IGBT 集电极与发射极的电流超过最大值，将会导致 IGBT 损坏。

4) 如果 IGBT 的结温超过允许值，将会导致 IGBT 损坏。

5) 为防止过电流、过热或由于振动使得栅极回路断开而损坏 IGBT 等现象，需要在 IGBT 的栅极与发射极之间并联一只几十千欧的电阻起保护作用。

4. DC/DC 变换器维护与故障检查

(1) DC/DC 变换器日常维护　DC/DC 变换器日常维护的要求与方法见表 7-4。

表 7-4　DC/DC 变换器日常维护

保养类别	维护内容
A 类	检查外壳是否有明显碰撞痕迹，各连接导线应无破损、碰擦、连接良好，高低压接线端子连接牢靠，无松动。散热齿上尽可能减少杂物，保证散热时风道畅通，必要时清洁外表面
B 类	检查 DC/DC 变换器外壳是否有明显碰撞痕迹，各连接导线应无破损、碰擦、连接良好，高低压接线端子连接牢靠、无松动。端子无锈蚀、紧固力矩足够。散热齿上尽可能减少杂物，保证散热时风道畅通，必要时清洁外表面。检测 DC/DC 变换器绝缘电阻，使用绝缘电阻表，测量 DC/DC 高压输入与车身（外壳）的绝缘电阻，应大于 20MΩ

（2）DC/DC 变换器常见故障检查的方法

1）常见故障。动力电池在行驶过程中出现故障的主要原因有接头连接不正常，高压熔断器熔断，使能信号输入不正常，DC/DC 变换器本体故障等。

2）故障排除思路。

① DC/DC 高压系统检测。DC/DC 变换器工作原理如图 7-13 所示，检查高压控制箱的 DC/DC 变换器熔丝是否正常，接触面是否烧蚀、生锈，螺钉是否松动。

② DC/DC 低压系统检测。检查 DC/DC 变换器低压输出极是否接地；检查 DC/DC 变换器低压输出极是否接主熔丝盒 DC/DC 变换器熔丝；检查主熔丝；检查使能信号线，检查 DC/DC 变换器低压控制插件 A 脚是否与车辆连接控制器针脚导通；检查故障信号线，检查 DC/DC 变换器低压控制插件与整车控制器针脚是否导通；检查 DC/DC 变换器低压控制插件针脚与整车控制器针脚是否导通；检查使能信号，检查车辆正常起动后，DC/DC 变换器低压控制插件 A 脚电压是否为 12V。如果没有电压，检查整车控制器，必要时更换。

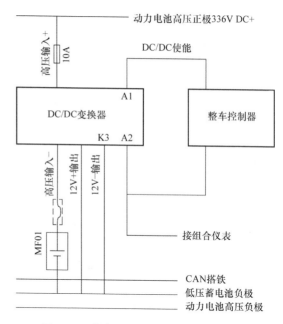

图 7-13　某车型 DC/DC 变换器工作电路

③ 通过诊断系统测试。连接诊断仪，进入整车控制器界面，查看动力电池故障码，分析数据对应的实际工况。读取数据流，选择电源电压，进行车辆路试。对道路试验结果进行分析，找出准确的故障点。

3）DC/DC 变换器不工作。

① 将点火开关置于断开位置，断开所有电器并拔出钥匙。

② 按下低压蓄电池的锁定部分，打开盖子，露出低压蓄电池的正极。

③ 用专用万用表直流电压档测量低压蓄电池的电压并记录。

④ 将点火开关置于接通位置。

⑤ 当车上的电气设备关闭时，用专用万用表电压档测量低压蓄电池的电压。此时，测量出的电压是 DC/DC 变换器输出的电压。如果该值在 13.8~14V 之间，则判断 DC/DC 变换器工作正常。

⑥ 如果测量值低于规定值，也有可能是车上的电气设备没有关闭。

4）仪表报告动力电池故障排除。

① 直流/直流高压系统检测。检查高压控制箱的 DC/DC 变换器熔丝是否正常，高压控制箱、高压附件线束、DC/DC 变换器之间的高压输入电路是否正常。

② 直流/直流低压系统检测。检查 DC/DC 变换器低压接地线、熔丝、使能信号、故障信号等线路及部件是否正常。

③ 通过诊断系统测试。连接诊断测试仪，读取数据流，选择电源电压，然后执行路试。将所有电气设备都打开，测试 10min，如果电压是 3.5V，正常。当最大波动大于 2V 时，最低电压达到 11.6V，车辆报警值为 12V 时，此故障应与驱动系统干扰有关。更换驱动电机，再进行路试检查输出电压是否正常，正常情况下在 13.6V 时基本稳定。

7.1.3 车载充电机

如图 7-14 所示，充电机有车载充电机与非车载充电机两类，非车载充电机又分为快速充电机（直流）与一般充电机（交流）。

a) 车载充电机

b) 非车载充电机

图 7-14 充电机的类型

1. 车载充电机作用与功能

车载充电机是固定安装在电动汽车上的充电机，采用高频开关电源技术，其主要功能是将交流 220V 电源转换成高压直流电源为动力电池充电。同时，车载充电机提供过电压、欠电压、过电流、欠电流等保护功能，当充电系统出现异常时，会及时停止充电。车载充电机在工作过程中，需要对充电桩、BMS 等部件进行协调。根据 BMS 提供的数据，动态调整充电电流或电压参数，执行相应动作，完成充电过程。如图 7-15、图 7-16 所示，车载充电机可以独立安装，也可以与其他部件集成。

车载充电机的特点包括：

1）充电功能：通过插头和交流充电桩连接交流充电端口，将 220V 交流电源转换为直流高压电源，通过车载充电机给动力电池充电。

2）保护功能：车载充电机具有接地、停电、短路、过电压/欠电压、过电流、过温、高压输出反接、低压输入反接等保护功能。

电动汽车动力电池管理系统原理与检修

图 7-15　独立安装的车载充电机

图 7-16　集成安装的车载充电机

3）冷却方式：车载充电机的冷却方式为水冷，冷却液温度在 -40 ~ 85℃（60℃满功率）之间，汽车充电机工作正常。

4）唤醒方式：充电机唤醒方式为 BMS 提供 12V 电压唤醒。

5）CAN 通信：车载充电机通过 CAN 通信与车辆其他控制模块交互，被动执行 BMS 充电控制指令，实现充电功能。

6）高压联锁检测：车载充电机具有高压联锁检测功能，通过低压线束将动力电池组输出的高压插接器的联锁信号与充电接口盖板检测开关串联，并通过 CAN 网络向车辆报告。

7）插座温度检测：车载充电机通过温度传感器实时检测交流充电插座的温度，并报告给车辆，实现交流插座超温保护功能。

2. 车载充电机结构

以某车型为例，将车载充电机的内部分为主电路、控制电路、线束和标准件三个部分（图 7-17）。主电路的前端将交流电源转换为恒压直流电源，主要是全桥电路 + PFC 电路，后端是 DC/DC 变换器，将前端输出的直流高压电转换为合适的电压和电流为电池供电。控制电路用于实现了对 MOS 晶体管开关的控制、与 BMS 的通信、对充电机状态的监控、与充电桩的连接等功能。主电路与控制电路、固定元件与电路板的连接采用线束和标准件。

项目七 动力电池充放电管理

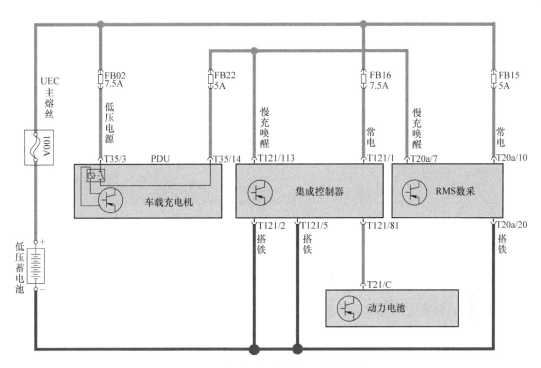

图 7-17 某车型的车载充电机主电路

3. 车载充电机工作原理

如图 7-18 所示,直流充电机由电网提供交流电源,经桥式可控整流电路整流,再经功率因数校正(PFC)调制,滤波后送入高频 DC/DC 功率变换器。电源变换器在 AC/DC 转换后输出所需的直流电压,通过电容对电动汽车动力电池进行再滤波后充电。

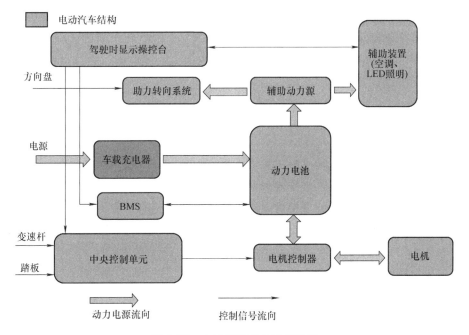

图 7-18 电动汽车充电系统构成

图 7-19 显示了车载充电机工作原理。整机的功率拓扑结构由整流电路、交错 PFC 升压电路和 LLC 谐振电路组成。整流电路将输入的 220V 交流电转换成直流脉动电流，然后由逆变器升压。最后，变压器输出的交流电经过整流和滤波，然后输入动力电池充电。

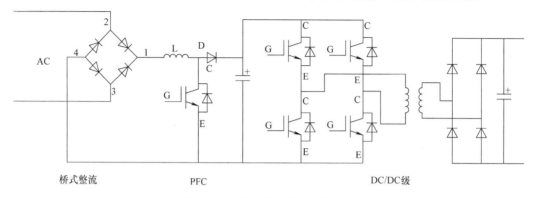

图 7-19　全桥车载充电机工作原理

车载充电机接入交流电源后，首先由 BMS 采集、分析、判断动力电池状态，然后调整充电机的充电参数。充电过程中，根据 VCU 或 BMS 发送的充电电压和充电电流指令工作。

4. 车载充电机应用

在实际应用中，车载充电机目前分为两类，一类是不可控整流加高频隔离直流变换器。这种结构一般功率限制大，功率因数低，对电网造成很大的干扰。因此，大量充电机接入电网可能影响电网的稳定性，但这种结构能满足安全要求，而且一般成本较低，其体积和重量更容易控制。在这种结构中，不受控制的整流模块将电网的交流电转换成直流电，进行稳压滤波，然后将电源转换成可以通过 DC/DC 变换器为动力电池充电的电源。

另一种是前级功率因数校正和后级隔离直流变换器。该结构也能满足安全要求，对电网干扰小，能达到低谐波、高功率因数的要求。然而，由于它是两级结构，它的设备通常会更大、成本更高。两级结构的第一级是 PFC 电路，可以提高输入功率因数，抑制高次谐波。第二级是 DC/DC 变换器，将电能转换成可以充电的动力电池电能。在这种两级结构中，也有串联和并联两种连接方式，串联结构是最常用的。

7.1.4　充电桩

1. 交流充电桩

动力电池的充电系统有两种充电方式：直流充电和交流充电。交流充电桩输出的电流为交流电，放置在电动汽车外部，与交流电网相连，完成对车载充电机的交流供电。交流充电桩作为一种电力输出装置，不能直接为电动汽车储能装置充电，需要通过车载充电机将交流电转换为直流电，在充电时，电能必须经过车载充电机处理后才能用于电动汽车动力电池充电。

交流充电桩的使用要求为：

1) 禁止使用直通电缆与有安全隐患的普通家用插头连接。
2) 大于 16A 充电时，要求在车辆插座和电源插座中安装电子锁和温度传感器。
3) 专用电源设备使用传导方法为装有车载充电机的电动汽车提供交流电源，包括壁挂式和落地式。

如图 7-20、图 7-21 所示,交流充电桩由桩体、电气模块、计量模块等部分组成。电气模块和计量模块安装在桩体内部。在电动汽车快速普及的趋势下。充电桩的数量也在迅猛增加。为了保证充电桩在充电时安全、一致性等要求,国家能源局等部门出台了一系列规定且在不断更新。车载充电机功率目前主要为 3.3kW 及 6.6kW,输入电流分别为 16A 和 32A,输入电压 220V。交流充电速度较慢,一般需 6~8h 才能充满。

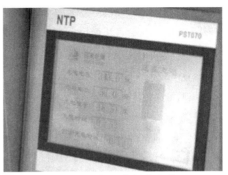

图 7-20 充电中的充电桩

图 7-21 交流充电桩的内部结构

目前,根据国家标准和相关企业标准,交流充电桩的功能要求,主要包括人机交互、刷卡付费、计量、通信、保护控制和自检等。

1) 人机交互功能。交流充电桩应显示其相关的运行状态、充电方式、计费信息、充电功率等,可手动设置充电参数,手动控制充电桩功能。显示屏应清晰、完整、操作方便。

2) 信用卡支付功能。交流充电桩应设置读卡装置,使其与交流充电桩的交流电能表通信,实现充电桩的充电。

3) 计量功能。交流充电桩应具有电能计量输出、充电功率计算、充电时间、充电功率、电费等信息显示及通信功能。

4) 通信功能。交流充电桩应具有外部通信的相关接口,以实现与上级监控管理系统的通信。

5) 保护控制功能。交流充电桩应配备紧急停止开关。当发生紧急情况时,充电过程中可及时切断输出电源。交流充电桩应具有过载、过电压、欠电压、过热、漏电等保护功能,保证充电桩安全、可靠、稳定运行。

6) 自检功能。交流充电桩应具有自检和故障警告功能。当充电桩发生故障时,可以通过指示灯的状态与人进行交互。

此外，交流充电桩长期处于室外，必须具有避免长期暴露于恶劣环境中和抗强电磁干扰的特点。因此，在选择元器件时，应选择具有工业标准的电力电子产品和具有屏蔽功能的通信线路。交流充电桩内部结构布置应合理，便于安装施工，便于附件拆除，便于调试和维护。

2. 直流充电桩

直流充电桩（图7-22）输入为380V交流电，输出为直流电，放置在电动汽车外部，并与交流电网相连，经功率处理后，直接输出直流电给电动汽车动力电池充电。

由于直流充电桩采用三相四线制供电，功率远大于车载充电机，且输出电压、电流可调范围较大，可实现快速充电。

直流充电桩的要求如下：

1）直流充电桩内应装设电子锁，并预留装设电子锁的车辆插座的机械结构。

2）要求车辆和设施具有检测和报警功能。

图7-22 直流充电桩

3）为防止漏电事故的发生，规定充电机和车辆必须具有绝缘检测和漏电检测功能。

4）为了提高设施、车辆的兼容性和充电效率，规定了充电电压的分类。

5）直流充电桩增加了通信版本控制，定义了充电顺序逻辑和充电时间。

快速充电的充电功率取决于动力电池管理系统和充电桩的输出功率。一般1h左右可充电80%，目前主流充电模块为15kW，因此直流充电桩主要有30kW、45kW、60kW、120kW等，同时也出现了功率更高的充电桩，总功率几百千瓦的充电模块组合在一起，配置2个或2个以上的充电枪，形成多个充电终端。

充电桩安装安全注意事项如下：

1）不得在充电桩附近放置易燃易爆物品等危险物品。

2）在使用过程中，确保充电枪头干燥清洁。如果发现污垢，用干净的布擦拭。充电时严禁用手触摸充电枪头（避免触电）。

3）当电动汽车充电桩存在电缆断裂、磨损、电线裸露等安全隐患时，严禁继续使用充电桩。发现此类情况，必须及时向有关管理部门报告。

4）禁止擅自修理、拆卸、改装充电桩。如果确实需要进行调整，必须由专业技术人员处理。擅自操作容易造成漏水、漏电等安全隐患。

5）充电桩充电过程中严禁任何人移动枪头，以免充电过程中车辆和人身受到伤害。

6）充电桩充电过程中一旦发生紧急情况，应及时按下紧急停止按钮，切断所有输出和输入电源。

7）充电过程中，禁止车辆行驶，只能对静止的电动汽车充电（混合动力汽车应在关机后充电）。

8）在充电过程中，避免儿童靠近，不得触摸或按压充电口。

7.2 充电控制

1. 主动充电控制策略

如图7-23所示，直流充电系统主要由功率部分和控制部分构成，功率部分包括充电机、充电桩和动力电池。与此对应的控制部分包括功率控制单元、充电控制单元和BMS。充电机由若干组充电模块并联组成，以满足不同容量动力电池的充电需求，同时便于输出电压、输出电流的调整。充电桩是连接充电机和动力电池之间的桥梁，负责人机交互、刷卡计费、充电控制等功能。动力电池的容量取决于电芯串并联的数量。

图 7-23 主动充电控制系统构成

BMS负责对动力电池所有电芯进行电压采集、温度采集，根据采集结果估算当前电池的SOC，充电控制单元通过CAN通信告诉BMS当前的充电策略，根据充电策略，BMS生成当前的充电电压和充电电流，并将充电电压数据和充电电流数据通过CAN通信传递给充电控制单元。充电控制单元将BMS申请的充电电压和充电电流值传递给功率控制单元，功率控制单元对充电机进行功率调节，控制充电机输出相应的电压、电流值。充电控制单元对输出电压、电流进行采集，生成电量，用于充电计费。

充电机主动充电控制策略的目的是要求充电机对BMS下发的充电电压和充电电流具有判断能力，能够辨别BMS要求的充电电压和充电电流是否合理，如果不合理，应不响应BMS的需求，并报告BMS故障。

充电机主动充电控制策略的实现取决于充电数据库的导入。充电数据库包括以下信息：电池类型、电池健康程度、电池的充电电压和充电电流、电池容量、电芯容量、电池电压、电芯电压、电池温度、电芯温度、各充电阶段的SOC以及充电时间等。这些数据都是标准电池的正常充电曲线必需的依据，实际充电参数会通过BMS实时上传给充电机，与标准充电曲线进行实时对比，实际充电曲线一旦与标准充电曲线有偏离，则表明当前充电有问题，应及时处理。处理流程如图7-24所示。

标准充电曲线的获取有两个途径：

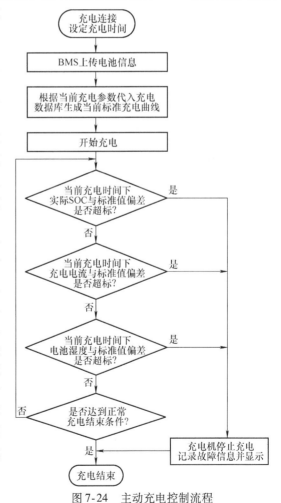

图 7-24 主动充电控制流程

① 通过大量测试，记录大数据，形成充电曲线。
② 通过 BMS 充电算法生成充电曲线。

总之，标准充电曲线的来源是基于 BMS 的，换句话说，主动充电控制策略的本质是对 BMS 充电策略进行二次确认，以确保其准确性。

电动汽车充电模块以独立模式工作时，通过 CAN 通信线路接收充电桩充电控制系统的充电指令，并将充电指令发送到第一数字控制电路。充电桩充电控制系统的功能可以通过使用充电桩控制系统来实现，无需额外配置。当多个充电机并联工作时，利用每个充电机模块之间 CAN 通信的电流信息进行相应的均流计算。

在均流控制中，每个充电机模块包括自己唯一的 ID 地址、上下电状态、直流输出电流值和 CAN 通信时所有联机的平均电流值，以及充电机模块本身的直流输出电流值和平均电流值。差分运算后，得到有限幅误差值，最终将误差值发送到输出直流电压控制回路，实现均流反馈控制。充电系统主要由电动汽车、充电桩和远程服务器（数据库）三部分组成。电动汽车是动力接收器，主要负责提供汽车电池参数和实时状态。充电桩是电力供应装置，主要负责为电动汽车提供服务选择和输电。服务器主要为充电桩匹配相应的电池型号，提高了充电桩的充电安全性和可靠性。

2. 动力电池充电控制导引流程

充电桩与汽车连接的控制导引通过 CC 和 CP 的检测进行，电路如图 7-25 所示。该控制电路主要有判断连接状态、识别承载电流、监测充电过程、安全保护等功能。

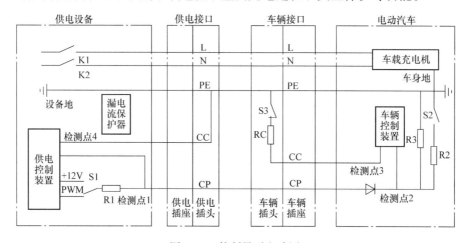

图 7-25 控制导引电路图

充电连接状态可以通过电路中检测点的电压变化和两点之间的电阻来判断。使用交流充电桩充电时，交流充电桩的电源端必须与车辆端连接。在将充电枪插入车辆端部之前，必须按下充电枪上的机械锁。电路中的 S3 是动作响应开关。由于 S3 关闭，点 3 的电压将发生变化，车辆控制装置将检测到充电枪连接的状态信号。此外，车辆控制装置还可以通过测量 PE 与检测点 3 之间的电阻来确定车辆插头与车辆插座是否完全连接。未连接时，PE 与检测点 3 之间的电阻为无穷大，按下充电枪机械锁后的电阻值仅为充电连接装置的内阻。

在国标控制电路中，电源设备的输出电压为 220V，但电源电流不确定。目前有 16A 和 32A 两种，确定供电电流的装置是充电连接装置的内置电阻，其电阻值与电缆所载电流大小相匹配。在交流充电连接装置中可分为 16A 和 32A 两种充电环境,通过分别测试两个充电桩的内置电阻和 PWM 信号,实测数据可以解决这一问题。当充电桩电流为 16A 时,车辆控制装置测量检测点 3 与 PE 之间的电阻约为 680Ω,检测点 2 的信号占空比为 73.4%,频率为 1.0kHz。当充电桩电流为 32A 时,车辆控制装置测量检测点 3 与 PE 之间的电阻约为 220Ω,检测点 2 处的信号占空比为 46.6%,频率为 1.0kHz,通过低倍率关系可确定充电电流的上限。

动力电池充电控制的导引过程是:

1)S3 是枪头的按钮开关。插拔后,手离开枪头,S3 闭合闭合。S3 闭合后,车辆控制装置(检测点 3)检测 RC 电阻,仪表显示充电枪插入信号。充电过程中,检测点可以将各状态下的频率、占空比信号和电压变化反馈给电源控制装置和车辆控制装置。操作员启动充电设置后,如果电源设备没有故障,则检测点 1 的电压应为 12V,当操作员从电源设备上取下充电枪并按下机械锁时,S3 关闭,但当车辆接口未完全连接时,检测点 1 的电压为 9V。

2)检查充电连接状态。车辆设备接收到 CC 信号后唤醒 BMS,BMS 通过车辆控制器反馈唤醒车辆控制器、车辆充电机,通知车辆控制设备车辆系统正常。车辆连接到充电桩后,充电桩控制系统判断并检测点 4 是否连接或点 1 的电压,以确定车辆是否成功连接到充电桩,车辆通过测量检测点的电压来确定接口是否成功连接。

3)当充电枪完全连接到车辆的充电端口时,S2 关闭。此时,检测点 1 的电压急剧下降。电源设备通过 CC 连接确认信号,并检测充电线路能承受的电流。将 S1 开关从 12V 切换到脉宽调制侧。

4)车辆准备好后首先进行自检。如果一切正常,开关 S2 关闭。充电桩测量检测点 1 处的电压,以确定车辆状况。当检测点 1 的电压降至 6V 时,电源设备 K1 和 K2 开关闭合输出电流,电源电路接通。当电动汽车与电源设备电连接时,车辆控制装置确定检测点 2 的 PWM 信号是否被占用。为了确认充电设备 16A 等供电设备的最大供电容量,占空比为 73.4%,因此 CP 端子的电压在 6V 和 12V 之间波动,并且在 CC 端子处的电压从 4.9V(连接状态)降低到 1.4V(充电)。

5)开始充电过程。在电动车辆和充电桩成功连接后,检测电阻 R4 的电阻值,确定充电电路的额定电流,然后获得检测点 2 的占空比,以获得充电桩的最大供电电流;在充电过程中,选择三者最小值作为最大充电电流。当车辆控制装置确定充电连接装置完全连接(即 S3 和 S2 闭合)时,车辆充电机的最大允许输入电流设置完成(S1 切换到 PWM 端子后,K1 和 K2 闭合),汽车充电机开始充电。

6)充电过程监控。充电过程中,充电桩连续测量检测点 1 和 4,确保充电端口连接正确,车辆处于正常充电状态。车辆检测检测点 2 并实时监控接口的连接状态。当测量到检测点 2 的占空比发生变化时,可以调整车载充电机的输出功率,提高能效。

7)充电过程结束。充电过程结束后,车辆应首先断开 S2 并停止充电装置的充电。当达到充电桩设置的结束条件或检测到开关 S2 断开时,充电桩控制系统将 S1 切至 +12V 侧,断开 K1 和 K2,切断充电电路。当充电桩与车辆完全连接时,连接点 CC 和 PE 断开;当连接断开时,连接点 CC 和 PE 闭合。充电过程中,当 CC 断开时,应确保硬件上的充电过程停止。在充电过程中,如果操作不当或意外,会导致触电、人身伤害等事故。为了减少或避免危险,在非正常情况下,在充电结束或停止时应进行安全防护。例如,在交流充电过程中,机械锁定开关 S3 被关闭一段时间，检测点 3 或 CC 端子处的电压将显著改变，车辆控制装置确定充电系统未连接。这样，控制车载充电机停止充电，同时断开 S2，提前减小或切断电流输出，避免在此过程中误拉充电枪引起电弧等危害。

3. 交流充电桩软件控制

交流充电桩软件是充电控制系统的关键，主要实现人机交互、电能计量、计费控制、通信、保护控制、自检等功能。如图 7-26 所示，交流充电桩通电时，控制系统初始化，自检正确后，触摸屏显示提示用户刷卡界面。

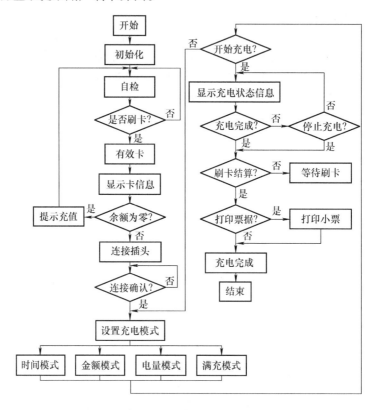

图 7-26　交流充电桩控制系统主程序流程图

当用户需要充值时，通过刷卡进入充值界面，显示当前 IC 卡卡号、余额、充值金额。如果卡内余额为零，界面提示用户充值，充电桩再次返回自检，显示刷卡界面。

将电动汽车与充电桩充电接口连接。如果电动汽车未正确连接充电插座，则会发出警报并提示连接异常。连接正确后，用户可以进入充电模式界面。

交流充电桩有四种充电模式：时间模式、电量模式、功率模式和全充电模式。选择充电模式并输入相应信息后，选择开始充电。如果控制系统没有报警，则进入充电状态，充电指示灯亮。在充电过程中，可以通过触摸屏查看当前的 IC 卡余额、充电金额和充电时间。如果用户在充值过程中强行结束充值，则进入信用卡结算界面。充值完成后，充电桩提示充值完成，并提示用户结账。当用户刷卡结算并确认收费信息无误时，提示是否打印票据，收费完成。

4. 动力电池充电流程

在充电过程中，BMS 可自动识别充电模式，并根据电池的工作状态实时将充电需求参数发送给充电机，监控整个充电过程；当发生异常充电时，限制或停止充电以确保充电安全。相关的充电数据实时传输到 CAN 网络，并与其他通信单元实时交互。

使用直流充电模式时，由 BMS 和直流充电桩配合进行充电通信管理。使用交流充电模式时，BMS、车载充电机和交流充电桩配合使用。

新国标充电桩与电动汽车的握手阶段工作原理如图 7-27 所示。

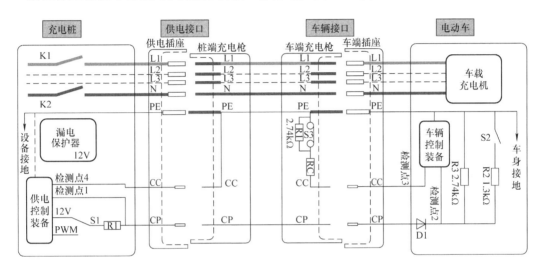

图 7-27　新国标充电桩与电动汽车的握手阶段工作原理

直流充电过程如下：

1）直流充电装置在"快速充电"后，通过 CC1 回路电压检测 DC 直流枪头是否良好连接，并提供低压辅助电源来激活车辆电源。BMS 和 VCU 通电工作。

2）直流充电装置进行自检。如果没有问题，它会定期发送通信握手消息。

3）BMS 通过 CC2 回路电压检测直流枪头是否连接良好，如果没有问题，则开始周期性发送通信握手信息。

4）通信握手成功后，BMS 控制充电和充电继电器；直流电源设备检测到电源电池组电压正常后，控制直流电源电路接通。

5）充电阶段：BMS 实时向直流电源设备发送"电池充电需求参数"，直流电源设备根据参数调整充电电压和充电电流。

6）当 BMS 检测到电池已达到"完全充电状态"或收到来自直流电源设备的"充电机中止充电信息"时，在确认充电电流小于 5A 后，关闭充电继电器。

交流充电通常采用 16A 充电和 32A 充电两种模式。交流充电过程如下：

1）慢充"插枪"后，交流电源设备通过 CC/CP 回路电压检查桩端枪尖是否连接良好。确认无问题后，关闭高压接触器向 OBC AC 输入供电。

2）在 OBC 接通电源后，自测试无故障后，输出低压辅助电源，激活 BMS 和 VCU 并接通电源。

3）VCU 从 BMS 检测到"充电激活信号"和"交流充电连接"后，它会接合"慢充高压继电器"，并控制慢充副锁执行"锁定逻辑"。

4）BMS 通过 CC 回路电压检测汽车的枪口是否连接好，得到"电缆的额定容量"；利用 CP 回路的 PWM 信号来确认交流电源装置的最大供电电流；BMS 发送前两个和 OBC。将"额定输入电流值"设置为 OBC 的"最大允许输入电流值"，并将充电电压和充电电流信息发送到 OBC。

5）BMS 关闭充电继电器，并通过 CAN 信息发送"充电机控制命令"。OBC 收到后开始充电。

6）当 BMS 检测到电池已达到"完全充电状态"或从 OBC 接收到"充电机中止充电信息"时，充电继电器断开；VCU 检测到 BMS 断开充电继电器后，断开"慢充高电压"继电器，控制慢充副锁执行"解锁逻辑"。

影响电动汽车充电负荷的主要因素分为三个方面：
1）动力电池的充放电特性。
2）驾驶规律。
3）充电方式和电动汽车的规模。

7.3　充电过程的常见故障

7.3.1　车载充电机的故障检查

1. 车载充电机的更换

现以吉利 EV300 为例，讲解独立式车载充电机的更换方法。车载充电机安装在机舱动力总成支架上，靠近电机控制器，如图 7-28 所示。

在操作前应当注意：

检修前首先拔下手动维修开关，维修开关应放在安全的地方。在任何情况下，禁止任何人在车辆未完全断电的情况下对车辆进行维护操作，等待 10min 后才可以进行操作。

检查车辆高压部件和线束是否损坏或外露，为避免人身伤害，不要触摸高压线束、接头和其他高压部件，包括驱动控制装置、高压配电装置、

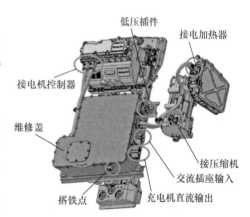

图 7-28　吉利 EV300 车载充电机

车载充电机、高压主电缆线、快速充电插头、快速充电插座、动力电池、驱动电机、慢速充电插座、慢速充电插头、电加热器和空调压缩机等高压元器件。严禁拆卸车内高压电器元件，要拔掉或断开车上高压插接器和电缆，否则可能造成严重触电事故和车辆损坏。车内高压电缆采用橙黄色波纹管包裹，应注意标识。

不要触摸断裂或裸露的线束，以免发生高压电击危险。尤其是车辆地板物体与地面之间摩擦会出现划痕，应仔细检查分布在地板上的高压线束有无损坏。如需接触高压电缆或部件，应穿绝缘防护服（包括绝缘手套、绝缘鞋、绝缘服等），耐电压不低于 1000V，并测试

手套的绝缘性能，防止触电。

(1) 拆卸前准备

1) 打开前机舱盖。

2) 断开蓄电池负极电缆（图7-29）。

3) 断开车载充电机处直流母线。注意：戴绝缘手套，用万用表测量直流母线端正负极电压，应低于1V。

4) 排放冷却液。

(2) 拆卸车载充电机

1) 断开车载充电机与加热器高压线束插接器1（图7-30）。

2) 断开车载充电机与驱动电机控制器高压线束插接器2。

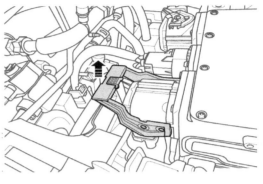

图7-29　断开蓄电池负极电缆

3) 断开车载充电机线束与交流充电插座总成插接器3。

4) 断开车载充电机与驱动电机总成连接水管4。

5) 断开车载充电机与驱动电机控制器连接水管5。

6) 断开车载充电机与低压插接器6。

7) 拆卸分线盒电机控制器高压线束插接器的4个固定螺栓（图7-31）。

8) 拆卸车载充电机搭铁线。

9) 取出车载充电机。

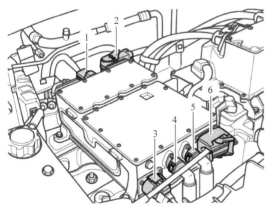

图7-30　断开车载充电机线束插接器

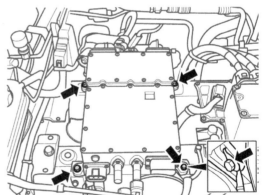

图7-31　分线盒电机控制器固定螺栓

(3) 安装车载充电机

1) 放置车载充电机，紧固4个车载充电机固定螺栓（图7-32）。拧紧力矩：22N·m。

2) 紧固车载充电机搭铁线线束。连接车载充电机与加热器高压线束插接器1（图7-30）。

3)连接车载充电机与驱动电机控制器高压线束插接器2。

4)连接车载充电机线束与交流充电插座总成插接器3。

5)连接车载充电机与驱动电机总成连接水管4。

6)连接车载充电机与驱动电机控制器连接水管5。

7)连接车载充电机与低压插接器6。

2. 车载充电机回路故障

车载充电机的控制原理如图7-33所示。在检查车载充电机回路故障时,应首先观察故障诊断仪的数据列表,分析各项数据的准确性,这样有助于快速排除故障。

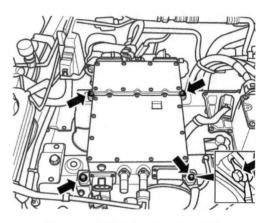

图7-32 安装车载充电机紧固螺栓

检查步骤如下:

步骤1:使用故障诊断仪读取故障码(图7-34)。

1)操作起动开关使电源模式至ON状态。

2)连接故障诊断仪,读取系统故障码。

3)确认系统是否存在其他故障码。如果有异常,优先排除其他故障码指示故障。

步骤2:检查分线盒熔断器是否熔断。

1)操作起动开关使电源模式至OFF状态。

2)断开动力电池负极电缆(图7-35)。

3)断开车载充电机处直流母线。

4)拆卸分线盒上盖,用万用表测量分线盒熔断器两端之间的电阻。标准值:小于1Ω。

5)确认测量值是否符合标准,如果不是,则修理或更换线束。

步骤3:检查回路断路故障。

1)操作起动开关使电源模式至OFF状态。

2)断开蓄电池负极电缆。

3)拆卸车载充电机直流母线。

4)断开车载充电机线束插接器BV16(图7-36)。

5)用兆欧表测量车载充电机线束插接器BV16端子1和车载充电机壳体之间的绝缘电阻。标准值:大于或等于20MΩ。

6)用兆欧表测量车载充电机线束插接器BV16端子2和车载充电机壳体之间的绝缘电阻。标准值:大于或等于20MΩ。

7)确认测量值是否符合标准,如果不是,则修理或更换线束。

步骤4:检查回路相互短路故障(图7-37)。

1)操作起动开关使电源模式至OFF状态。

2)断开蓄电池负极电缆。

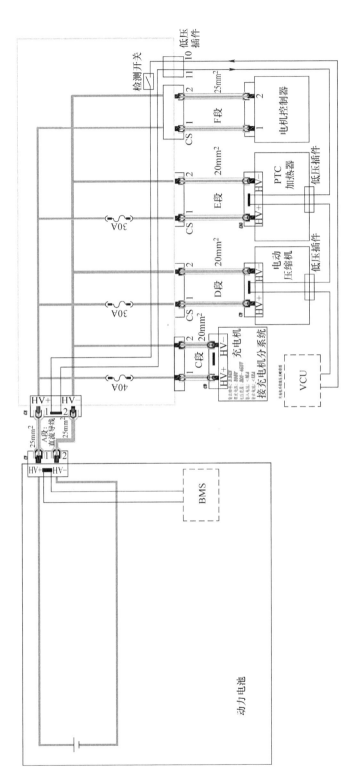

图 7-33 车载充电机控制原理图

图 7-34 使用故障诊断仪读取故障码

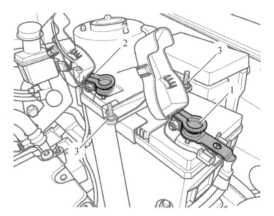

图 7-35 断开动力电池负极电缆

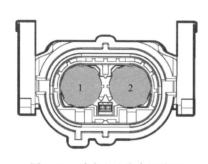

图 7-36 动力电池线束插接器

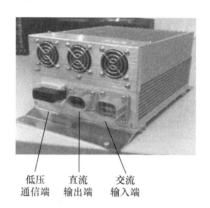

图 7-37 车载充电机线束插接器

3）断开直流母线线束插接器 BV16。

4）断开车载充电机线束插接器 BV17。

5）用万用表测量直流母线线束插接器 BV16 端子 1 和车载充电机线束插接器 BV17 端子 1 之间的电阻。标准值：小于 1Ω。

6）用万用表测量直流母线线束插接器 BV16 端子 2 和车载充电机线束插接器 BV17 端子 2 之间的电阻。标准值：小于 1Ω。

7）确认测量值是否符合标准，如果不是，则修理或更换线束。

步骤 5：检查回路相互短路故障。

1）操作起动开关使电源模式至 OFF 状态。

2）断开蓄电池负极电缆。

3）断开直流母线。

4）断开车载充电机线束插接器 BV17（图 7-38）。

5）断开分线盒其他所有高压线束插接器。

6）用万用表测量车载充电机线束插接器 BV17 端子 2 与端子 1 之间的绝缘电阻。标准值：大于或等于 20MΩ。

7）确认测量值是否符合标准，如果不是，则修理或更换线束。

步骤6：更换充电机车载充电机。
1) 操作起动开关使电源模式至 OFF 状态。
2) 断开蓄电池负极电缆。
3) 断开直流母线。
4) 更换车载充电机。
5) 确认故障排除。

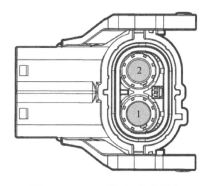

图 7-38　BV17 接 OBC 分线盒线束插接器

7.3.2　充电桩的故障检查

1. 交流充电桩常见故障

在交流充电桩使用过程中，如图 7-39 所示，主电路直接受到电流和电压应力的影响，成为交流充电桩失效的主要原因。因此，充电桩故障根据故障状态分为两类：第一类是充电桩的电源指示灯不亮，不能充电；第二类是物理连接已完成，充电已启动，但不能充电。

（1）第一类故障诊断与排除　充电失败的主要原因是：
1) 充电电源连接异常。
2) 交流充电连接装置连接不良。
3) 充电桩电路故障。

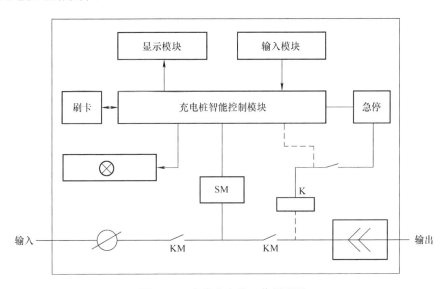

图 7-39　交流充电桩工作原理图

其诊断流程如图 7-40 所示，根据这类故障现象可能存在的原因进行诊断分析。首先根据故障现象检查配电柜总闸开关。正常运行时总闸开关应闭合，如果总闸开关断开，则闭合总闸开关。然后检查总闸开关、相线（L 线）、中性线（N 线）的输出电压，相线（L 线）、接地线（PE 线）电压是否为 220V，如有异常，表示线路断开、虚接或损坏，需重新检查接线或替换开关。最后检查充电桩的输入电压，相线（L 线）和中性线（N 线）之间的电压，相线（L 线）和地线（PE 线）之间的电压是否为 220V，如果不正常，则说明线路断开或损坏，应重新连接导线或更换总闸开关。

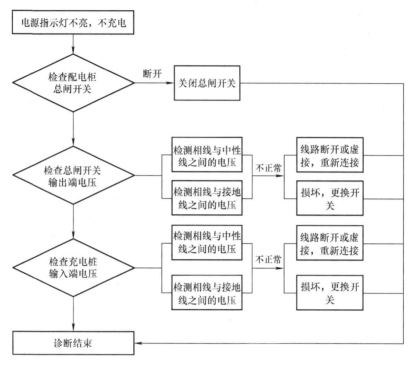

图 7-40 充电桩电源指示灯不亮,不能充电故障检查流程

（2）第二类故障诊断与排除 第二类故障是电源正常,充电前,充电插头与车辆动力电池接口正确连接,但设备处于关机状态。常见故障主要有 7 种。

1）充电桩与监控系统之间的数据通信失败,导致在正常充电状态下,监控系统将数据显示为 0。

2）充电桩和充电的显示程序有问题,导致在正常充电状态下,充电电流小于 20A。

3）充电桩与监控系统之间的数据通信存在故障,导致电池无法正常充电或无法进入充电操作界面。

4）充电桩和监控系统之间的数据通信可能有故障,重新启动充电桩后,BMS 不能正常通信。

5）BMS 状态正常,充电电压正常,充电电流为 0,可能是误按了充电紧急停止按钮。

6）充电紧急停止按钮被误按后,BMS 状态正常,无充电电压。

7）充电模块故障,具体症状为 BMS 状态正常,充电电压变化,充电电流为 0。

解决措施见表 7-5。

表 7-5 物理连接已完成,已启动充电,但不能充电故障检查表

序号	现象	处理措施		
		A	B	C
1	正常充电状态下,监控系统显示数据为 0	关闭监控系统显示屏及服务器软件,再重启	重启充电桩显示屏	上电重启充电桩显示系统及充电程序
2	正常充电状态下,充电电流小于 20A	重启充电桩显示程序	上电重启充电桩显示系统及充电程序	重新安装充电桩显示屏及充电程序

项目七　动力电池充放电管理

(续)

序号	现象	处理措施		
		A	B	C
3	无法正常充电或进入充电操作界面	检查充电桩显示屏上各参数是否正确	上电重启充电桩显示系统及充电程序	重新安装充电桩显示屏及充电程序
4	重启充电柱显示屏充电程序后 BMS 无通信	上电重启充电桩，检查显示屏上各参数是否正确	重新安装充电桩显示屏及充电程序	更换 CAN 总线模块
5	BMS 正常，充电电压正常，充电电流为 0	解除紧急停止状态	检查车辆电池及 BMS	—
6	BMS 正常，无充电电压	解除紧急停止状态	检查车辆电池及 BMS	—
7	BMS 状态正常，充电电压变化，充电电流为 0	更换充电模块	—	—
备注		电压变化范围为 20～450V		

2. 充电枪的故障检查

充电枪接口如图 7-41 所示。在接口中，1 号端子为 CC 端子，CC 端子为连接确认信号端子。充电枪正常接入 220V 插座时，端子电压应为 12V，按下充电枪上的蓝色按钮，端子电压应为 0V，与车上充电插座连接后，端子电压应降至 2V 以下。端子 2 为充电控制确认信号端子。充电枪与 220V 插座连接时，端子电压应低于 2V，充电枪与车上充电接口连接后，端子电压应升至 8V 以上。3 号端子为相线端子。5 号端子为中性线端子。在充电枪连接到车上的充电接口之前，端子没有电压。正常连接时，电压为 220V。4 号

图 7-41　充电枪接口

端子为接地端子。此端子的电压始终为 0V，因此，通过检查上述端子状况，可以确定充电枪是否正常工作。

在交流充电枪的端子中，CC 端子发出端子正常信号表示充电枪与车身连接正常。充电枪接上交流电源插座后，CC 端子与车身接地之间的电压应在 12V 左右，充电枪插入慢充插座后，CC 端子与车身接地之间的电压应降到 2V 以下，表明与电动汽车 VCU 等设备连接成功，可以正常充电。CC 端子还具有检测充电枪是否插到位的功能，正常情况下，充电枪 CC 端子与接地端子之间的电阻为 667Ω 左右，如果测试时发现电阻值无穷大，这意味着电阻损坏，不能作为 S2 连接到 VCU。检查过程如下：

1）检查充电连接插座是否正常供电，电源电压正常为 220V 左右。

2）检查充电连接插座是否正确接地。

3）检查充电枪 CC 端子是否有故障：拔下交流充电枪插头，用万用表测量 CC 端子电压。电压在 11～14V 之间为正常。

4）将诊断导线插入交流充电接口的 CC 端子，插上交流充电枪，用万用表测量 CC 端子的电压。如果电压为 11～14V，说明接线端未正常连接。

5）拔掉交流充电枪插头，拔掉慢充电缆 2 交流插头，测量交流充电枪 CC 端子与 E 端

子之间的电阻。正常情况下为677Ω左右,如果测量值为无穷大,可以判断交流充电枪发生内部故障。

6)更换新充电枪后,如果充电电压正常,充电电流正常,充电连接符号显示正常,表示慢充电正常,故障排除。

思 考 题

本项目的学习目标你已经达成了吗?请通过思考以下问题进行检验。

序号	问题	自检结果
1	复述恒压、恒流、涓流充电与充电负载之间的关系。	
2	涓流充电的原理是什么?	
3	什么是DC/DC变换器?简述DC/DC变换器的工作原理。	
4	DC/DC变换器有哪些类型,汽车上常用的是哪种类型?	
5	DC/DC变换器常见的故障有哪些?	
6	车载充电机的类型有哪些?	
7	什么是交流充电桩?什么是直流充电桩?	
8	交流充电桩使用的要求有哪些?	
9	直流充电桩使用的要求有哪些?	
10	简述直流充电流程与交流充电流程。	
11	直流充电接口国际标准有哪些?	
12	简述电动汽车充电系统的技术架构。	
13	简述动力电池充电控制导引流程。	
14	主动充电控制策略是什么?	
15	交流充电桩软件的作用是什么?	
16	充电桩的常见故障有哪些?	

阅读与思考

一辆电动汽车的动力电池管理系统突发故障,致使车辆无法正常充电与行驶。面对这一技术难题,小李首先细致地检查了BMS的各类传感器及其连接线,最终发现其中一个温度传感器因松动而导致了数据传输的异常。紧接着,他借助专业的检修工具对BMS进行了精确的重新校准,并妥善修复了松动的连接部位。

经过一系列严谨而细致的操作,这辆电动汽车终于恢复了往日的正常运行状态。这次经历让小李深刻感悟到,作为一名新能源汽车维修人员,不仅要具备坚实、全面的专业知识基础,更需拥有细心观察、耐心操作的良好品质。正如BMS被誉为电动汽车的"心脏卫士"一样,他们这些维修人员也应当努力成为新能源汽车行业的坚实"卫士",以专业的技术和强烈的责任感为绿色、环保的出行方式提供有力的保障。因此,我们在专业学习与实践操作中应当融入崇高的职业精神和强烈的责任担当,为新能源汽车行业的蓬勃发展贡献自己的一份力量。

项目八

动力电池通信与信息管理

学习目标

1. 说出 CAN 总线技术在动力电池管理系统中的应用。
2. 说出软件控制策略原理与数据测试、分析方法。
3. 说出动力电池状态检测原理与方法。
4. 说出动力电池数据测试与分析方法。

8.1 概述

动力电池数据通信和信息管理通常采用总线技术来实现数据传输，CAN 总线是一种串行多主控制器局域网总线。汽车 CAN 总线的作用是将不同控制器连接起来，实现可靠的信息共享，减少车辆线束的数量。

8.1.1 动力电池通信网络结构

1. 动力电池信息数据协议

（1）CAN 总线报文采集　车辆 CAN 总线网关和网络化管理系统控制器是信息控制的中心，负责信息的组织和传输网络状态的监控。网络节点管理是信息优先级的动态分配和网络故障的诊断与处理、CAN 总线协调电池管理系统、电机控制器、空调系统和其他模块之间的通信。

CAN 总线报文采集系统框图如图 8-1 所示，动力电池电流、电压等信息被 BMS 以报文形式发出。如图 8-2 所示，通过对 BMS 报文的采集和解析，可对电池的性能进行评估。

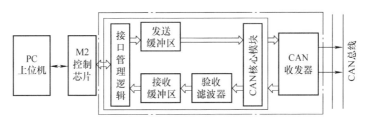

图 8-1　CAN 总线报文采集框图

报文接收到以后，可根据电池厂家提供的协议进行翻译，本质上是匹配 ID 后对数据按照协议规则进行计算，报文解析如图 8-3 所示。由此可以得到电池的电压值，根据这些值计算出电芯的直流内阻。

图8-2　CAN分析仪发出报文信息显示

（2）数据协议规则　不同的汽车生产厂家规定的数据协议规则会有一定的差异。下面以某型号动力电池管理系统对外发送数据协议规则为例加以说明。

电池管理系统每次对外发送数据的开始帧总是以0x18F212F3开始（此帧代码基于制造商的设置），并且每次发送车辆电池数据时只发送一次0x18F212F3数据帧。在整车动力电池数据传输过程中，需要反复发送同一ID的不同模块号的个别信息。

协议中的无效或保留字节用FFH填充，无效或保留位设置为1。

本例中的一个电池模块定义最多128个电芯的信息。在传输过程中，只需要根据电芯的实际数量发送和接收相应的电芯信息。例如，如果一个模块中有8个电芯，

报文ID	报文数据						
186040F3	00	AA	27	10	63	64	A0	DB
报文解析							
0X00AA：动力电池总电压=324.2V							
0X2710：动力电池总电流=9000A							
0X63：SOC=99%							
0X64：SOH=100%							
报文ID	报文数据						
186140F3	0F	7C	0E	CA	4B	03	00	00
报文解析							
0X0F7C：最高电芯电压=3964mV							
0X0ECA：最低电芯电压=3786mV							
0X4B：最高电芯电压序号=75							
0X03：最低电芯电压序号=3							
报文ID	报文数据						
186240F3	42	42	0E	09	00	00	00
报文解析							
0X42：最高温度=26℃							
0X42：最低温度=26℃							
0X0E：最高温度序号=14							
0X09：最低温度序号=9							

图8-3　报文解析

则只发送3帧标识符为0x182417F3、0x182517F3和0x182617F3的特定电池电压信息，并且电池的过电压和欠电压故障信息相同。

故障信息位的定义：正常状态为0，故障状态为1。

以动力电池故障报警信息传输为例：

发送节点：BMS；标识符：0x18F214F3；发送周期：1s；数据长度：8字节。

报警信号分为四级，包括（某些车型动力电池的故障等级设计为三级，如北汽部分车型）：

温差报警、高温报警、充电电流报警、放电电流报警、电芯过电压报警、电池组过电压报警分为一级、二级、三级、四级报警。000 = 正常；001 = 四级报警；010 = 三级报警；

011 = 二级报警；100 = 一级报警。

高压泄漏报警分为一级报警和二级报警。00 = 正常；01 = 二级报警；10 = 一级报警。

电池欠电压报警、电池组欠电压报警、SOC 差报警、SOC 低报警、SOC 高报警、电池压差报警分为二级、三级、四级报警。00 = 正常；01 = 四级报警；10 = 三级报警；11 = 二级报警。

与 VCU 通信故障为二级报警，与 LECU 通信故障为二级报警，与充电机通信中断为二级报警，预充电故障报警为二级报警。00 = 正常；01 = 二级报警。

在 Enable = 1（Enable，计算机指令术语，意为"允许"或"可用"）的情况下处理预充电故障报警，5min 不动作后，外部高压电源降至动力电池组电压的 10%，再次进行预充电。

主接触器故障：00 = 正常；01 = 故障。

对于一级报警，最大允许充电和放电功率减半，并报告给 VCU，要求关闭高压接触器；如果 VCU 不反馈相应的处理时间，BMS 主动切断高压接触器。

BMS 确认一级故障后，发出关闭高压接触器的请求。如果延迟 2s 后未收到 Enable = 0 信号，则高压接触器将被主动切断。

对于除无法与 VCU 通信的二级报警、与 LECU 通信的二级报警、与充电机失去通信的二级报警以外的二级报警，以及预充电故障报警，最大允许充放电功率减半，上报给整车控制器（VCU），以减少输入和输出功率并请求停车维护。在 BMS 确认二级报警后，它报告在当前 BMS 状态下的最大充电功率和最大放电功率。

对于三级或四级报警，向 VCU 报告。注意：电池组过电压一级报警、电池组欠电压二级报警和 SOC 低二级报警仪表点亮■，其他故障仪表点亮■。

2. 动力电池通信网络模块

动力电池管理系统可实时监测各测点的总电压、总电流、温度、电池电压参数，并进行故障诊断、SOC 计算、短路保护、漏电监测、报警显示、充放电方式选择。BMS 可以向 VCU 报告动力电池的参数，以便 VCU 控制动力电池的充放电功率。

整车控制器（VCU）是整个控制系统的核心，其性能的好坏直接决定了电动汽车的性能。VCU 采集电机和动力电池的状态，采集加速踏板、制动踏板、执行器和传感器的信号。VCU 根据驾驶员的意图进行综合分析和判断后，监测正常驾驶、制动能量反馈、动力电池能量管理、网络管理、故障诊断与处理、车辆状态等，确保车辆在正常稳定工作下有较好的动力性、经济性和可靠性。

电动汽车动力电池内部的数据通过 CAN 总线发送到 VCU，以获取整车功能模块、动力电池系统、电机驱动系统等状态信息。VCU 通信故障的可能原因包括电源故障、控制器局域网（CAN）线束故障、VCU 故障等。低压控制系统故障主要包括 VCU 故障、传感器故障、通信故障、控制器和执行器故障。

高压电路故障主要包括绝缘故障、高压元件故障和高压线束故障。

低压控制系统和高压电路系统的故障将直接影响车辆高压系统的正常通电。

当 CAN 总线发生故障时，电池信息将无法正确传输到 VCU。

当 CAN – H 线对地短路时，CAN 总线上的控制单元将无法与故障诊断仪通信。

汽车故障码（DTC）是纯电动汽车故障诊断系统的一部分，当汽车的一个部位发生故

障，BMS 即会检查到故障，并且将产生的故障码保存在储存器内。如图 8-4 所示，当维修人员进行汽车维修时，运用故障诊断仪发送相应的诊断服务去读取故障码。

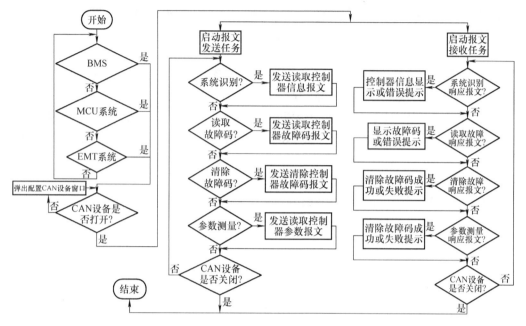

图 8-4　CAN 通信与故障读取的流程

根据读取的故障码，维修人员可以快速定位故障位置，并对故障部位进行维修。通过故障诊断的方式，可以快速定位故障位置和查找故障原因，为汽车的维修提供方便。

8.1.2　动力电池 CAN 总线故障检查

车身 CAN、仪表板动力电池显示、动力电池与整车控制器之间的通信通过整车 CAN 进行信息传递，快速充电端口与 BMS、数据采集终端（RMS）分别通过快速充电 CAN 通信。此外，整车控制器的程序升级通过刷程序 CAN 进行通信。

基于 CAN 的电池检测拓扑结构如图 8-5 所示。整车控制器通过读取 CAN 总线网络进行实时通信，可以实时获取车辆各子系统的运行状态信息，并在需要时向相应的部件控制器发出指令。CAN 总线通信电路的常见故障主要有线路故障和插接器故障。罕见的硬件故障可以通过更换新硬件来确定硬件本身的故障。线路和接头的故障需要用万用表测量来检查 CAN 总线系统的特性。

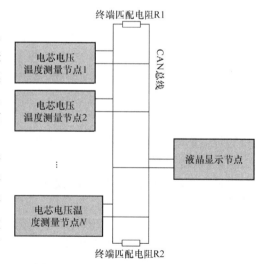

图 8-5　基于 CAN 的电池检测拓扑结构

CAN 总线的两个终端是 BMS 和 VBU，它们都有一个内置的 120Ω 终端电阻。当动力电池的负极未连接时，正常网络的电阻值应为 60Ω。如果发现异常，检查终端插件 CAN–H

项目八　动力电池通信与信息管理

和 CAN-L 是否有连接错误的针脚，例如退针、接触不良、线束断路等现象。

若插接件无故障，则在动力电池负极断开的情况下，用万用表对任意一个含 CAN 插件的 CAN 线检查电阻，如果测量的阻值不是 60Ω，则逐一拔掉 CAN 插件，直至出现 60Ω 时，则说明刚拔下的插件或用电器存在问题；若仍没有查明原因，则检查 CAN 对地是否短接，如果出现短接，可判断 CAN 线与屏蔽层短接，剥开 CAN 屏蔽层排查。

8.2　电池状态显示与信息交互

BMS 是电动汽车动力电池系统的重要组成部分，主要功能是检测电池模块中每个电芯的状态，经过综合计算，确定整个电池系统的荷电状态（SOC）和健康状态（SOH），并根据动力电池系统的状态，对其进行相应的控制调整和策略实施，实现动力电池系统和单个电池的充放电管理，确保动力电池系统的安全稳定运行。BMS 一方面检测收集并初步计算电池实时状态参数，并根据检测值与允许值的比较关系控制供电回路的通断；另一方面，它将采集的关键数据上报给整车控制器，并接收控制器的指令，与车辆上的其他系统协调工作。

8.2.1　动力电池状态检测

BMS 中的电气故障是指电动汽车相关国家标准及行业标准中要求必须检测的故障类型，并通过所用电池参数及具体工程条件可以确定相应阈值。这类电气故障主要包括电芯电压偏高、电芯电压偏低、电芯温度偏高、电芯温度偏低、电芯压差偏大、电芯温差偏大、电池组总电压偏高、电池组总电压偏低、SOC 偏低、稳态充电过电流、稳态放电过电流、漏电超限等可检测的故障类型。

BMS 的基本功能可分为检测、计算、管理和保护四大部分。图 8-6 所示是 BMS 内部的 CAN 通信和与外部系统的 CAN 通信关系的框图。

多个电芯并联形成一个基本模块后，再将基本模块串联，形成一个易于布置在动力电池组中的模块。每个模块都有编号，每个模块中的基本模块也有自己的序列号，基本模块的正负极分别引出检测线，集中成低压检测线束，送至电压采集从控盒的相应插接器，然后分别引导电芯电压检测电阻矩阵的对应电阻。从控盒电路板上的检测电路对每个动力电池单元进行电路检查。将电压数据隔离后送到电路板计算区进行处理，再通过内部的 CAN 线送到主控盒进行分析处理。主控盒需要进一步计算整个动力电池组内 SOC、最高电压单元和最低电压单元之间的差值是否超标，是否达到放电截止电压或充电截止电压；确认后，进行后续控制处理。

电池温度检测主要通过在电池模块上安装温度传感器进行。温度传感器放置在模块接线板附近，其测量引线被发送到从控盒接头的相应插脚，然后通过内部的 CAN 线送至主控盒电路进行处理。温度信号是电池热保护和高低温加热或冷却控制的重要因素。

动力电池管理系统可分为两大模块：主控模块和从控模块。数据采集单元由温度采集模块和电压采集模块组成，CAN 总线技术一般用于实现通信。

BMS 通过通信接口与整车控制器、电机控制器、能量管理系统、车辆显示系统、远程监控终端等进行通信。如图 8-7 所示，BMS 的软件设计功能一般包括系统初始化、自检功

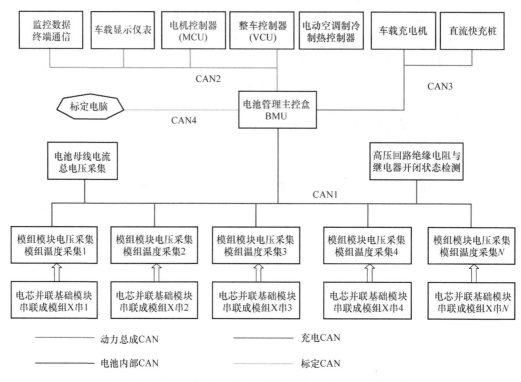

图 8-6　动力电池管理系统与外部系统 CAN 通信关系框图

能、系统检测功能、电压检测、温度采集、电流检测、绝缘检测、SOC 估计、CAN 通信、上下电气控制等；动力电池管理技术指标包括最大可测总电压、最大可测电流、SOC 推定误差、电压测量精度、电流测量精度、测温精度、工作温度范围、CAN 通信、故障诊断、故障存储、在线监测和调试等功能。

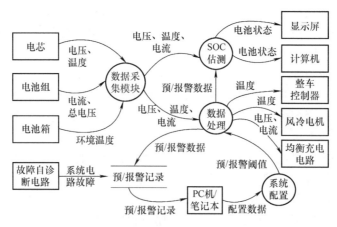

图 8-7　主控软件数据流示意图

在通信时，首先利用从控盒的数据采集模块采集每个电池的电压、电流、温度等数据，然后将采集到的数据发送到主控模块。主控模块对数据进行计算、分析和处理后，发出相应的程序控制，对电池系统或电池进行调节，并将实时数据发送到显示器。远程显示终端如图 8-8 所示。

图 8-8　远程监控终端

BMS 数据采集包括电池模块电流和总电压的检测，以及电池电压和温度的检测。使用电流传感器和电压传感器检测动力电池模块的电流和总电压，将采集到的数据发送到 ECU 上的模拟输入通道，并由模拟输入模块读取。但是，由于模块的输出值代表模拟源的电压与参考电压的比值，并且 ECU 的参考电压为 5V，因此必须转换模块的输出值以直观地显示检测结果。

一般来说，动力电池的衰减率不是线性的。不能用某一年的衰变量乘以年数来估计。在初始阶段，由于活性物质与电解质之间的固体电解质界面膜尚未达到稳定平衡状态，电池衰减比较明显。在电芯老化过程中，界面趋于稳定状态。这层钝化膜对活性物质的保护作用越来越大，电池衰减速度也会越来越慢。此外，电池的衰减率与车辆的运行条件、环境温度和充电方法密切相关，同一车型的两款车的电池寿命性能可能有所不同。

主程序和定时器中断程序的工作流程如图 8-9 所示。BMS 应满足规定条件下的控制精度要求，如过电压运行、欠电压运行、高低温环境等。例如，BMS 收集诸如电池单元的电压和温度、电池模块的电流和总电压、电池箱的环境温度等数据，然后执行诸如 SOC 估计等数据处理。估计的 SOC 值将输出给车载仪表显示，以便驾驶员在驾驶过程中及时掌握电池信息。如果计算机连接到 BMS，电池状态也将传输到计算机以监视和设置 BMS。BMS 数据处理包括三个方面：

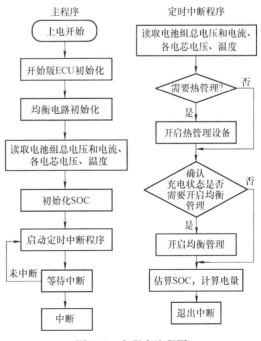

图 8-9　主程序流程图

1）将处理后的温度值输入整车控制器和风冷电机，作为整车控制器驱动电机和控制车速的条件之一，控制是否启动动力电池箱的冷却管理。

2）将处理后的电压、电流值输入平衡充电电路，实现电池的平衡充电，防止电池过充电。

3）系统由计算机配置，根据配置数据生成预警/报警阈值。数据处理通过该阈值生成预警/报警数据。预警数据是SOC估计的重要依据之一。同时与故障自诊断电路诊断的系统电路故障一起写入预警/报警记录。

电动汽车中与动力传输相关的部件包括点火锁、接线盒、整车控制器、驱动电机、电机控制器、DC/DC变换器、动力电池、动力电池管理系统和车载充电机。其中，电机控制器、动力电池管理系统、整车控制器和车载充电机可以用作收发器节点。通过CAN总线的连接，各节点通过相互通信，获得其他部件的工作状态，使车辆系统能够高效、可靠地工作。

CAN总线监控线程流程如图8-10所示。电池管理系统一般包括电池电压和温度信号采集模块、总电流和总电压信号采集模块、车辆参与通信模块、高压接触器控制和电池均衡模块。高压接触器包括B+接触器、B-接触器、预充电接触器、DC/DC变换器接触器和车载充电机接触器。均衡功能包括电池电压均衡和温度均衡两个方面，并具有监测碰撞和电池泄漏的功能。当检测到危险信号时，系统立即切断高压电源。

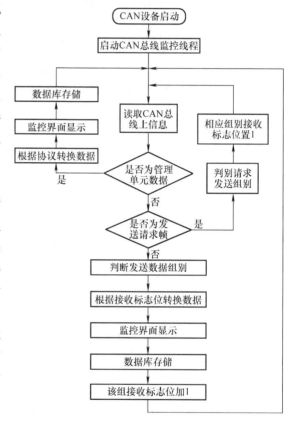

图8-10 CAN总线监控线程流程

温度信号采集模块主要用于采集动力电池的温度，并通过相应的接口上传到高压接触器控制和动力电池均衡模块。再通过控制策略算法，控制各个接触器的动作实现不同的工作模式。

8.2.2 基于软件系统的工作模式

1. 软件控制工作模式

BMS在软件的控制中，可工作在5种模式下：下电模式、上电模式、放电模式、充电模式及故障处理模式。

（1）下电模式　下电模式是指整个系统的低压和高压部分处于非工作状态的模式。在下电模式下，由BMS控制的所有高压继电器均处于断开状态；低压控制电源处于无电源状态，只有动力电池内部控制器的低压恒流电源具有静态维护电流。在准备模式下，系统的所有接触器都处于未闭合状态。当系统接收到外部起动钥匙接通信号，或者来自整车控制器、电机控制器和充电插头开关的硬接线信号或由 CAN 信息控制的低压信号时，BMS 的控制将初始化并进行自检。完成后，动力电池管理系统进入上电模式。

（2）上电模式　当 BMS 自检合格并检测到起动钥匙的高压上电信号时，系统将首先关闭主继电器和负继电器。由于驱动电机是感性负载，驱动电机控制器的内部电路具有大电容。为防止过大电流冲击，在负极接触器闭合后，先闭合与正极继电器并联的预充电阻和预充电接触器，进入预充电状态。当电机控制器电容器上的电压达到母线电压的 90% 时，立即关闭主正极继电器，延时 10ms 后，打开预充电接触器，进入放电模式。

（3）放电模式　当 BMS 检测到充电唤醒信号时，系统进入充电模式。在此模式下，主正负继电器闭合；同时，为了保证低压控制电源的连续供电，DC/DC 变换器接触器必须处于工作状态。

（4）充电模式　充电模式下，BMS 不响应起动键的任何指令，充电插件的充电唤醒信号用作确定充电模式的依据。由于动力电池在低温条件下的充电特性不好，为保证充电安全，在进入充电模式前对系统温度进行判断。当电池温度低于 0℃时，系统进入充电预热模式。此时，电池组中的加热模块打开，为电池箱中的加热毯供电，以预热电池模块。当温度高于 0℃时，系统可进入充电模式，即主正负接触器闭合。

（5）故障处理模式　故障处理模式如图 8-11 所示，是控制系统中经常出现的一种状态。由于高压动力电池的使用关系到用户和维护人员的人身安全，BMS 对各种工作模式采用"安全第一"的原则。BMS 对故障的响应也取决于故障级别（见后面的故障等级划分）。当故障等级较低时，系统可以给出错误或发出轻微报警信号通知驾驶员；当故障等级较高，甚至伴有危险时，系统将采用控制策略断开高压接触器。

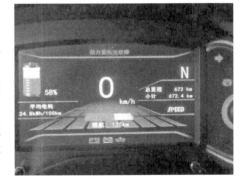

图 8-11　动力电池故障模式

2. 故障等级划分与处理

BMS 电气故障的处理方法为根据电动汽车的相关国家标准及行业标准，确定具体需要检测的故障种类，同时确定各个故障等级的分级阈值。针对等级不一样的故障区别对待，进行分级故障操作。

在充电状态下，电量随着电压的增加而增加。为防止动力电池过度充电，当动力电池电压高于设定值时，断开充电机接触器。由于电荷累积效应的影响，电池电压将略有下降。在放电状态下，电池电压值随 SOC 的降低而降低。为了防止动力电池过度放电，当动力电池端子电压低于预设值时，B + 接触器断开。同样，由于电荷积累效应，电压随后略有上升。SOH 是表征电池工作是否正常的重要指标，电池健康与电池性能直接相关，当 SOH 状态不佳时，电池可能已经处于故障状态。

动力电池组的故障有两种方式，一是电池电压波动大，二是动力电池组的储能能力急剧下降。单个电池的故障通常发生在电池瞬间充满电和放电的情况，单个电池容量的突然下降也会导致整个动力电池组的存储容量急剧下降。

电动汽车动力电池管理系统原理与检修

下面以北汽新能源 EV200 汽车为例介绍动力电池故障报警处理方法,该车装配的动力电池故障报警等级分为三级,在驾驶状态下三级故障的处理方法如下。

三级故障:表明动力电池的性能下降,BMS 降低了最大允许充电/放电电流。

二级故障:表示该状态下动力电池功能丧失,要求其他控制器停止充放电,其他控制器应在一定延时内响应动力电池停止充放电请求。

一级故障:表示动力电池在此状态下失去功能,并于 1s 内要求其他控制器立即停止充电或放电。如果其他控制器在规定时间内没有响应,BMS 将在 2s 后主动停止充电或放电。

车载仪表板故障指示见表 8-1,直接提示动力电池的故障状态。

表 8-1 车载仪表板故障指示灯解读

指示灯	颜色	故障解读	相关说明
加油图标	黄色	动力电池充电提醒(电量不足报警)	起动后,当电量低于 30%,动力电池充电提醒灯点亮;高于 35%,动力电池充电提醒灯熄灭
电池图标	红色	动力电池故障	起动状态下,动力电池故障
电池切断图标	红色	动力电池故障	起动状态下,动力电池切断
充电插头图标	红色	充电连接	充电线连接(充电口盖开启)
绝缘电阻图标	红色	动力电池绝缘电阻低	起动状态下,动力电池绝缘电阻低

故障报警阈值如图 8-12 所示,其他控制器响应电源电池二级故障的延迟时间通常设置小于 60s,否则电源电池将报告主故障。

序号	保护参数名称	单位	三级故障 阈值	三级故障 BMS 措施	二级故障 阈值	二级故障 BMS 措施	故障类型	一级故障 阈值	一级故障 BMS 措施	BMS 执行延时时间
1	总电压过压保护	V	378(3.6×105)	降低允许充电电流	388.5(3.7×105)	请求停止充电或能量反馈	可恢复故障	N/A	N/A	N/A
2	总电压欠压保护	V	283.5(2.7×105)	降低允许放电电流	262.5(2.5×105)	请求停止放电或能量反馈		N/A	N/A	N/A
3	单体电压过压保护	V	3.6	降低允许充电电流	3.7	请求停止充电或能量反馈		3.8	主动断开继电器	2s
4	单体电压欠压保护	V	2.7	降低允许放电电流	2.5	请求停止放电		2.3	主动断开继电器	2s
5	充电过流保护	A	80	降低允许充电电流	100	请求停止充电		N/A	N/A	N/A
6	放电过流保护	A	255	降低允许放电电流	300	请求停止放电		350	主动断开继电器	2s
7	温度过高保护	℃	45	启动冷却系统	50	请求停止充/放电		55	主动断开继电器	2s
8	温度过低保护	℃	-15	启动加热系统	-20	请求停止充/放电		N/A	N/A	N/A
9	温度不均衡保护	℃	10	降低允许充电电流	15	请求停止充/放电		N/A	N/A	N/A
10	电压不均衡保护	mV	300	降低允许充/放电电流	500	请求停止充/放电		N/A	N/A	N/A
11	绝缘电阻过低保护	kΩ	200	降低允许充/放电电流	40	请求停止充/放电		N/A	N/A	N/A
12	SOC 过低保护	%	10	降低允许充/放电电流	N/A	N/A		N/A	N/A	N/A
13	BMS 与 CHG 通讯故障	s	N/A	N/A	10	请求停止充电或能量反馈	不可恢复故障	12	主动断开继电器	14s
14	BMS 内部通讯故障	s	N/A	N/A	2	请求停止充/放电或能量反馈		4	主动断开继电器	6s
15	高压母线连接故障	s	N/A	N/A	2	请求停止充/放电或能量反馈		4	主动断开继电器	6s
16	加热元件故障	s	N/A	N/A	2	请求停止充/放电或能量反馈		4	主动断开继电器	6s
17	高压母线继电器故障	s	N/A	N/A	2	请求停止充/放电或能量反馈		4	主动断开继电器	6s
18	BMS 硬件故障	s	N/A	N/A	2	请求停止充/放电或能量反馈		4	主动断开继电器	6s

图 8-12 故障报警阈值

3. 充电通信控制

（1）充电机与 BMS 的 CAN 总线通信的报文格式　GB/T 27930 标准定义的数据链路层帧格式是使用 CAN 2.0B 协议规范中定义的扩展帧，其标识符为 29 位，每个位相应的定义符合 SAE J1939-21：2006 中数据帧的规定。每个 CAN 数据帧包含一个单一的协议数据单元（PDU），见表 8-2。PDU 由七部分组成，分别是优先权 P、保留位 R（0）、数据页 DP（0）、PDU 格式 PF（PGN 的第 2 字节）、目标地址 PS、源地址 SA 和数据域 DATA。除 DATA 部分，共 29 位标识符，其中目标地址和源地址根据当前报文填写充电机地址或 BMS 地址。GB/T 27930 标准定义了装置地址，充电机地址为 56H，BMS 地址为 F4H。

表 8-2　协议单元 PDU 格式　　　　　　　　　　　（单位：bit）

P	R	DP	PF	PS	SA	DATA
3	1	1	8	8	8	0~64

充电机与 BMS 的对接报文分类为充电握手、充电参数配置、充电、充电结束。按照 PDU 格式，将报文分类信息和 PGN 报文内容组合成 CAN 扩展数据帧，完成充电数据传输。以充电握手阶段为例解析数据帧。充电握手阶段流程是充电机发送辨识报文 CRM 给 BMS，BMS 收到辨识报文后发送 BMS 与车辆辨识报文 BRM 给充电机，确认电池和充电机握手成功。充电握手阶段报文类型见表 8-3。

表 8-3　充电握手阶段报文类型

报文代号	报文描述	PGN	PGN（Hex）	优先权	数据长度/B	报文周期/ms	源地址-目的地址
CRM	充电机辨识报文	256	000100H	6	8	250	充电机-BMS
BRM	BMS 和车辆辨识报文	512	000200H	6	41	250	BMS-充电机

1）CRM 报文解析。CRM 报文为 PDU 中的 29 位标识符：按表 8-4 中的 PDU 格式，根据充电握手阶段报文内容对充电机辨识报文 CRM 的 29 位标识符进行解析，可获得充电机的辨识报文 PDU 的 29 位标识符。

表 8-4　充电机辨识报文 PDU 的 29 位标识符

P	R	DP	PF	PS	SA
110	0	0	00000001	11110100	01010110

CRM 报文 PDU 中的 DATA 数据域：DATA 部分的数据要依据 PGN256 充电机辨识报文格式来设置。充电机与 BMS 完成物理连接后，充电机与 BMS 通信，每隔 250ms 充电机向 BMS 发送一次充电机辨识报文，用于确认充电机与 BMS 之间通信链路正确，在收到 BMS 辨识报文前，辨识结果是 0x00；收到 BMS 辨识报文后，辨识结果是 0xAA。如充电机第一次与 BMS 通信，未收到 BMS 报文，辨识结果 0x00；充电机编号 0x01；充电机区域编码 000001，转换标准 ASCII 码则为 30 30 30 30 30 31，按照 SAE J1939-21 的定义，数据域中各项数据是先发低字节再发高字节，因此 DATA 数据域的数据为 00 01 31 30 30 30 30 30。PGN256 报文格式见表 8-5。

表 8-5 PGN256 报文格式

起始字节或位	长度/B	SPN	SPN（可疑参数编号）定义	发送选项
1	1	2560	辨识结果，（<0x00>：= BMS 不能辨识；<0xAA>：= BMS 能辨识	必须
2	1	2561	充电机编号，1/位，1 偏移量，数据范围：1～100	必须
3	6	2562	充电机/充电站所在区域编码，标准 ASC Ⅱ 码	可选

2）BRM 报文解析。

① 连接管理请求（TP. CM_RTS）。BMS 收到充电机辨识结果为 0x00 的报文后需要向充电机发送辨识报文 PGN512，由于该报文数据域有 41 个字节，数据域超过 PDU 格式中定义的 8 个字节，必须拆分为几个数据小包进行发送，因此 BMS 需要先进行连接管理请求，即拆装重组命令请求。帧格式可以得到 BMS 的连接管理请求报文 PDU 的 29 位标识符，见表 8-6。

表 8-6 BMS 请求连接管理 PDU 的 29 位标识符

P	R	DP	PF	PS	SA
110	0	0	11101100	01010110	11110100

TP. CM RTS 报文 PDU 中的 DATA 数据域：连接模式下的准备发送（TP. CM_CTS）各字节说明见表 8-7。BMS 向充电机发出请求发送 41 个字节数据的请求，41 个字节数据被拆分为 6 个数据包，报文的 PGN 的参数组编号为 512（000200H），根据 SAE J1939 - 21：2006 定义的"连接模式下的请求发送（TP. CM RTS）：指定目标地址"各字节的说明，DATA 数据域为 10 29 00 06 FF 00 02 00。

表 8-7 连接模式下的准备发送（TP. CM_CTS）各字节说明

字节	值	说明
1	10H	控制字节 = 16，即 10H，指定目标地址请求发送（RTS）
2、3	2900H	整个消息的字节数，16 进制 2 字节，高字节在后，低字节在前
4	06H	全部数据包的数目
5	FFH	保留给 SAE 设定使用，该字节应设为 FF_{16}
6 - 8	000200H	所装载数据的 PGN（参数组编号）

② 准备发送消息（TP. CM CTS）。充电机收到 BMS 的请求发送指令后，充电机需要发送一条"准备发送消息"的命令给 BMS，这条信息内容包含充电机想接收的数据包数目，以及从第几个数据包开始接收的数据包编码。准备发送消息命令是从充电机发给 BMS 的，因此 PS 目标地址是 BMS（F4H），SA 源地址是充电机（56H），其中 29 位标识符见表 8-8。

表 8-8 准备发送消息 PDU 的 29 位标识符

P	R	DP	PF	PS	SA
111	0	0	11101100	11110100	01010110

连接模式下的准备发送（TP. CM_CTS）各字节说明见表 8-9。字节数据被拆分为 6 个数据包，辨识报文的 PGN 的参数组编号为 512（000200H），根据 SAE J1939 - 21：2006 定义

的 "连接模式下的请求发送（TP. CM RTS）：指定目标地址"各字节的说明，DATA 数据域为 10 29 00 06 FF 00 02 00。

表 8-9　连接模式下的准备发送（TP. CM_CTS）各字节说明

字节	值	说明
1	11H	控制字节 = 17，即 0x11，指定目标地址准备发送（CTS）
2	06	准备发送的数据包数目
3	01H	下一个将要发送的数据包编号
4、5	FFFFH	保留给 SAE 设定使用，字节应设为 FF_{16}
6 – 8	000200H	所装载数据的 PGN（参数组编号）

③ 数据传送（TP. DT）。TP. DT 报文 PDU 中的 29 位标识符：BMS 收到充电机的准备发送数据帧后，即开始数据传送消息，每个数据包即为一个 TP. DT 消息，因此 BMS 将连续发送 6 个 TP. DT 消息给充电机，包与包的间隔小于等于 200ms。根据 SAE J1939 – 21：2006 中定义的数据传送（TP. DT）的权限为 7，参数组编号 60160（00EB00H），PS 目标地址充电机（56H），SA 源地址 BMS（F4H），得到的 29 位标识符见表 8-10。

表 8-10　数据传送（TP. DT）PDU 中的 29 位标识符

P	R	DP	PF	PS	SA
111	0	0	11101011	01010110	11110100

TP. DT 报文 PDU 中的 DATA 数据域：以第一个 TP. DT 消息为例，传送的 DATA 为 01 00 01 00 03 D0 07 A0。DATA 的第一个字节是包编号 01H，表示发送的是第一个 TP. DT 消息；后七个字节是 PGN512 报文中的 1 ~ 7 字节数据。第 2 ~ 4 字节 000100H 表示 BMS 通信协议版本号；第 5 字节 03H 表示磷酸铁锂电池；第 6、7 字节 D007H 是整车动力电池系统额定容量，低字节在前高字节在后，因此数据是 07D0H，表示 200.0A·h；第 8 字节 A0 是整车动力电池系统额定电压值的低字节。

④ 消息结束应答（TP. CM_EndofMsgAck）。在收完 6 个 TP. DT 消息包后，充电机将向 BMS 发送消息结束应答，表示消息已被接收并正确重组。根据 SAE J1939 – 21：2006 的参数群的定义，其 PDU 格式中的 29 位标识符与准备发送消息（TP. CM CTS）一致；DATA 的控制字节为 19，即 13H，其他数据与连接管理请求（TP. CM RTS）一致。

(2) 动力电池管理系统的充电通信控制　车载充电机需要与充电桩、BMS 和 VCU 通信，其通信协议遵守以上的通信报文协议标准，并根据动力电池的当前状态控制车载充电机（OBC）给动力电池充电。由汽车充电机充电，将输入的交流电转换成直流电输出。充电电流主要与温度和电池电压有关，温度越低或越高，充电电流越小，电池电压越高，充电电流越小。

直流快速充电桩与车辆通信，并根据动力电池温度和电池电压的当前状态控制快速充电桩对动力电池充电。充电电流主要与温度和电池电压有关，温度越低或越高，充电电流越小；电池电压越高，充电电流越小。

充电时，BMS 的主要控制原理可以概括为：数据采集电路采集与电池相关的重要数据，如总线电压、电流、温度等，然后发送给中央控制单元进行分析处理。控制模块发送控制指

令，记录实时数据，相应的执行单元进行动作调节。目前，主流的动力电池管理系统一般采用分布式结构，主要功能包括数据采集、SOC 估计、控制部分、安全管理和数据通信。

1）数据采集是 BMS 中最重要、最基本的功能。SOC 估计、控制执行和安全管理都是基于收集到的数据。

2）现有的 SOC 估计方法有安培测量法、开路电压法和电动势法、内阻法、神经网络法、卡尔曼滤波法和模糊预测法。

3）控制部分。控制部分要实现的功能有控制充电过程等。

4）安全管理。安全管理包括热管理、电池压力检测等。

5）数据通信。在现有的电池管理通信方式中，主要采用 CAN 总线通信方式。

4. 通过软件监控工作流程

BMS 的主要功能是检测动力电池组的电流、电压、过电流、漏电流、温度等数据。同时，对电池的剩余容量进行估计，并对运行过程中产生的各种错误进行报警。

系统主程序流程图如图 8-13 所示。每个子模块测量动力电池组的单位电压和温度，并通过 CAN 总线将数据报告给主控制器。主模块完成电压、电流和过电流的检测，并测量漏电流，同时控制热管理风机的起停，并通过 CAN 总线将重要的车辆信息报告给整车控制器，温度传感器和微处理器之间传输串行数据。因此，在进行读写编程时，必须严格保证读写定时，否则无法读取温度测量结果。如图 8-14 所示，数据采集程序使用 30ms 的定时器中断，每次采集数据时，计算变量增加一个。采集对象是电流和电压，数据采集控制程序将采集到的数据存储在数据缓冲区中。在下一个采集周期之后，通过一个主程序来处理数据。

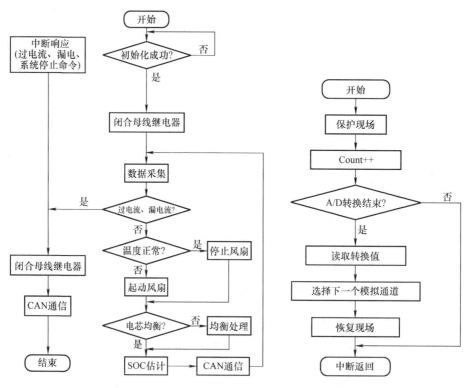

图 8-13　系统的主程序流程图　　　　图 8-14　母线电压、电流采集流程图

5. 动力电池远程监控与诊断

（1）基于无线技术的动力电池远程监测系统　在电动汽车运行的过程中，由于动力电池组的工作状态受不同环境因素的影响，电池在持续工作时，会出现如电芯温度过高、电流过大、过放电和过充电等情况，会对电池造成一定程度的损坏，甚至引起电池毁坏发生爆炸事故。利用电动汽车动力电池的远程监测系统，电动汽车厂商和车主可以实时了解电动汽车动力电池的工作状态和故障情况，对动力电池故障进行及时的处理，从而提高了动力电池使用的安全性。另外，远程监控终端可以提供功能完善的数据库，通过数据回放，对数据进行二次分析，为改进 BMS 和进行电动汽车故障或事故的分析提供科学依据。

动力电池远程监控系统可以完成对车辆运行数据以及充电数据的远程实时监控，实时故障诊断。电动汽车动力电池状态远程监控系统在车载端实时采集电池状态测量信息和位置信息，并将信息通过 GSM/GPRS 通信模块定时传送给远程监测中心；远程监测中心对上传的信息进行接收、存储和分析，实现对电动汽车运行状态的实时监测，对电池性能做出分析评价。

系统具备以下重要功能：

1）读取车辆的当前及历史运行参数数据流。
2）读取车辆的当前故障码及冻结帧数据。
3）读取车辆的关键控制器软件版本。
4）读取车辆充电过程的充电参数数据流。
5）统计分析指定车辆的故障发生率。
6）终端可实时存储数据流信息。
7）车辆发生故障等关键事件时，终端可自动报告服务器，服务器软件可通过智能手机消息提醒车辆用户。
8）可通过 FTP 上传指定数据流到监管服务器。

根据车辆状态的不同，系统监控模式主要包括两种模式：车辆运行模式、车辆充电模式。

1）车辆运行模式。该模式是车辆的默认模式，车辆处于上电运行状态，可正常驾驶，监控终端实时记录并可上传车辆运行参数。

2）车辆充电模式。当充电线连接充电机时，车辆进入充电模式，不能驾驶。此时只有车载充电器，电池管理器等充电相关零件及监控终端上电工作，其他控制节点不上电。车载监控终端实时记录并可上传充电数据。电动汽车动力电池状态远程监测系统如图 8-15 所示，由车载终端数据采集系统、远程监测中心系统和智能手机监测系统组成。

车载终端数据采集系统通过自主制定的 CAN 通信协议采集电池状态信息，然后通过液晶屏进行实时显示。同时，利用 GPS 定位模块实时获取电动汽车 GPS 位置信息，并利用 GSM/GPRS 模块定时上传电池状态信息、汽车位置信息以及其他重要信息的数据帧。这些信息被移动运营商的 GPRS 网络的收发机所接收，按照数据帧的网络地址，GPRS 网络将数据通过网关传送到 Internet 网络，最终到达相应远程监控中心系统。

远程监控中心系统将接收的数据存储在 SQLServe 数据库中，并对数据进行处理和分析，实现对电动汽车动力电池状态和 GPS 信息的远程实时监测。通过查看电动汽车有关参数的历史数据，了解电动汽车的故障信息，可以对电动汽车动力电池性能进行分析评价，对电动

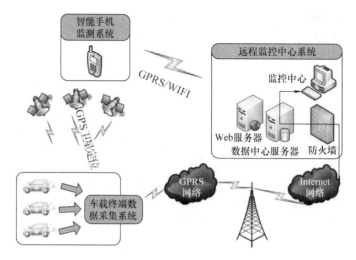

图 8-15 电动汽车动力电池状态远程监控系统组成

汽车的运行轨迹进行跟踪。另外，在远程监控中心系统搭建了一个由 SQLServe + Java + Apache 组成的三层结构的 Web 服务器，实现了智能手机监测系统和 Web 服务器端的数据交互。智能手机可以通过 HTTP 协议对 Web 服务器进行访问，获取电动汽车动力电池状态的有关数据，实现智能手机的远程实时监测。

远程监控系统主要由 BMS、车载终端、后台服务器远程监控平台等组成。其中，BMS 向各个功能模块节点发出数据请求命令，采集电池组运行状态的各种数据，包括电芯电压、典型位置的温度、系统总电压、系统电流及电池 SOC 等数据，并在 BMS 主机内部基于电池组运行状态参数做出对电池组的控制命令，然后通过 CAN 总线连接车载终端，经车载终端把 BMS 所采集信息转换为 3G/4G/5G 数据包，再通过无线网络信号发送到移动基站，并且通过移动基站服务器提供的网络转换，将 3G/4G/5G 数据包转换成 Internet 数据包，根据 IP 地址将 Internet 数据包发送至远程监控平台。由此，3G/4G/5G 车载终端与远程监控平台建立了一条网络传输通道，最终将 BMS 发送的 CAN 报文数据帧传输到远程监控平台，完成 BMS 电池运行状态参数的信息上报。同时，远程监控平台也可以通过该通信通道向 BMS 发送数据，实现对 BMS 的控制功能。

采集终端通过 CAN 总线与 BMS 模块相连，对数据进行采集，并且通过编程控制，对电池组循环充放电。放电时模拟电动汽车的各种运行工况，测试电池组的电压、电流、温度的变化和故障报警功能，验证系统的监测能力。电动汽车动力电池组远程监控系统中，车载终端与 BMS 使用的是 CAN 通信网络，其网络通信结构如图 8-16 所示。CAN 网络上的节点每时每刻都在接收和发送数据，为保证数据接收的准确性，CAN 总线采用的是 ID 身份标识码，当数据帧的 ID 身份标识码与节点身份标识码匹配，则节点接收数据，这

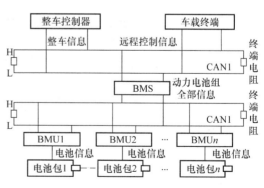

图 8-16 CAN 通信网络结构

保证了 CAN 通信的高准确率和低丢包率。整个系统运行时，在车载终端数据采集系统通过显示器显示电池管理系统的主菜单，单击相应功能，则在车载终端数据采集系统中进行相应信息的监测。在远程监控中心系统，可以同时实现对电池电压、总体电压、总体电流、SOC 和电池故障信息等参数的监测。

车载终端是整个远程监控系统建立的基础，是系统重要的数据传输载体，可实现不同网络中的数据转发。它的主要功能是采集电动汽车 CAN 网络数据和 GPS 定位数据，并将采集的数据通过 3G/4G/5G 无线模块发送至指定的 IP 地址的远程监控端。与此同时，通过 3G/4G/5G 无线模块和 Internet 网络，车载终端能够接收远程监控端的控制命令。

车载终端整体主要由主控制器、CAN 收发控制器、GPS 定位模块、3G/4G/5G 无线通信模块、串口通信模块、电源模块以及其他拓展模块和外围电路组成，各个模块与主控制器有机集成，共同完成电动汽车动力电池组远程监控的功能，其整体框架如图 8-17 所示。

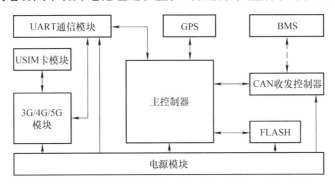

图 8-17　动力电池组远程监控原理

动力电池组远程监控主要功能如图 8-18 所示。远程监控中心系统采用基于 TCP/IP 的 C/S 开发模式，数据库采用 SQLServer 关系型数据库，利用 C++ 编程语言进行远程监控系统软件开发，该系统实现了对车载终端数据采集系统发来数据的接收、存储和分析功能。远程监控中心系统主要功能有电动汽车位置实时监测、电动汽车运动轨迹回放、电池状态信息实时监测和历史分析，以及 Web 服务器的搭建。

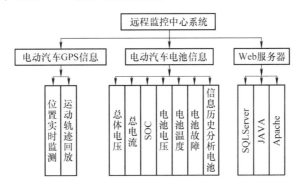

图 8-18　动力电池组远程监控主要功能

车载终端数据采集系统实时传回电动汽车当前的位置、速度等 GPS 测量信息。远程端通过对 GPS 信息的解析在电子地图上展示出来，实现对电动汽车位置实时跟踪监测，掌握电动汽车在道路上的行驶情况。利用获得的位置信息，可以对电动汽车的历史行驶路线在电子地图上重新予以回放，查看电动汽车的行驶轨迹，便于对电动汽车运行状况进行分析。

远程端通过对电动汽车电池总体电压、总电流、SOC、电池电压和电池故障等信息的监测，直观显示在监测界面，电动汽车厂商和车主可以及时了解电动汽车电池状态参数的变化情况。同时，实现了总体电池电压历史分析、总体电池电流历史分析、电池电压历史分析、电池组 SOC 历史分析和电池故障历史分析。在电池组参数的历史分析中，以时间为横坐标，相应的参数值为纵坐标，绘制某一段时间的参数值变化，可以形成连续变化的历史曲线。通过对电池组参数历史曲线的分析，可以对电动汽车动力电池性能做出分析评价。

在电池故障历史分析中，记录电池发生某故障的次数，比如绝缘电阻值过低、电池过放电、电池过充电，总电压过低和短路保护等电池故障信息。

系统的 Web 服务器由 SQLServe + Java + Apache 三层结构组成。采用 J2EE 作为开发平台，同时采用 Tomcat 作为 Web 应用服务器软件，它是一个超文本传输协议（HTTP）服务器。其工作原理：当客户端发出请求时，Tomcat 服务器中的 Servlet 容器使用 Servlet Request 对象把客户端的请求信息封装起来，然后调用 Java Servlet API 中定义的一些 Servlet 方法，完成 Servlet 的执行，然后将 Servlet 执行的要返回给客户端的结果封装到 Servlet Response 对象中。最后，Servlet 容器把客户端的请求发给用户，完成为客户端的一次服务过程。

智能手机监测系统的主要功能是通过与 Web 服务器通信，获取电动汽车的状态数据，并且利用功能界面直观地显示出相应的数据，实现智能手机的远程监测功能。因此，智能手机监测系统主要由通信和显示两大模块组成，此外还包括登录模块和设置模块。其中显示模块分为电动汽车电池参数显示模块和地图显示模块，如图 8-19 所示。

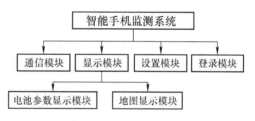

图 8-19　智能手机监测系统

电动汽车电池参数显示模块实现对电动汽车电池组总体电压、总体电流、SOC、电池电压和电池故障等信息的显示。利用定时器，每隔 5s 向服务器发送一次请求，通过返回的数据更新 UI，实现对电动汽车电池的实时监测。电动汽车电池的总体电压、总电流和 SOC 的历史曲线回放，则通过向服务器发送请求，把某段时间的数据从数据库中提取出来并返回到手机端，在用户界面上进行显示，分析它们的变化情况。

电子地图显示模块用于电动汽车位置实时监测和历史轨迹回放功能中，实现电动汽车位置的实时显示和轨迹描绘。它们都是基于电子地图软件设计开发的，需要在布局设计中添加 Map View 用来显示电子地图。

电动汽车位置实时监测：当用户需要对电动汽车位置进行实时监测时，通过定时器，每隔 5s，向 Web 服务器发送位置请求，Web 服务器将 GPS 信息回传给智能手机监测系统。通过调用电子地图的 API 插件，用 Map View 进行地图显示，使用户能够监测到电动汽车的实时位置变化。

电动汽车历史轨迹回放：历史轨迹回放是重现电动汽车某一段时间内的行驶情况，在电子地图上以点、线的形式表现出来。智能手机监测系统向 Web 服务器发送请求，Web 服务器返回某段时间内的电动汽车历史轨迹数据，再调用电子地图的 API 插件，用 Map View 进

项目八　动力电池通信与信息管理

行电子地图显示，使用户能够查看到电动汽车的历史运行轨迹。

（2）基于物联网技术的远程监控系统　使用物联网技术构建电动汽车电池充电监控系统包括数据采集层、网络通信层和应用层。电动汽车充电监控系统总体架构如图 8-20 所示。

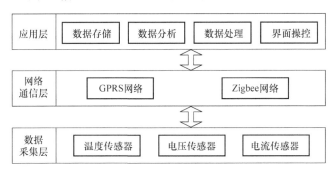

图 8-20　电动汽车充电监控系统总体架构

数据采集层包含电压传感器、电流传感器和温度传感器，负责收集电动汽车充电过程中的电压、电流及温度信息。

网络通信层包括 GPRS、Zigbee 等无线通信技术，负责信息传递。

应用层负责对接收的信息进行储存、分析及处理，监控整个电池充电系统，且可以进行界面操控。

动力电池充电监控系统硬件包括两部分：监测子系统和实时控制子系统。两系统之间采用无线通信传输。

监测子系统由以下几部分组成：电动汽车电池组、电压传感器、电流传感器、温度传感器、单片机、电池管理模块、报警模块和无线通信模块等，其硬件结构如图 8-21 所示。在电池组充电过程中，终端的电压传感器、电流传感器和温度传感器分别实时对电压、电流、温度进行检测，将采集的数据及时传到单片机。单片机通过控制电池管理模块对出现的情况采取相应的措施，并通过无线通信模块与实时控制子系统进行数据交换。

实时控制子系统包括无线通信模块、单片机、LCD 显示模块、按键模块和报警模块等，其硬件结构如图 8-22 所示。实时控制子系统中的单片机通过接收的数据对当前充电状况进行分析，若电压、电流及温度均在合理的充电阈值范围内，则允许继续充电；反之，则进行报警并完成自动停充等相应措施。

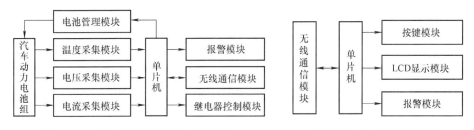

图 8-21　动力电池充电监控系统硬件　　　　图 8-22　实时控制子系统

充电监控系统通过 GPRS 或 Zigbee 等无线传输方式对充电过程中电池的电压、温度和电流进行检测，然后将采集到的数据发送到监控系统。监控系统根据设定的相关阈值对数据进行分析处理并实时监控，对充电过程中出现的故障采取相应的措施，如某电池温度过高超出预设阈值，则进行显示并报警，同时自动断电停充，尽量降低损失。

充电监控系统的界面采用图形化编程语言，具有各种常用的总线节点和丰富的软件包及驱动程序，能简捷地实现单片机与单片机之间的串口通信。依据自身强大的数据处理及分析功能对充电过程中采集的电压、电流及温度等数据进行实时处理及分析，并实时显示电压、电流和温度及其他工作状态等信息，可以完成以下功能：

1）远程操控汽车动力电池充电的开始、暂停或结束。
2）实时查询充电过程中的充电电流、温度及各个电池的充电电压值。
3）实现远程充电过程中参数报警阈值的设定与修改。
4）显示电池组总体的充电进度。

（3）基于 GPRS 技术的动力电池远程诊断系统　电动汽车动力电池远程诊断系统可通过 GPRS 实现针对电池组和电动汽车的远程服务和故障报警功能。该操作监控负责电池电压、电池充放电、电流、车辆位置、电池温度等方面的异常情况，将所有数据都送至监控中心，不仅可以监视参数对动力电池做出评价，而且可以在大屏幕上观测每个车辆的运行参数。当监测到情况出现异常时，可以由中心立即通知驾驶员，一方面确保车辆运行安全，另一方面让汽车动力电池组使用效率得到提升。

远程诊断系统的工作原理是：使用者首先完成对车辆状态进行监测和数据采集，接着可以将远程诊断需求发送到远程诊断服务中心，经过认证后，基站需要响应用户的请求，并开启所对应的功能模块，完成远程的诊断工作，并通过互联网完成和用户进行实时信息交流。

总体结构可以分为三个主要部分：

1）车载终端。对数据进行采集和处理是通过该终端完成的。通过对状态的检测并做出相应的判断，还可以将采集到的数据传输到诊断中心等。车载终端设备通过内部总线收集每个子系统的状态信息和状态监测数据，接着根据需要将收集到的数据打包后发送到服务中心诊断。

2）诊断中心和远程用户间的连接桥梁是传输通道。因为在传输数据过程中使用的是 GPRS 网络，但是网络的资源存在有限性，因此在互联网上传输视频或图片数据信息时，需要降低数据质量，以提高传输效率。

3）由数据库服务器和远程服务器组成了诊断服务中心平台。使用者通过网络将数据传输至诊断中心服务器提出诊断要求，诊断中心采用控制模块翻译诊断请求指令，并需要启动相应的诊断服务的程序，与此同时，还需要数据库服务器提供相应数据的支持。诊断程序运行完成后，将结果发送至车辆终端，让终端进行处理。

车辆故障数据的显示方式有两种：状态参数和数值参数。状态参数是指工作状态只有两个的参数，比如开启或关闭，高位或低位，这个数据一般用来表示设备中电磁阀或者是开关的工作状态；数值参数是指该数据具有一定的变化范围，一般用来描述汽车在工作过程中各部件的工作时间、电压、压力、速度和温度等。

为了得到诊断参数，有两种方法：一是通过通道采集，采用信号处理的方式对采集到的开关量和模拟量进行处理后，将这些数据直接发送至车载终端处理器；二是采用汽车行业中发展逐步成熟的车载通信技术和车辆的电子控制技术，车辆终端与车内各个功能模块进行通信，从而得到参数。

故障远程诊断中心和车载终端通信需要有远程通信技术的支持才能实现远程诊断，因此需要根据无线通信的方式进行数据远距离的传输。一般来说，实现无线通信的方式有以下几种：第一，采用目前技术成熟的通信网络，如 CDMA 移动网络、GSM/GPRS 等，与相对应的无线通信产品来实现；第二，通过专用的无线局域网，例如无线网桥、无线调制解调器等来实现；第三，采用收发集成芯片，实现在监控站终端的 PCB 与监控中心之间的通信。

如何远程进行诊断并且直观地向驾驶员显示剩余电量，以便驾驶员能够清楚地了解电动汽车的剩余电量情况以及电动汽车还能够行驶多少里程，通常以动力电池荷电状态（SOC）作为参数反映动力电池的电量数值，其数值能够直观反映电池电量的多少以及所处的状态。

电动汽车电池系统远程监控原理如图 8-23 所示。电动汽车电池系统远程监控平台通过采集终端采集车载信息以及电池组信息，利用 GPRS 无线网络传输到监控中心的服务器上，在客户端实时显示车辆信息，包含车辆运行状态、预警以及故障信息。采集终端可以与无线通信模块和监视器之间的服务器管理员通信，而且可以相互访问。监控中心中的服务器单元能够通过采集到的电池数据，准确检测出电池性能的差异，并在第一时间处理。

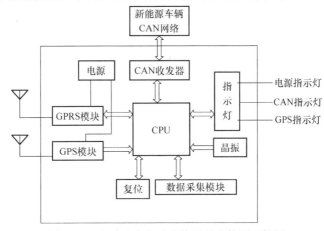

图 8-23　电动汽车电池系统远程监控原理框图

作为整个电池管理系统的核心模块，CPU 模块能够和系统内的其他模块进行信息和数据的传输，还可以对整个系统进行适当的管理和控制，能够对数据进行采集、对片上系统进行估算、控制电池组的运行以及对电池组进行保护、控制 GPRS 模块的一些基础功能。采集数据的方法是通过 CPU 自身的 ADC 转换模块采集模拟量完成的，模拟量中包含有温度、电压和电流数据。上位机与 CPU 间通过串口实现通信，上位机显示估计的 SOC 值以及所采集的数据。

无线数据传输模块在远程监控系统中用来转发数据和连接机电设备，采用 CAN 数据帧通过 CAN 总线来传输。由电池管理系统进行数据的采集，然后采用 GPRS 网络将采集到的信息数据上传至远程监控中心，进行信息的分析和存储。数据传输模块不处理传输数据。数据传输模块也能接收来自于监控中心的控制指令，转发给 BMS，主控制器接收到控制帧后对其类型做出判断，通过完成相应的指令，达到了对电池管理系统进行管理和控制的目的。

8.2.3　动力电池上、下电的软件控制逻辑

1. 动力电池上、下电的软件控制

纯电动汽车在上电和断电过程中的控制节点包括 VCU、BMS、集成功率单元（IPU）和

DC/DC 变换器。BMS 是主要的执行控制器。各控制节点高压通电和断电的响应原理为：

1) 避免车辆出现不期望的加速、减速、倒车和转向。
2) 避免因高压故障造成人身伤害和设备损坏。
3) 满足高压通、断电性能要求。
4) 性能要求以安全为基础，即原则1)、2) 优先于原则3)，车辆安全以人身安全为基础，即原则2) 优先于原则1)。
5) 发生车辆事故时，应紧急断电。正常高压上电要求在1s内完成，上电完成后DC/DC 变换器和 IPU 应进入工作模式。

电动汽车的高压通电和断电按照一定的顺序和逻辑控制每个高压节点的响应，实现故障控制策略。软件控制的内容包括正常高压上电控制、正常高压下电控制、紧急断电控制、车辆绝缘故障上电控制、高压回路故障下电控制。

（1）正常高压上电控制　根据正常高压上电控制逻辑，要求在1s内完成高压上电。上电后，DC/DC 变换器和 IPU 分别进入工作模式。在这1s内，VCU 首先被唤醒，然后将第一帧消息发送到 CAN 总线，并请求关闭 HVIL 环路使能线路和12V 低压主继电器，同时监视 HVIL 环路状态；随后，IPU、DC/DC 变换器、BMS 在被唤醒并发送消息确认通信正常后 BMS 进入自检链路，监视 HVIL 电路，计算绝缘电阻，无故障后进入待机状态；VCU 请求 BMS 关闭主继电器，BMS 关闭主负继电器和预充电继电器。检测到预充电继电器母端电压达到一定值后，判断预充电成功。主正继电器闭合，预充电继电器断开，高压通电完成，IPU 进入预充电完成前的准备模式。

（2）正常高压下电控制　根据正常高压下电逻辑，点火开关断开后，VCU 立即请求 IPU 离开工作模式，进入待机模式。IPU 接收到指令后立即进入待机模式，功率器件迅速降低功率，VCU 请求 DC/DC 变换器离开工作模式进入待机模式。关闭通信后，DC/DC 变换器进入待机模式。BMS 收到 VCU 请求后，断开主继电器，然后 IPU 进入待机模式，VCU 断开 HVIL 回路和低压继电器，每个控制节点进入休眠状态。

（3）紧急断电控制　紧急断电时，VCU 首先发出紧急断电命令，请求 DC/DC 变换器进入备用模式，IPU 进入故障模式，VCU 再请求 BMS 断开高压继电器，断开高压回路线路，BMS 断开电路后，DC/DC 变换器进入待机模式，VCU 请求 IPU 进入紧急放电模式。IPU 在规定的时间内完成剩余电量的排放。如果点火开关断开，则 VCU 在 IPU、DC/DC 变换器和 BMS 进入休眠状态，且没有检测到其他信号后，也进入休眠状态。紧急高压断电应先切断电源系统，断开高压。

紧急高压断电处理原则是：主要目的是保证驾驶员和乘客的人身安全，次要目的是保证高压设备的安全。如果高压设备危及驾驶员和乘客的人身安全，必须将设备升级为人身安全问题处理；如果同时遇到驾驶安全和高压安全问题，则优先考虑驾驶安全。如果在运行状态中发生系统故障，则在规定的时间内发出紧急断电命令（继电器打开命令）（<20ms），HVIL 环路在一定时间延迟（<50ms）后断开，并且 DC/DC 在工作状态下退出。电机控制器退出转矩请求模式并断开高电压。

（4）车辆绝缘故障上电控制　在施加高压之前，必须对车辆进行绝缘测试。如果绝缘电阻值太低，就不能使用高压电源。点火开关打开后，BMS 完成初始化并执行自检。BMS 进入等待状态后，VCU 请求关闭继电器通电，BMS 收到指令后开始预充电。此时，VCU 检测到整个车辆的高压存在绝缘故障，BMS 立即断开继电器并报告故障等级，VCU 随后请求断开继电器。

（5）高压回路故障下电控制　当点火开关打开后，BMS 处于工作状态时，如果高压回路突然断开，应立即断开高压系统，如碰撞开关触发后，HVIL 电路被强制断开，并触发紧急断电状态信号。HVIL 电路的断开由 BMS 和 VCU 共同监控，VCU 接收到 HVIL 电路断开信号后，要求 BMS 断开继电器，BMS 收到命令后，指示主继电器断开并报告故障信号。

2. 通信协议的制定

控制器有 6 种工作模式：配置模式、关机模式、正常工作模式、监控模式、自检模式和错误模式。CAN 模块的通信部分主要由初始化子程序、消息接收子程序和消息发送子程序组成。各子程序的流程如图 8-24 和图 8-25 所示。

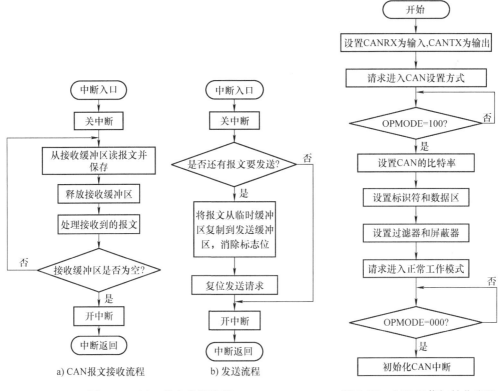

a) CAN 报文接收流程　　　b) 发送流程

图 8-24　CAN 报文收发流程　　　图 8-25　CAN 通信初始化流程

系统的每个采集子板周期性地采集和处理底层数据，然后周期性地将数据发送到主板。工作状态可分为：

1）开机诊断状态：系统开机后，完成初始化，发送网络初始化信息，随时接收其他节点的网络初始化信息。主控制器通过交换网络初始化信息，判断整个网络是否完成初始化过程，同时启动命令进入正常工作状态。

2）正常工作状态：在正常工作状态下，各单元与 CAN 总线通信，实现传感器测量数据的共享、控制指令的发送和接收等。当满足休眠条件时，控制模块由正常工作状态进入休眠状态；当 CAN 模块的故障计数器满足条件，各模块从正常工作状态进入总线断开状态。

3）休眠状态：在此状态下，系统处于低功耗模式。一旦接收到唤醒信号或远程唤醒信号，就需要在从休眠状态过渡到正常工作状态，期间使用网络初始化信息。

4）总线断开状态：处于断开状态的系统复位 CAN 模块并重新建立连接；如果连接多次失败，则转到看门狗复位并请求主控制器重新进入工作状态。

5）断电状态：电源关闭时控制单元的状态。

8.2.4 动力电池数据测试与分析

1. 动力电池数据测试

为了满足电动汽车的应用要求，动力电池通常采用多个电池单元串联而成。在日常生产过程中，动力电池的生产工艺基本相同，但电池的电压、电阻、工作温度都不一致。这种性能差异在动力电池工作过程中会不断增大，最终会大大降低动力电池的整体性能，缩短电池模块的使用寿命。电压对电池容量有着不可忽视的影响，表现为电池的放电容量随着充电截止电压的增大而增大。温度对电池容量也有很大影响，当温度低于 -50℃ 时，电池放电容量呈下降趋势。

如图 8-26 所示，动力电池状态监测系统的硬件主要包括单片机系统、动力电池状态（电压和温度）采集模块、显示模块、A/D 数模转换模块、蜂鸣器报警模块。动力电池状态监测系统软件部分主要包括主程序/子程序流程设计、功能模块程序编写、软硬件组合仿真与调试。整个系统采用单片机作为主控制器，通过收集电流信息，确定电池模块是充电、放电还是处于空闲状态，以及是否存在过电流现象，并相应地处理该状态。系统在采集和分析各节电池电压后，决定是否启动均衡模块来平衡整个电池模块的能量，同时判断是否有过充或过放。温度采集主要用于系统超温保护。

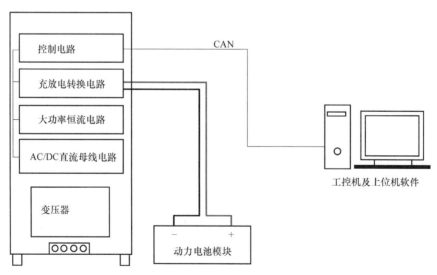

图 8-26 动力电池状态监测系统

动力电池模块的主要电气性能试验项目有充放电率试验、电池内阻试验、电池容量试验、电池过充放电试验、充电保持能力试验、高低温充放电试验等。动力电池状态监测系统的主要功能是完成动力电池模块的电气性能测试，最基本的功能是程控恒流充放电功能，其

项目八 动力电池通信与信息管理

他功能是恒流充放电功能的变化。通过软件控制电流、时间等参数，可以实现不同的测试功能。动力电池状态监测系统作为大功率电力电子仪器，必须具有完整的人机界面和完整的异常保护功能。国内外同类设备在以下关键指标上存在差异。

1) 电池电压范围主要是设备可以调整的最低电压。电动汽车动力电池放电时，如果低压保护电路发生故障，动力电池将过度放电。过放电试验需要测试电池发生这种情况时是否存在安全问题。测试系统的最小启动电压决定了过放电试验中可以达到的最小电压。

2) 电流上升时间　实际电池内阻测试的原理是测量当电流逐步上升时动力电池电压的变化量。在实际测试中，如果电池测试仪的电流上升时间长，电池容量小，电池充电引起的电池电压上升将成为电池内阻测试过程中的重要误差源。因此，动力电池内阻测试要求测试仪的电流上升时间尽可能短。然而，电流上升越快，器件内部大功率恒流电路对环路稳定性的要求就越高。另外，电流上升时间越短，脉冲充放电试验过程中可设定的最短脉冲越短。如果电流上升时间过长，将无法实现动力电池测试所需的窄脉冲充放电测试过程。正常的动力电池数据参数见表8-11。

表8-11　正常的动力电池数据参数

状态指示功能	LED状态指示（电源、充电、放电、错误指示）
输入过、欠电压保护	输入电压超过 $380 \times (1+15\%)$ V时报警保护
输出过电压保护功能	1.05倍的额定值（$60 \times 1.05 = 63V$）
输出过电流保护功能	1.05倍的额定值（$300 \times 1.05 = 315A$）
过热保护功能	功率器件温度超过85℃，仪器过热保护
通信功能	通过CAN通信功能能够控制仪表的启动、停止、工作模式，电压/电流值的设定
充、放电功能	系统应具有脉冲、恒压限流、恒功率充放电功能，恒电阻放电功能
反接保护、断线保护	系统工作过程中，断开输出连接线，系统断开单元应该报警并反馈给上、下位机警示客户。启动前，应能检查动力电池负载是否反接，当发现电池负载反接时，启动报警保护，系统单元不可被启动，电池反接系统立即停止输出并报警
数据采样速率	≤5ms
输入三相不平衡保护	输入三相电压不平衡度大于20%时报警保护
输入三相相序错保护	输入三相电相序错误时报警保护
电池电压范围	0~DC60V
电压/电流测量精度	≤±1‰ FSR，分辨力 0.01V/0.01A
纹波	≤0.5% RMS
输出电流范围	0~DC300A 连续可调
充放电电流转换时间	≤100ms
电流上升时间	≤5ms
绝缘电阻	输入—输出—机壳间不小于 200MΩ/DC500V
抗电强度	输入—输出、输入—机壳 DC1.5kV/1min 20mA
接地导通电阻	外壳与安全接地线之间小于 0.1Ω/10A

2. 监控软件的使用

控制电路的嵌入式软件采用前端和后台程序结构。前后系统的后台程序是一个无限循环，调用不同的函数来完成操作。前台程序使用定时中断来处理实时事件或对某些外围变量执行周期性扫描，后台程序控制嵌入式系统软硬件资源的分配、管理和任务调度，它是一个系统管理调度程序。

计算机软件的使用和操作：

先在计算机上安装监控软件。

使用 CAN 卡连接诊断端口（图 8-27）的 CAN3L 和 CAN3H，并将 USB 端口连接到计算机。

图 8-27　CAN3L、CAN3H 诊断端口

直接打开监控软件的应用程序，在配置界面上执行以下操作。

1）设置参数：选择 CAn1500Kbps。

2）单击确认。

3）单击开始。

当运行程序时，后台程序检查任务函数是否具备运行条件，并调度和完成相应的操作。需要高实时性能的操作通常由前台的中断处理程序完成，为了确保前台的实时性能，中断处理程序只在中断服务例程中标记事件后立即启动。事件处理必须通过背景信号，转移到前台程序来完成。

程序内容包括系统初始化、主功能程序和中断程序。系统初始化程序的内容是对系统的各个变量和单片机的各个外围设备进行初始化，使系统达到工作就绪状态。主功能程序包括各种电压电流采集程序、保护报警程序、CAN 通信指令分析与执行反馈程序。中断程序包括 CAN 通信中断程序和定时器中断程序。图 8-28 和图 8-29 显示了监控软件的界面。

主程序基于 CAN 通信数据，对 CAN 指令进行分析，然后根据 CAN 指令的类型执行指令。同时，测试数据通过 CAN 接口返回上位机。单片机接收到 CAN 通信启动测试命令后，通过模数转换采集电流和电压值，根据上位机发出的测试过程指令中的条件计算出输出电流的理论值。然后，改变恒流给定控制 DAC 的数字量，输出设定的电流。总线的调整将根据动力电池电压和当前总线电压采集值进入 PID 调整环节。

调节程序会调节三项相控角度，以控制给定的数模转换器的数字量，使母线电压的大小正好保证 MOS 并联恒流电路的可靠工作电压。由于动力电池状态监控系统的原理是恒流源，实际输出的恒电压是通过调整充放电电流来降低和提高电池电压来实现的。程序根据上位机设定的目标恒压值，通过 PID 算法采集电池电压，调整输出电流的大小和极性，实现恒压功能。

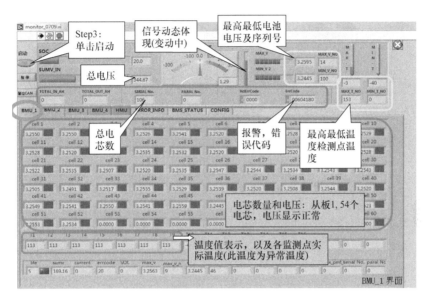

图 8-28　监控软件的使用界面 1

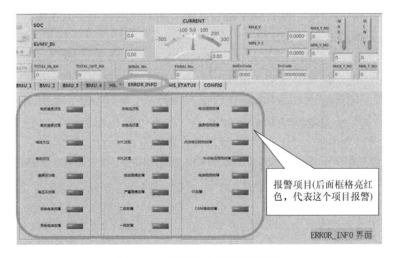

图 8-29　监控软件的使用界面 2

　　主程序还包含一个监控程序来实现保护警报功能。对于输入过电压和欠电压、缺相、相序错误、温控开关温度保护等由 I/O 端口电平识别的报警类型，程序将扫描 I/O 的状态。当 I/O 状态为报警有效状态时，程序在端口判断报警类型的同时，停止设备的输出，同时通过 CAN 通信将报警码反馈给上位机。对于由过电流和过电压等数值判断的报警类型，程序将连续比较采样值和报警值阈值。如果超过阈值，它将确定报警类型并停止设备的输出。同时，报警代码通过 CAN 总线反馈给上位机。

3. 动力电池测试案例分析

案例1：无法充电案例分析

先用上位机软件读取动力电池系统内部数据，再确认动力电池系统是否有故障。当发生除SOC低的二次故障以外的故障时，如电压不平衡故障或二次电压欠电压故障，电池不能充电。当动力电池系统无故障时，应监视CAN1的报文数据，如图8-30所示。

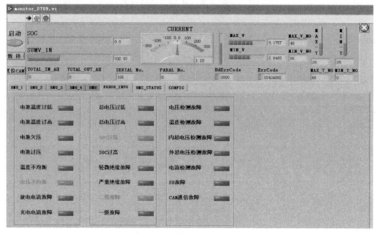

图8-30　报文数据采集监控界面

收集CAN1报文数据，检查计费报文是否符合CHG与BMS的握手过程。如果不符合，则根据实际情况分析电池或充电机是否符合充电逻辑。如果逻辑正常，检查充电机是否报告故障。如果电池不符合逻辑，检查程序是否错误。如果充电机不符合逻辑，检查充电机。

案例2：高压断电故障案例分析

如图8-31所示，首先用上位机软件读取动力电池系统内部数据，确认动力电池系统是否故障。当动力电池系统发生任何二次或一次故障时，将发生高压电源故障。当动力电池系统未报告故障时，需要监视CAN1的报文数据并进行报文数据分析，检查电池是否发出断开继电器的请求。如果动力电池请求继电器断开，检查信息是否显示、报告动力电池有无故障，如果VCU可以发出下一个点指令，就可以排除电池本身的故障。

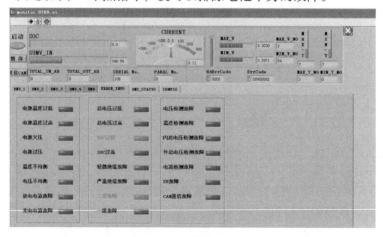

图8-31　动力电池系统故障报文数据采集监控界面

项目八　动力电池通信与信息管理

在电动汽车中，大部分的整车控制器和相关的传感器都使用低压电源，因此输入电路的测试主要针对车辆的低压电源系统。测试时先检查动力电池的状态，然后根据整车电气原理图逐一测试。当车辆发生故障时，还应使用诊断仪读取故障码，缩小故障点的范围，以便快速检测故障点。

动力电池状态检查主要包括动力电池外壳是否损坏，动力电池电极（动力电池引线接头）是否损坏，动力电池固定是否牢固，动力电池的动力状态是否正常等。动力电池箱的损坏将导致电解液流出，放电的动力电池酸液将对车辆造成严重损坏。如果发生这种情况，电解液接触到的汽车零件应迅速用电解液稀释剂或肥皂液处理。如果动力电池电极损坏，则不能保证动力电池端子接触良好性。在车辆运行过程中可能出现动力电池振荡的情况，这将缩短动力电池的使用寿命，并在充电时对电网造成损害。

思 考 题

本项目的学习目标你已经达成了吗？请通过思考以下问题进行检验。

序号	问题	自检结果
1	整车控制器是如何获取电芯的电压及温度信息的？	
2	总线技术汇集了计算机技术、网络通信技术和自动控制技术等，现场总线主要有哪几种类型？	
3	CAN 总线主要特点有哪些？	
4	CAN 总线报文类型有哪些？在技术结构层面上分为哪几层？	
5	CAN 总线在 BMS 中的作用有哪些？	
6	什么是嵌入式系统？电动汽车车载信息系统的作用是什么？	
7	嵌入式系统的定义是什么？	
8	动力电池综合测试平台的作用有哪些？	
9	BMS 通过通信接口与整车控制器、电机控制器、能量管理系统、车载显示系统、远程监控终端等进行通信，请简述其工作过程。	
10	动力电池管理系统可工作于 5 种工作模式下，是哪五种工作模式？	
11	动力电池管理系统中的软件设计功能有哪些？	
12	动力电池在行车状态下，BMS 对故障的处理方法是什么？	
13	动力电池模块的主要电性能测试项目有哪些？	
14	动力电池状态检查主要包括哪些内容？	

阅读与思考

一家电动汽车公司在开发新一代动力电池管理系统时，组建了一个跨部门的合作团队。成员来自研发、生产、销售等多个领域，大家围绕共同的目标紧密协作。团队成员各展所长，相互学习，共同攻克了一个又一个技术难关。这个故事让学生们深刻体会到团队合作的重要性。在未来的职业生涯中，无论身处哪个岗位，都要学会与他人沟通协作，共同为实现更大的目标而努力。

项目九

动力电池管理系统故障检修

> **学习目标**
>
> 1. 知道电池管理系统故障项目诊断技术条件与要求。
> 2. 复述动力电池管理系统故障诊断的控制机理,掌握故障检测方法。
> 3. 掌握动力电池管理系统故障排查方法。
> 4. 掌握电动汽车充电异常故障类型与检查方法。

9.1 动力电池管理系统常见故障分析

9.1.1 动力电池管理系统故障项目诊断技术条件与要求

在我国电动汽车用 BMS 技术条件中,明确指出了电池系统故障项目诊断基本要求项目,见表 9-1。

表 9-1 电动汽车用 BMS 技术条件

序号	故障状态	故障诊断项目
1	电池温度大于温度设定值 1	电池温度高
2	电池温度小于温度设定值 2	电池温度低
3	电芯(模块)电压大于电压设定值 1	电芯(模块)电压高
4	电芯(模块)电压小于电压设定值 2	电芯(模块)电压低
5	电芯(模块)一致性偏差大于设定条件	电芯(模块)一致性偏差大
6	充电电流(功率)大于最大充电电流(功率)值	充电电流(功率)大
7	放电电流(功率)大于最大充电电流(功率)值	放电电流(功率)大
8	绝缘电阻小于绝缘电阻设定值	绝缘薄弱
9	SOC 值大于 SOC 设定值 1	SOC 高
10	SOC 值小于 SOC 设定值 2	SOC 低
11	总电压小于总电压设定值 1	总电压低
12	总电压大于总电压设定值 2	总电压高
13	外部通信接口电路故障	外部通信接口故障
14	内部通信接口电路故障	内部通信接口故障
15	电池系统内部温度差大于温度差设定值	电池系统温差大
16	内部通信总线脱离	内部通信网络故障
17	电池连接电阻大于连接电阻设定值	电池连接松动

BMS 安全保护功能见表 9-2。

项目九　动力电池管理系统故障检修

表9-2　BMS技术条件及实验方法——BMS安全保护功能

故障状态	技术要求	
	整车系统级别故障响应处理	电池管理系统硬件响应
一级故障、二级故障	BMS上报故障码后，整车的其他控制器可以根据具体故障内容启动相应的故障处理机制	无
三级故障：模块温度极高		连续报警一定时间后，关闭直流动力回路
三级故障：模块温度极低		
三级故障：模块电压极高		不允许继续充/放电，连续报警一定时间后，关闭直流动力回路
三级故障：模块电压极低		
三级故障：模块温差极大		连续报警一定时间后，关闭直流动力回路
三级故障：内部通信总线脱离		
三级故障：总电压极高		不允许继续充/放电，关闭直流回路
三级故障：总电压极低		
三级故障：充电电流极大		连续报警一定时间后，关闭直流动力回路
三级故障：放电电流极大		

在实际应用过程中，电池组的故障种类繁多，电动汽车在不同的行驶条件下、不同的温度下、不同驾驶者的操作习惯下，同一种故障的故障程度之间也存在着一定程度的差异。在BMS技术条件及实验方法行业标准中，对电池系统的诊断做了进一步的要求，即划分更加具体的故障等级（表9-3）。

表9-3　电池系统故障诊断要求

故障状态	技术要求	
	电池管理系统故障诊断状况	是否必须（√/—）
模块温度>设定值	一级故障：模块温度高	√
模块温度<设定值	一级故障：模块温度低	√
模块（电芯）电压>设定值	一级故障：模块（电芯）电压高	√
模块（电芯）电压<设定值	一级故障：模块（电芯）电压低	√
电池模块温度差>设定值	一级故障：模块温差大	—
总电压>设定值	一级故障：总电压高	√
总电压<设定值	一级故障：总电压低	√
充电电流>设定值	一级故障：充电电流大	√
放电电流>设定值	一级故障：放电电流大	√
SOC>设定值	一级故障：SOC高	—
SOC<设定值	一级故障：SOC低	—
绝缘电阻<设定值	一级故障：漏电	—
外部通信接口初始化故障	二级故障：外部通信接口电路故障	—
内部通信接口初始化故障	二级故障：内部通信接口电路故障	—
模块温度>设定值	三级故障：模块温度极高	√
模块温度<设定值	三级故障：模块温度极低	√

(续)

故障状态	技术要求	
	电池管理系统故障诊断状况	是否必须（√/—）
模块（电芯）电压 > 设定值	三级故障：模块（电芯）电压极高	√
模块（电芯）电压 < 设定值	三级故障：模块（电芯）电压极低	√
电池模块温度差 > 设定值	三级故障：模块温差极大	—
内部通信总线脱离	三级故障：内部通信网络故障	√
总电压 > 设定值	三级故障：总电压极高	√
总电压 < 设定值	三级故障：总电压极低	√
充电电流 > 设定值	三级故障：充电电流极大	—
放电电流 > 设定值	三级故障：放电电流极大	—
绝缘电阻 < 设定值	三级故障：严重漏电	—

由表 9-3 可知，在不同的故障等级下，需根据对应具体标准以及具体情况做进一步的故障处理。

（1）一级故障　动力电池上报该故障一段时间后会造成整车出现安全事故，如起火、爆炸、触电等。动力电池在正常工作下不会上报该故障，BMS 一旦上报该故障表明动力电池处于严重滥用状态。

常见的一级故障有电芯过电压、电池外部短路（放电过流）、温度过高、电池内部短路。对汽车的主要影响是：车载充电时请求停止充电/停止加热，主正、主负继电器断开；直流快充时发送 BMS 终止充电，主正、主负继电器断开；行车模式时，电池放电电流降为 0，高压系统断开，无法行车。

（2）二级故障　动力电池上报该故障会造成整车进入跛行状态、暂时停止能量回馈、停止充电。动力电池正常工作下不会上报该故障，BMS 一旦上报该故障，表明动力电池某些硬件出现故障，或动力电池处于非正常工作的条件下。

常见故障为电芯欠电压、BMS 内部通信故障、BMS 硬件故障、BMS 与车载充电机通信故障、温度过高、绝缘电阻过低、加热元件故障等。对车辆的影响是：

1）如果是电芯欠电压故障，行车模式时限功率至放电电流 25A。

2）如果是 BMS 内部通信故障、BMS 硬件故障，行车模式时限功率至放电电流 25A，最大允许充电电流调整为 0。充电模式时发送请求停止充电，如果上报故障后 2s 内未收到响应，BMS 主动断开高压继电器或加热继电器。

3）如果是 BMS 与车载充电机通信故障，车载充电模式时请求停止充电或请求停止加热，如果上报故障后 2s 内未收到响应，BMS 主动断开高压继电器或加热继电器。

4）如果是温度过高，在行车模式时，限功率至放电电流 25A，最大允许充电电流调整为 0。如果是绝缘电阻过低，行车模式时限功率至放电电流 25A，最大允许充电电流调整为 0；充电模式时发送请求停止充电，如果上报故障后 2s 内未收到响应，BMS 主动断开高压继电器或加热继电器。

5）如果是加热元件故障，充电模式时发送请求停止加热，如果上报故障后 2s 内未收到响应，BMS 主动断开高压继电器或加热继电器。

项目九　动力电池管理系统故障检修

（3）三级故障　动力电池上报该故障对整车无影响或不同程度地造成整车进入限功率行驶状态。动力电池正常工作状态也可能上报该故障，BMS一旦上报该故障，表明动力电池处于极限环境温度下，或电芯一致性出现一定劣化等。

常见故障主要有绝缘电阻过低故障、电压不均衡故障、电芯欠电压故障、温度不均衡故障、放电过电流故障等。对车辆的影响为：

1）如果是温度过高故障，行车模式时放电功率降为当前状态的50%。
2）如果是绝缘电阻过低故障，上报不处理。
3）如果是电压不均衡、电芯欠电压故障，行车模式时放电功率将降为当前状态的40%。
4）如果是温度不均衡故障，上报不处理。
5）如果是放电过电流故障，行车模式时放电功率降为当前状态的50%。

在实际设计中，设计人员主要关注电芯的过电压、欠电压、充放电过电流、温差过大等故障，以及整个电池组的总电压过高、总电压过低、SOC过低等，具体分级参数见表9-4。

表9-4　18650型动力电池组电气故障类型及分级参数

故障分类	一级故障	二级故障	三级故障
电芯电压过高	3950mV	4200mV	4300mV
电芯电压过低	3100mV	3000mV	2700mV
电池温度过高	50℃	60℃	65℃
电池温度过低	-15℃	-20℃	-25℃
电芯压差过大	300mV	350mV	500mV
电池温差过大	10℃	15℃	—
总电压过高	806V	817V	828V
总电压过低	694V	672V	582V
SOC过低	20%	15%	10%
稳态充电过电流	110A	130A	150A
稳态放电过电流	420A	450A	500A
漏电超限	—	2mA	10mA

当电池电压过高和过低时，需要考虑实验电池所允许的最大电压和电池的截止电压。同时，电池的正常电压范围为3.2~4.2V，最佳值控制在3.7V左右。在给电池充电的过程中，经常需要充分使用，但电池电压不能超过4.2V，因此，以4.2V作为蓄电池故障的标准，以3.95V作为一次提醒标准。在电池放电过程中，不能超过电池的最低截止电压，因此将截止电压值设定为三级标准，并结合电池电压应用范围，采用3.1V作为一级提示标准。同样，考虑到电池的正常工作温度为-25~65℃，该范围的临界值用作温度过低和过高的三级指标要求。一级、二级标准相应调整，达到预警要求与目的。

相应的故障处理方法如下：当发生一级故障时，应及时将故障的电池号和故障发生的时间记录在电池管理系统的日志中，并注明具体的故障数据，以及相应的故障类型判断说明。当发生二级故障时，表示动力电池故障严重。此时，除了记录故障日志外，还应在BMS的主界面上明确指出故障电池和故障状况，提醒驾驶员注意电池的安全状况。当发生最严重的三级故障时，应按照BMS安全管理功能的具体要求进行处理。一般情况下，出现严重故障

电动汽车动力电池管理系统原理与检修

的动力电池应与电源隔离。

9.1.2 动力电池管理系统故障诊断的控制策略

BMS 故障诊断的控制策略主要包括故障检测、故障数据管理和诊断服务接口三个方面。

1）故障检测：根据动力电池系统各部件的故障模式进行分析。

2）故障数据管理：根据故障检测结果及时诊断处理。

3）诊断服务接口：这是一个更加程式化的内容，主要基于底层驱动程序和协议，用于标准定义的电子控制单元与外部诊断设备之间的通信。

BMS 故障数据的管理任务是一个故障诊断和处理的算法过程。诊断服务接口提供标准中定义的电子控制单元和外部诊断设备、低级驱动器和通信协议。外部诊断设备供维修人员在车辆维修时使用，它可以读取车内存储的故障码，以便维修人员进行更合理的维修。

根据电池系统各部件对电池系统的影响（表9-5），电池系统故障的严重程度可分为4个级别。当发生故障时，车身控制模块将在相应级别采取相应的故障处理措施。当发生严重故障时，车身控制模块将及时切断动力电池系统高压接触器，保证整车高压系统的安全。

表 9-5 BMS 故障等级划分

故障级别	故障处理	故障处理相关说明
一级	紧急下电	立即自行断开高压接触器
二级	请求下电	BCM 会先请求整车控制器断开高压，延时一段时间等待整车充放电流下降后再断开接触器
三级	限制功率	限制充放电功率保护电池
四级	电池预警	电池系统部件出现故障，但不影响系统运行

电动汽车的高压上下电控制和 BMS 故障影响汽车动力系统的基本性能。通过将控制技术集成到 BMS 中，实现动力电池的在线监测和实时控制，为车辆提供动力电池的运行状态信息，以便进行有效的高压能量管理（包括通电和断电控制）和故障状态控制。在纯电动汽车的高压通电和断电过程中，整车控制器向 BMS 发出通电/断电指令，以保证车辆的高压安全。

如图 9-1 所示，动力电池控制器（BCM）主要通过车辆 CAN 与整车控制器通信，通过内部 CAN 与高压采样单元（HVS）和动力电池检测单元（CSC）通信。CSC 负责采集动力电池电压、温度等状态信息并向车身控制模块报告，高压采样单元（HVS）负责动力电池模块高压采样和绝缘检测，车身控制模块收集来自 HVS 和 CSC 的数据，估计电池的充电状态（SOC）和电池寿命（SOH），并实时计算电池的最大允许充电和放电功率。

动力电池具有高压电气安全隐患，其供电电压远超过人体的安全电压，当电池短路或电解液泄漏时，会引起严重的爆炸和燃烧；电池的化学反应产生的有害物质也会对人员造成伤害。所以，动力电池的 BMS 需要保证整车高压系统的安全性和可靠性，这可以通过包括高压绝缘检测、高压互锁电路（HVIL）、碰撞安全开关、手动维护开关和动力电池部件诊断等策略来实现。

当检测到高压系统故障时，车身控制模块能够及时响应，并采取措施确保高压电源的安全。动力电池管理系统常见故障有：

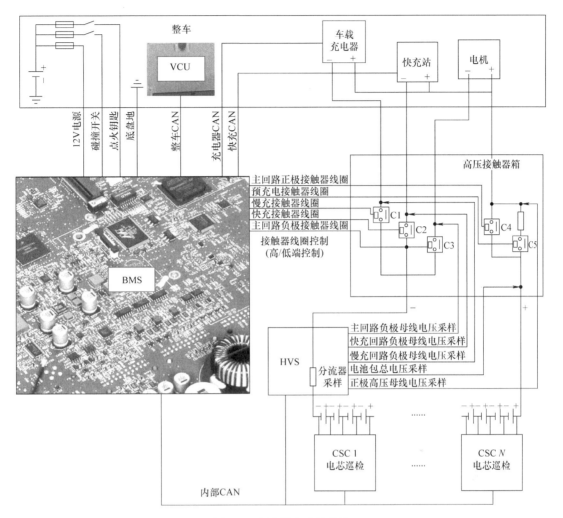

图 9-1 电池管理系统结构

1）系统通电后，整个系统不工作。主要原因是电源出现异常，或部分电路或元器件短路或开路，最根本的是没有电压输出。

2）绝缘检测报警。可能的原因是电池或驱动器泄漏，绝缘模块板检测线可能连接不正确。

3）主继电器通电后不吸合。负载检测电路可能连接不正确、预充电继电器开路或电阻开路。电池最大的问题是电池之间的温差太大，温度过高或过低，主要原因是车内的冷却风扇工作不正常。如果插头松动或冷却风扇出现故障，将导致整个电池冷却不良。

动力电池组由数千个电池组成，为了保证动力电池系统电压采样正常，需要进行多重保护（图 9-2）。一旦发现异常，可以迅速诊断并采取适当的保护措施，防止电池过充电或过放电。

每个 CSC 不仅需要收集电芯的电压，还需要收集电池模块的电压。这样，CSC 可以比较模块中电芯的累积电压和电池模块的电压。如果电压差较大，则意味着 CSC 的电芯与模块的电压采样不匹配，CSC 将报告故障码。同时，车身控制模块将定期采集动力电池组的总

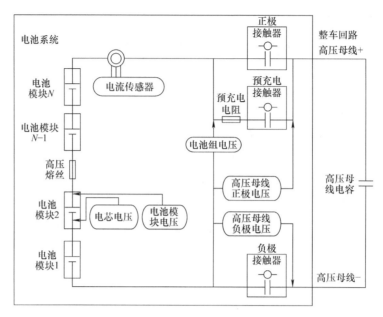

图 9-2 动力电池管理系统电压采样

电压,并将动力电池组所有电芯的总电压与动力电池组的总电压进行比较。如果电压差较大,则说明电芯和动力电池组电压采样不匹配。否则,车身控制模块将记录相应的故障码。通过多重保护机制,可以大大提高电压采样的可靠性,保证电池系统的安全。当动力电池系统发生严重故障时,必须迅速切断高压接触器,以保护动力电池,保证整车的高压安全。因此,对接触器的诊断就显得尤为重要。

为了测试接触器是否能正常切换,需要单独采集接触器上的电压。接触器可根据表 9-6 的状态进行诊断,并根据诊断结果采取相应措施保护高压系统的安全。

表 9-6 接触器状态诊断

接触器控制	触点两端电压采样的压差	接触器状态	说明
断开	压差较大	正常	—
	很小或几乎相等	异常	接触器可能粘连
闭合	很小或几乎相等	正常	—
	压差较大	异常	接触器无法正常闭合

车身控制模块负责车辆高压系统的安全,因此,车身控制模块定期测量高压母线对地的绝缘电阻,并通过 CAN 总线报告绝缘状态和电阻值,通知车辆其他控制器。当车身控制模块检测到动力电池模块的绝缘电阻异常时,可采用分级报警策略,确保高压安全。当电阻值小于 400kΩ 时,车身控制模块报警,等待整车控制器断开高压指令。当电阻值小于 200kΩ 时(国家标准要求的最小绝缘电阻为 500Ω/V,电动汽车动力电池电压可高达 600V),显示为严重故障,车身控制模块必须直接切断主接触器,以确保车辆的高压安全,并上传状态,警告其他控制器。

图 9-3 所示是 HVIL 的功能框图。BMU 输出 12V 脉冲宽度调制信号。每个高压插接器是 HVIL 串联电路中的一个节点。高压插接器需要一个 HVIL 互锁,当连接一个或多个高压接

头时，如果插件插入错误，整个电路将断开，并且输入到车身控制模块的信号不再是有效的脉宽调制信号，被视为 HVIL 无效。否则，车身控制模块（BMU）定期监测 HVIL 状态，当发现高压互锁电路失效时，及时记录相应的故障码并报告给整车控制器，提示高压系统高压互锁故障，并断开高压接触器，防止高压触电。

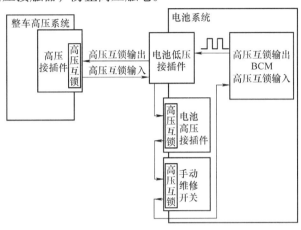

图 9-3　HVIL 原理框图

9.1.3　动力电池管理系统故障检测方法

在动力电池管理系统中，有几种检测故障的方法。

1）观察。电池管理系统的故障分析方法很多。首先是观察。顾名思义，就是通过维修人员观察车辆，对故障原因做出初步诊断。该方法主要用于检测系统通信中断或控制异常时，各系统是否有异常或报警。然后逐一确认观察到的现象，最终确定故障原因。

2）故障再现方法。这主要是由于车辆在不同的环境条件下会发生不同的故障。在条件允许的情况下，可以尝试再现故障，仔细观察和分析。然后用排除法排除干扰，并确定是什么问题导致了故障。

3）替换方法。该方法主要用于在某一模块发生温度、电压、控制等异常时，通过替换同一模块，诊断被替换的模块是否存在故障。

4）环境检查法。主要是通过检查可能涉及的部件的本体、连接等周围是否有异常，然后根据异常情况分析可能导致的问题。在许多情况下，当系统出现故障时要更加注意一些细节。

5）程序升级方法。运行新程序时，会发生不明确的故障，导致系统错误。后续程序可与之前的程序进行比较，以分析可能的故障原因。当电池系统处于受控状态时，可以对电动汽车存储的数据进行分析，检测出故障。

9.2　动力电池管理系统故障诊断与维修

9.2.1　动力电池管理系统故障码的读取

以吉利帝豪 EV300 电动汽车为例，其 BMS 故障码含义与处理方法见表 9-7。

表9-7 吉利帝豪EV300电动汽车的BMS故障码含义与处理

故障码	故障/描述条件	故障部位/排除方法
U3006-16	控制器供电电压低	电池包外部（给12V铅酸蓄电池补电）
U3006-17	控制器供电电压高	电池包外部（给12V铅酸蓄电池放电）
U3006-29	上高压过程中铅酸蓄电池电压无效	电池包外部（BMU异常重启，重新上电）
U3472-87	动力CAN总线数据丢失	电池包外部（排查整车端外部低压通信线束，检测ACAN通信）
U0064-88	动力CAN-BUS OFF	电池包外部（排查整车端外部低压通信线束是否存在开路或断路）
U1500-87	SCAN电流报文丢失	电池包内部（需要拆包排查CSU）
U1501-87	电流采集器总线故障	电池包内部（BMU与CSU通信异常，检测SCAN通信）
U111487	与整车控制器丢失通信	电池包外部（检测电池包与VCU通信）
U111587	与车载充电机丢失通信	电池包外部（检测电池包与车载充电机通信）
U0AC47D	A-CAN总线故障	BMS通信线路故障
U0AC486	BMU的CAN网络中断	
U0AE400	SCAN总线故障	
U014287	VCU通信丢失	
U014387	VCU通信丢失（仅在慢充检测）	
U017487	OBC通信丢失	
U24BA81	VCU General报文校验错误	
U24BB81	VCUBMSC温度1报文校验错误	
U24BC81	CCU Internal Values报文校验错误	
U24BD81	CCU External Values报文校验错误	
U24BE81	CCU Temperature报文校验错误	
U344003	SCAN电流报文丢失	
P21F10E	主正继电器粘连故障	动力电池组内部（更换主正继电器）
P21F10B	主负继电器粘连故障	动力电池组内部（更换主负继电器）
P21F10C	直流充电继电器粘连故障	动力电池组内部（更换充电正端继电器）
P21F06A	主正继电器无法闭合故障	动力电池组内部（更换主正继电器）
P21F06B	主负继电器无法闭合故障	动力电池组内部（更换主负继电器）
P21F06C	直流充电继电器无法闭合故障	动力电池组内部（更换充电正端继电器）
P21F06D	预充继电器无法闭合故障	动力电池组内部（更换预充继电器）
P21F601	充电继电器老化	动力电池组内部（更换充电继电器）
P21F602	主负继电器老化	动力电池组内部（更换主负继电器）
P21F603	主正继电器老化	动力电池组内部（更换主正继电器）
P21F604	预充继电器老化	动力电池组内部（更换预充继电器）
P21E011	主正或主负继电器下电粘连	动力电池组内部（更换主正继电器）

项目九　动力电池管理系统故障检修

（续）

故障码	故障/描述条件	故障部位/排除方法
P21F102	不可逆的碰撞信号发生（仅有ACAN信号）	故障码（DTC）P21F102、P21F103
P21F103	不可逆的碰撞信号发生（仅PWM波）	
P21F10F	放电电流过大（PS：放电为正）	动力电池组内1外部（重新上下电）
P21F118	放电电流过大（PS：放电为正）	
P21F111	放电电流过大（PS：放电为正）	
P21F112	充电电流过大（PS：充电为负）	
P21F114	充电电流过大（PS：充电为负）	
P21F115	充电电流过大（PS：充电为负）	
P21F113	电流传感器故障	动力电池组内部（更换CSU）
P21E01C	CSU采样异常	动力电池组内部（重新上下电，不恢复，更换CSU）
P21F122	电芯欠电压（可操作级别）	动力电池组内部（重新上下电）
P21F123	电芯过电压（安全级别）	
P21F124	电芯欠电压（安全级别）	
P21F125	电芯过电压（质保级别）	
P21F126	电芯欠电压（质保级别）	
P21F127	动力电池组总电压过电压	
P21F128	动力电池组总电压欠电压	
P21F12A	高压互锁断路故障	动力电池组内部（检查动力电池组内部高压线路哪里短接到电源）
P150117	热管理结束时温差过大	动力电池组内部（检查电池温差）
P21F12C	高压互锁短路到电源故障	动力电池组内部（检查动力电池组内部高压线路哪里短接到地）
P21F12D	高压互锁短路到地故障	检查外部快充、主回路、MSD高压插接器插件和内外部高压线路
P21F12E	高压回路断路	
P21F070	CSC的CAN报文丢失	动力电池组内部（动力电池组内部通信异常，检测CCAN通信）
P21F0B0	CSC采样线掉线或松动	动力电池组内部（检测CSC采样线松动或掉线）
P21E010	SOC不合理	动力电池组内部（根据详细故障码结果处理，包括CSC Wakeup电流短路、CSCPCB板载温度过高、均衡回路故障）
P21F179	电池温度高于可操作温度的上限值	动力电池组内部（重新上下电）
P21F17A	电池温度低于可操作温度的下限值	
P21F17B	电池温度高于质保温度的上限值	
P21F17D	电池温度高于安全温度的上限值	
P21F17E	电池温度低于质保温度的下限值	

221

(续)

故障码	故障/描述条件	故障部位/排除方法
P21F17F	电池温度不合理	动力电池组内部（电池温度异常）
P21F310	电池温差过大	
P21F710	CSC 采样线松动	动力电池组内部（检测 CSC 采样线松动或掉线）
P21F180	电池老化：电池健康状态过低	动力电池组内部（电芯有老化，建议更换动力电池组）
P21F181	电池老化：电池健康状态过低	
P21F186	电芯电压严重不均衡	动力电池组内部（电芯已严重不均衡，建议更换动力电池组）
P21F048	电芯极限过压	
P21F300	电压传感器故障	
P21F16F	电池温度传感器故障	动力电池组内部（更换 CSC 采样线或模组线或 CSC）
P21F301	温度传感器故障	
P21F0B1	CSC 均衡单元失效	动力电池组内部（更换 CSC）
P21E025	充电故障：快充设备故障	检查外部快充、主回路、MSD 高压插接器插件和内外部高压线路
P21E026	充电故障：车载充电机故障	
P21E02A	非期望的整车停止充电	
P21F711	均衡停止原因：CSC Wakeup 电流短路	
P21F713	均衡停止原因：均衡回路故障	
P21F401	继电器外侧高压大于内侧高压	
P21F311	连续预充失败超过最大次数	
P21E01B	充电机与 BMS 功率不匹配故障	检查充电机和 BMS，更换合适的充电机或 BMS
P21F13E	预充电流过大	动力电池组内部（检查预充电阻是否装小）
P21F501	充电时放电电流大于 30A	
P21F13F	预充电流反向	
P21F140	预充时间过长	
P21F049	电芯极限欠电压	
P21F142	预充短路	
P21F024	BMS 的 12V 供电电源电压过低故障	故障码（DTC）P15041C、P150517
P21F025	BMS 的 12V 供电电源电压过高故障	
P21F026	BMU 非预期的下电故障	动力电池组内部（BMU 异常下电，重新上电）
P21F027	BMU 非预期的重启故障	动力电池组内部（BMU 异常重启，重新上电）
P21E135	上高压过程中传感器失效	动力电池组内部（重新上电）
P21E141	VCU6 级故障响应超时	动力电池组内部（重新上电）
P21F028	ROM 自检失败	动力电池组内部（重新上电，不恢复更换 BMU）
P21F029	RAM 自检失败	
P21F02A	高压继电器闭合的前提下，绝缘故障	动力电池绝缘阻值检测
P21F02B	高压继电器断开的前提下，绝缘故障	动力电池组内部（检查 PACK 绝缘）
P21F02C	绝缘测量故障	动力电池组内部（更换 BMU）

项目九　动力电池管理系统故障检修

（续）

故障码	故障/描述条件	故障部位/排除方法
P21E110	热管理故障：入水口温度传感器故障	更换加热芯温度传感器
P21E111	热管理故障：出水口温度传感器故障	更换蒸发器温度传感器
P21E023	不能充电原因：CC硬件信号异常	动力电池组外部（检测CC信号）
P150217	加热时进水口温度过高	动力电池组外部（更换整车控制的制冷器或其控制器）
P150316	冷却时进水口温度过高	
P15041C	充电口温度传感器故障	动力电池组外部（更换充电口温度传感器）
P150517	充电口温度传感器过温	
P150616	快充预充失败	动力电池组外部（更换充电桩）

9.2.2　动力电池管理系统常见故障检查

BMS常见故障类型包括CAN系统通信故障、BMS未正常工作、电压采集异常、温度采集异常、绝缘故障、内外总电压测量故障、预充电故障、无法充电、电流显示异常故障、高压互锁故障等。具体的原因分析见表9-8。

表9-8　BMS常见故障类型检查表

故障类型	故障原因	处理方法
CAN系统通信故障	CAN线或电源线脱落、端子退针都会导致通信故障	在BMS电源正常的情况下，将万用表调到直流电压档。红色测试笔接触到内部的CAN-H，黑色测试笔接触到内部的CAN-L，CAN-L的正常电压约为1.5V，如果电压异常，可以确定BMS硬件有故障，需要更换
BMS未正常工作	BMS的供电电压 CAN线或低压电源线连接不可靠 接插件退针或损坏 控制主板	首先测量连接到BMS的车辆电源电压在接头处是否有稳定的输出 CAN线或电源输出线连接不可靠会导致通信故障。检查主板至从板或高压板的通信电缆和电源电缆。如果发现断开，应更换或重新连接 低压通信插头插脚故障将导致板上无电或板上数据无法传输到主板，应检查插头和插接器 更换监控板，更换后故障排除则说明原来的监控主板有问题
电压采集异常	电池本身欠电压 采集线端子紧固螺栓松动或采集线与端子接触不良 采集线熔丝损坏 从板检测问题	将监测到的电压值与万用表实际测量的电压值进行比较，确认后更换动力电池 螺栓松动或端子接触不良将导致装置电压采集不准确。此时，轻轻摇动采集终端确认接触不良，然后拧紧或更换采集线 测量熔丝电阻值，如果异常，则需要更换 确认采集的电压与实际电压不一致。如果采集到的其他从板电压与电池电压一致，则需要更换从板。采集现场数据，读取历史故障数据，并进行分析

223

（续）

故障类型	故障原因	处理方法
温度采集异常	温度传感器失效 温度传感器线束连接不可靠 BMS 存在硬件故障 更换从板后是否重新加载电源	如果缺少单个温度数据，检查中间对接插头。如果没有异常连接，可以确定传感器损坏，应更换 检查中间对接插头或控制口温度传感器线束，如有松动或脱落，更换线束 监测发现 BMS 无法采集到整个电池温度，如果确认控制线束至温度传感器探头适配器的线束正常，可以确定为 BMS 硬件问题，应更换相应的从板 更换故障从板后，重新加载电源，否则监测值显示不正常
绝缘故障	高压负载漏电 高压线或插接器破损 电池箱进水或电池漏液 电压采集线破损 高压板检测误报	断开 DC/DC 变换器、PCU、充电机、空调等，直到故障排除，然后更换故障件 用绝缘电阻表测量，检查后更换 弃置电池箱或更换电池 确认动力电池箱内部泄漏后检查收集线，如有损坏应更换 更换高压板。更换后，确定故障为高压板故障
内外总电压测量故障	总电压采集线两端端子连接不可靠 高压回路连接异常 高压板检测故障	使用万用表测量测试点的总电压，并将总电压与监视器进行比较。然后检查测试电路，如发现连接不可靠，拧紧或更换 使用万用表测量测试点的总电压，监测总电压并进行比较。然后从测试点依次检查维修开关、螺栓、接头、熔丝等 将实际总电压与监测总电压进行比较。更换高压板后，如果总电压恢复正常，则可以确定高压板有故障并更换
预充电故障	外部高压部件故障 主板问题，不能闭合预充电继电器 主熔丝或预充电阻损坏 高压板外部总电压检测故障	当 BMS 报告预充电故障时，断开总正极和负极后，如果预充电成功，则故障是由外部高压部件引起的。分段检查高压接线盒和 PCU 检查预充电继电器是否有 12V 电压。如果没有，应更换主板。如果更换后预充电成功，则确定主板故障 测量预充电熔丝的导通性和电阻，如有异常则更换 更换高压板后预充电成功后，可以确定高压板有故障，应更换
无法充电	充电机与主板未正常通信 充电机或主板故障不能正常启动 BMS 检查到故障，不允许充电 充电熔丝损坏，无法形成充电回路	使用仪器读取车辆 CAN 系统工作数据。如果没有充电机或 BMS 工作数据，应立即检查 CAN 通信线束。如果接头接触不良或中断，应立即修理 更换充电机或主板，然后重新加载电压。如果更换后可以充电，则可以确定充电机或主板有故障 通过监控确定故障类型，然后解决故障，直到充电成功 使用万用表检查充电熔丝的导通性。如果失败，立即更换

(续)

故障类型	故障原因	处理方法
电流显示异常故障	电流采集线未正确连接 电流采集线连接不可靠 检测端子表面氧化情况 高压板电流检测异常	此时,电流将反转。应更换 首先确认高压回路电流稳定,当监测电流波动较大时,检查分流器两端的集电线路,如发现螺栓松动,应立即拧紧 确保高压电路具有稳定的电流,当监测电流远低于实际电流时,检测端子或螺栓表面上是否存在氧化层,然后对表面进行处理 检修开关关闭后,若监测电流值大于0.2A,则高压板电流检测异常,应更换高压板
高压互锁故障	DC/DC 变换器故障 DC/DC 变换器继电器端子未插接牢靠 主板或转接板故障,导致 DC/DC 变换器继电器不闭合	测量 DC/DC 变换器高压输入插头。如果接通时出现短时高压,可确定为 DC/DC 变换器故障,应更换 检查继电器的高低压端子 测量 DC/DC 变换器继电器的电压驱动端,在没有 12V 电压的情况下,短时间打开接线盒,然后更换主板或转接板

吉利 EV300BMS 如图 9-4 所示。

9.3 车辆充电故障

9.3.1 车辆充电异常故障类型

车辆充电异常是指电动汽车在充电枪或充电桩正确连接后,充电不正常。车辆充电异常现象可分为三类:车辆未准备好、车辆未显示充电、车辆显示小充电电流。车辆不能正常充电的主要原因有四种:车辆外部设备故障、整车控制器故障、电池故障和通信故障。

1. 车辆外部设备故障

通过对电动汽车的分析,充电系统可分为快速充电、慢速充电、低压充电和制动能量回收四个部分。其中,快速充电是指直流高压充电,由直流充电端口(带高压线束)和动力电池组成。直流充电接口可以接收直流充电桩的电能,并通过高压线束将电能传送给动力电池总成充电。慢充是指交流高压充电。它由交流充电端口(带高压线束)、交流充电插座、交流充电插头、动力电池和汽车充电机组成。交流充电接口接收交流充电桩的电能,通过高压线束将电能传输至配电箱,配电箱通过直流母线将直流电传输至动力电池充电。

电动汽车动力电池管理系统原理与检修

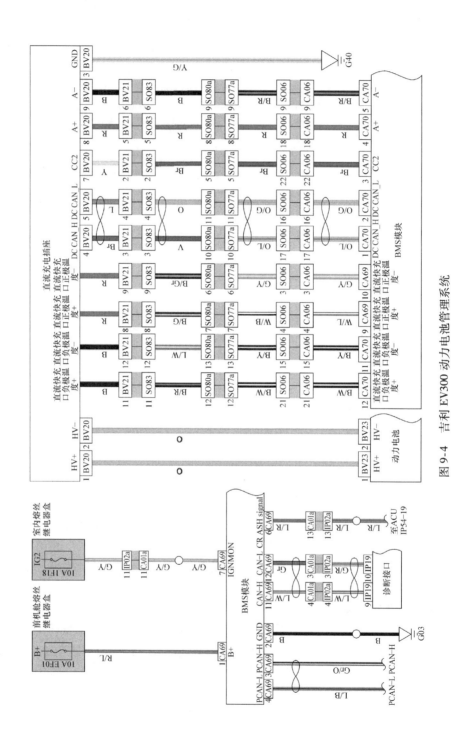

图9-4 吉利EV300动力电池管理系统

项目九　动力电池管理系统故障检修

对于电动汽车，当汽车电池能量不足时，需要用充电装置进行充电，充电系统的部件在长期使用过程中会因自然磨损或维护不当而发生故障。充电系统的常见故障包括充电端口指示灯不亮、仪表板上的充电指示灯显示但不充电、继电器未接通等故障。

在正常情况下，当车辆处于 AC 充电模式时，辅助控制模块检测 AC 充电接口的 CC（充电感应信号）和 CP 信号（充电枪插入、传导信号）并唤醒 BMS。BMS 唤醒车载充电机并发出充电指令，同时关闭主继电器，动力电池开始充电。

异常充电可能是充电桩和线路的故障。具体故障点包括充电桩自身故障、充电连接线故障、充电枪故障。主要故障点有 220V 充电插座故障、充电电缆 2 故障、充电枪故障等。

2. 整车控制器故障

整车控制器（VCU）是车辆的"大脑"。它分析仪器、电池、电机的数据，根据车辆控制策略对电机、电池、一体化电源控制器进行控制；分析数据和故障信息，对车辆进行安全限制，防止危险。车辆控制系统主要包括整车控制器、控制器局域网（CAN）、信息显示系统、动力驱动系统和电机控制器。作为纯电动汽车的核心部分，车辆控制系统控制各系统之间的协同工作，通过接收来自其他控制器的信号，例如驾驶员控制指令信息、加速踏板信息等，然后通过特定算法处理这些信号，控制器局域网将信号输出到相应的下层控制器以执行相应的动作。

车辆控制策略是 VCU 软件的重要组成部分。一个成熟可靠的车辆控制策略必须包括以下几个部分：驱动控制策略、能量控制策略、制动能量回收控制策略和安全控制策略。它应能满足驾驶员的操作要求，并具有智能安全控制功能，以确保车上人员的安全，并提高汽车性能，增加纯电动汽车的行驶里程。

动力电池组是纯电动汽车的动力来源。它为汽车各种用电设备提供能量，有效地利用电池能量是发展纯电动汽车的关键。当电池剩余电量（SOC）降至极限值时，电池组的端电压会因电量不足而急剧下降，这可能导致车速迅速下降，引发交通事故，甚至直接停车。因此，纯电动汽车整车能量的合理分配对提高汽车各方面性能起着主导作用。如果整车控制器接收到的 SOC 值低于预设的极限值，电动车辆仪表板将点亮报警指示灯。当动力电池组的 SOC 值高于设定值时，整车控制器应停止回收制动能量，以提高动力电池组的使用寿命。

车辆 VCU 故障也会导致车辆充电异常。车辆充电时，无论是快速充电还是慢速充电，VCU 都需要接收充电连接信号和充电确认信号。VCU 确认连接后，通过总线与 BMS 通信，正常充电。因此，当 VCU 发生故障时，车辆无法正常充电。车辆 VCU 故障的主要原因是 VCU 未通电、VCU 通信故障和 VCU 损坏。

3. 电池故障

动力电池组是电动汽车能源系统的核心部件。充电的过程是把电能转换成化学能的过程。此时如果发生故障，将严重影响车辆性能。由于电池组中单个电池特性的差异，在多次充放电后，单个电池之间的容量差异可能会越来越大，充放电过程中不能同时达到充放电饱和，而过充电/过放电时则容易发生这种现象。这会大大降低电池的寿命，甚至对电池造成永久性的损坏。如果连续使用已达到使用寿命的电池,将大大缩短整车的行驶距离。因此,避免电池的过充电/过放电,及早发现和更换已达到使用寿命的电池,对于延长电池组的整体寿命,对提高电动汽车的整体性能具有重要意义。

BMS 实时监测每个电池的电压。如果单个电池的电压在放电过程中迅速下降,说明其 SOC 过低。此时,BMS 将向车辆发送故障信号。在充电过程中,为了防止电芯过充,采用平衡充电方案对电芯进行平衡。电池达到使用寿命后,功率将大大降低。

动力电池组故障的主要原因可能是 BMS 的接口故障、内部传感器故障或电池本身的硬件故障。此时,电池需要进一步进行检查。

4. 通信故障

BMS 主要是对电动汽车动力电池系统进行监视和管理,由于 BMS 由多个单片机等构成,因此其出现故障的因素比较多。动力电池故障诊断系统在运行时,可在环检测动力电池包的状态,进行故障诊断,主控 BMS 负责与故障诊断系统通信,具有检测总电流和总电压、估计 SOC 值及检测绝缘等功能。每一个从控 BMS 管理控制一个电池模块,负责检测电芯的温度、电压、电流及均衡电池能量等。电动汽车上采用总线通信,当 CAN 总线发生故障时,会导致充电不能唤醒,因此不能正常充电。

9.3.2 充电系统常见故障检查

1. 充电系统常见故障排查方法

当车辆出现异常充电故障时,通常需要遵循一个从简单到复杂的诊断过程。但一定要注意:排除故障时,首先要确定车辆是否有绝缘故障,确定没有绝缘故障后再进行后续检查。因此,先检查外部充电装置是否正常,如果外部充电装置正常,再检查车辆本身是否有故障。使用家用 220V 插座充电时,具体诊断过程如图 9-5 所示。

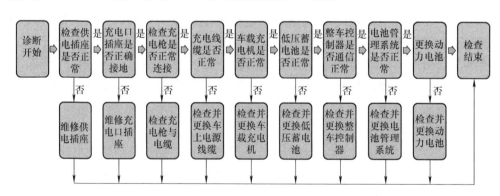

图 9-5 车辆发生充电异常故障检查流程

由此可见,当车辆充电异常时,首先要进行车外检查。检查插座是否正常通电。可以用一个 220V 的测试灯来测试。如果灯正常点亮,说明电源正常,否则更换电源。如果检查电源正常,则需要检查插座接地是否正常。可以用万用表测量接地。如果接地不好,则需要更换插座并重新测试。

项目九 动力电池管理系统故障检修

排除插座故障后,需要检查交流充电枪是否有故障。如果充电枪有故障,需要更换。检查连接到车载充电机的线束是否正常。可以通过测量导通性来检查充电连接线。

在正常情况下,车载充电机的电源灯和运行灯应正常亮起并呈绿色。否则,更换车载充电机。检查车载充电机后,如果车载充电机不能正常充电,则检查车辆是否因低压失电而无法实现低压控制。

上述检查完成后,如仍然不能充电,可以检查 VCU 是否有故障。VCU 故障检测比较复杂,需要进行专业检测。在确认 VCU 无故障后,如果仍不能排除故障,可能是 BMS 有故障或动力电池有故障。这类故障需要专业检查。

充电系统常见故障排除方法见表9-9。

表9-9 充电系统常见故障排除方法

分类	检查项目	检查工作详细说明
常见故障	线路连接情况	检查慢充桩、充电线、慢充口、慢充线束、车载充电机、高压控制盒、动力电池之间的线路连接是否良好
	检查低压供电及唤醒信号是否正常	① 检查车载充电机指示灯的状态。如果三个灯都不亮,说明没有电源输入。检查线路熔丝、充电电缆、慢充端口、慢充线束是否正常。如果正常,更换车载充电机 ② 检查车载充电机 12V 电源及慢充唤醒信号是否正常,高压控制箱车载充电机熔丝是否损坏,动力电池 12V 唤醒信号是否正常,车辆控制器、动力电池等部件的新能源 CAN 总线是否正常 ③ 动力电池低压控制端子与车辆控制器接地是否正常
	检查高压电路是否正常	如果低压电路正常,充电无法完成,检查充电电缆、慢充线束、车载充电机、高压控制箱、动力电池之间的高压电源是否正常,线束或部件是否有故障
	使用故障诊断仪检查	使用故障诊断仪分别检查动力电池及车载充电机的工作状态,对数据进行分析,找出故障所在
检修车载充电机与充电桩连接故障	检查慢充桩与慢充口连接是否良好	① 检查车载充电机,如果发现三个指示灯都不亮,测量充电线末端充电枪的 N、L、PE、CP 和 CC 引脚以及车辆终端的 N、L、PE、CP 和 PE 引脚。否则,修理或更换充电机总成 ② 测量充电线车辆端充电枪 CC 和 PE 脚的电阻。16A 充电线的电阻应为 $680×(1±3\%)Ω$,32A 充电线的电阻应为 $220×(7.1±3\%)Ω$,如果电阻值与标准值不符,应修理或更换充电电缆总成
	检查慢充口与车载充电机连接是否良好	① 排除慢充桩电缆问题后,开始充电,如果车载充电机指示灯仍熄灭,检查慢充线束和车载充电机 ② 检查插件端子是否烧蚀。测量充电线束充电机侧的充电 NL、N、PE、CC、CP 脚和插入脚是否导通。检查慢充线束后,恢复充电测试,如果车载充电机的指示灯仍然熄灭,则更换车载充电机

(续)

分类	检查项目	检查工作详细说明
快充与慢充连接确认	检查慢充枪与VCU的通信信号	① 当插上慢充枪时,车载充电机根据慢充端口上的 CC 连接信号,确认慢充枪已经插上,向 VCU 发送慢充连接确认信号,同时向 VCU 和数据采集终端发送慢充唤醒信号和组合仪表信号(仪表上的充电连接标记开始闪烁) ② VCU 接收到慢充连接确认信号后,如果满足充电条件,则向 BMS 发送唤醒信号(同时向 DC/DC 变换器发送使能信号),VCU 控制动力电池内部负极继电器闭合,BMS 控制动力电池正极继电器闭合,车载充电机开始为动力电池充电,DC/DC 变换器为低压蓄电池充电
	检查快充枪与VCU的通信信号	① 当快速充电枪插入时,快速充电端口向 VCU 发送快速充电连接确认信号,并向 VCU、数据采集终端和组合仪表(仪表上的充电连接标记开始闪烁)发送快速充电唤醒信号 ② VCU 接收到快速充电连接确认信号后,如果满足充电条件,则向 BMS 发送唤醒信号(同时向 DC/DC 变换器发送使能信号)。主正极继电器闭合,VCU 同时控制高压控制箱中的快速充电+继电器和快速充电继电器,车载充电机开始对动力电池充电,DC/DC 变换器对低压蓄电池充电 ③ 充电过程中,VCU 实时监控充电过程,出现异常情况时停止充电

2. 高压转低压常见故障检查

高压转低压故障表现为车辆行驶过程中报告动力电池故障,主要原因是接头连接不正常、高压熔断器熔断、使能信号输入不正常、DC/DC 变换器本体故障。故障排除思路见表 9-10。

表 9-10 高压转低压常见故障检查表

检查项目	检查内容与方法
DC/DC 高压系统检测	① 检查高压控制箱的 DC/DC 变换器熔丝是否正常,接触面是否烧蚀、生锈,螺钉是否松动 ② 检查高压控制箱、高压附件线束、DC/DC 变换器之间的高压输入电路是否正常
DC/DC 变换器低压系统检测	① 检测 DC/DC 变换器低压输出正极是否接地 ② 检查 DC/DC 变换器低压输出正极端子和主熔丝盒 DC/DC 变换器熔丝是否导通;检查主熔丝 ③ 检查使能信号线,检查 DC/DC 变换器低压控制插件和车辆控制器是否导通 ④ 检查 DC/DC 变换器低压控制器和车辆控制器是否打开 ⑤ 检查使能信号。车辆正常起动后,检查 DC/DC 变换器低压控制插件电压,应为 12V,若无电压,检查车辆控制器,必要时更换
通过诊断系统检测	检查动力电池故障码,查看故障码对应的冻结数据,分析冻结数据对应的实际工况
DC/DC 变换器高压系统检测	检查高压控制盒 DC/DC 变换器熔断器是否正常,检查高压控制盒、高压附件线束、DC/DC 变换器之间的高压输入电路是否正常
DC/DC 变换器低压系统检测	检查 DC/DC 变换器低压搭铁、熔丝、使能信号、故障信号等线路及部件是否正常

3. 动力电池高压断开/低压控制故障检查

动力电池故障导致高压断开,可以从以下几个方面进行故障排除。

项目九　动力电池管理系统故障检修

动力电池内部高压故障：只要主电池的三个高压元件，包括主正极继电器、主负极继电器和维修开关中的任何一个不能闭合，动力电池就不能输出高压电。因此，必须首先对这三个组件进行故障排除，以确定哪个组件出现故障。

动力电池低压控制故障：动力电池能够提供高压电源的前提是，首先需要由整车控制器唤醒，然后根据车辆控制的逻辑顺序关闭主正负继电器。如果测试正常，则需要分别检查动力电池的唤醒信号线和主正负继电器的控制信号线。如果正常，需要检查动力电池低压控制接地是否正常。

动力电池高压母线连接故障：报告此故障是因为 BMS 无法检测到高低压联锁信号。故障排除步骤如下：

1）首先用万用表测量线束末端 12V 是否接通。
2）检查 MSD 是否松动，重新插好后问题是否依然存在。
3）插入并拔下高压线束，查看是否存在接触不良问题。如果问题仍然存在，需要进行专业的检查与维护。

据统计，除软件误报外，MSD 虚接占该故障原因的 70%，高压线束端故障占 20%，电池内部线束连接出现故障的概率较小。

4. 绝缘故障检查

无论是动力电池本身的高压电路还是动力电池外部电路出现绝缘故障，动力电池都会报告，这将直接导致高压断开。排除故障时，必须先断开电池与其他组件的连接，然后依次使用绝缘电阻表测量每个组件的绝缘电阻值。仪表显示动力电池绝缘故障检修见表 9-11。

表 9-11　仪表显示动力电池绝缘故障

项目	相关检查步骤与说明
绝缘报警初步排查	故障类型和故障部件的性能是多种多样的，可以按照以下步骤进行初步调查。 ① 如果车辆仪表显示正常并能正确反映是否有故障，则 BMS 绝缘监测系统本身工作正常 ② 如果车辆仪表显示没有绝缘（可以使用解码器检索相应的故障码），则应检查低压控制电路连接是否正确或可靠。例如，低压线束端接头插脚连接故障，松脱扭曲 ③ 排除低压连接线的问题，需要排除 CAN 总线的通信故障，检查终端电阻值是否正常，应为 60Ω，如果测量值为 40Ω，信号可能减弱，CAN 通信将异常 ④ 当车辆仪表板清晰显示故障时，表明车辆高压回路发生绝缘故障，高压元件绝缘电阻过低，需要对高压元件进行相关检查。由于绝缘检测系统无法定位绝缘故障点，此时需要逐步手动排除故障
高压电回路的排查	高压电路主要由电机系统、高压控制箱、充电系统及附件、动力电池组等组成。常见的问题有动力电池仪表显示故障、动力电池高压断线故障。在进行检查的过程中应注意，与线路连接的所有部件的相应位置都有超过人体安全电压的高压。高压电路的故障排除可从以下两个方面进行： ① 主动力电池的三个高压部件：主正极继电器、主负极继电器和维修开关。只要其中任何一个发生故障并且不能关闭，动力电池就不能输出高压电。因此，必须首先对这三个组件进行故障排除，以确定哪个组件出现故障 ② 动力电池低压控制故障：动力电池能够提供高压电源的前提是，首先需要由整车控制器唤醒，然后按照车辆控制的逻辑顺序关闭主正负继电器。如果检测正常，则需要分别检测动力电池的唤醒信号线和主正负继电器的控制信号线。如果正常，检查动力电池低压控制接地是否正常

5. 动力电池控制系统故障检查

整车控制器输入电路异常的主要原因是相关传感器故障，也可能是信号线故障。传感器故障可分为传感器功能故障和电源线故障。因此，当整车控制器输入电路有异常时，主要检测内容为信号线路故障、传感器供电故障、传感器功能故障。动力电池控制系统故障检查方法见表9-12。

表9-12 动力电池控制系统故障检查方法

故障类型	排查方法
信号线路故障	通常是指传感器或开关信号传输线的故障。主要原因是信号线断开、接头松动等。在这种故障中，传感器功能完好，但由于线路问题，整车控制器无法正常接收信号。主要测试信号线是否接通或断开、相关插接器是否牢固
传感器供电故障	主要指传感器电源电路故障。由于传感器一般由低电压供电，首先测试低压电源的电压是否正常、安装是否牢固
传感器功能故障	原因可能是车辆运行过程中的颠簸和振动导致传感器损坏。在这种故障下，主要测试传感器信号输出端是否有信号输出，输出信号是否正常

在实际车辆控制系统输入电路的维护过程中，通常需要使用故障诊断仪来缩小故障点的范围，具体如下：

1）首先使用诊断工具读取故障码，初步确定故障点，并指示故障排除方向。吉利EV300故障码列表见表9-13。充电连接故障诊断数据流见表9-14，车载充电机低压电源故障或车载充电机内部故障码见表9-15。

2）检查电源电路和接地电路是否正常。

3）检查信号线有无短路、断路或虚接。

4）如果上述检查正常，则更换传感器。

表9-13 吉利EV300故障码列表

故障码	说明	故障码	说明
U300616	控制器供电电压低	P1A841C	CP在充电机的内部6V测试点电压异常（S2关闭以后）
U300617	控制器供电电压高	P1A851C	CP在充电机的内部9V测试点电压异常（S2关闭以前）
U007300	CAN总线关闭	P1A8538	CP在充电机的内部测试点频率异常（S2关闭以前）
U011287	与高压电池控制器通信丢失	P1A8617	输出电压过高关机
U021487	与PEPS控制器通信丢失	P1A8616	输出电压过低关机
U015587	与组合仪表通信丢失	P1A8698	温度过高关机
U012287	与车身稳定系统通信丢失	P1A8719	输入过载
U014687	与网关通信丢失	P1A8806	自检故障
P1A8019	直流输出电流过高	P1A8898	交流插座过温关机
P1A8017	OBC关闭，由于输入电压过高	P1A8811	充电机输出短路故障
P1A8016	OBC关闭，由于输入电压过低	P1A8998	热敏电阻失效故障
P1A8403	CP在充电机的内部测试点占空比异常	P1A881C	充电连接故障

项目九　动力电池管理系统故障检修

表 9-14　充电连接故障诊断数据流

描述	正常范围	单位	描述	正常范围	单位
ECU 电压	9~16	V	电网输入电流	0~16	A
故障发生计数器	0~255	—	电网输入电压	0~264	V
第一次发生故障时的汽车里程	—	km	充电机输出电流	0~12	A
最后一次发生故障时汽车里程	—	km	充电机输出电压	0~420	V
CC 检测	—	—	CP 引导电路电压	0~16	V
CP 检测	—	—	CP 引导电路占空比	0~100	%
电子锁状态	—	—	CP 引导电路周期	0~1050	Hz

表 9-15　车载充电机低压电源故障或车载充电机内部故障码参考

故障码	说明	故障码	说明
U300616	控制器供电电压低	P1A8806	自检故障
P1A8403	CP 在充电机的内部测试点占空比异常	P1A8898	交流插座过温关机
P1A841C	CP 在充电机的内部 6V 测试点电压异常（S2 关闭以后）	P1A8998	热敏电阻失效故障
P1A851C	CP 在充电机的内部 9V 测试点电压异常（S2 关闭以前）	P1A881C	充电连接故障
P1A8538	CP 在充电机的内部测试点频率异常（S2 关闭以前）	U300617	控制器供电电压高
P1A8698	温度过高关机	—	—

例如：充电枪未插电时，仪表显示正常。当充电枪插入时，仪表板上没有充电迹象，充电口充电指示灯不亮，动力电池继电器未接通，车辆不能慢充电。

插入充电枪时打开 ON 文件，通过解码器读取故障码。读取辅助控制模块，无故障码。读取辅助控制模块的相关数据流表明，充电枪是电子锁定的，CC 没有连接，不能充电。

根据解码器的诊断结果，参考相关电路图，分析可能的故障原因如下。

1）充电枪故障，充电枪 CC 口相关线束开路。
2）充电枪和充电口插针松动。
3）辅助控制器与交流充电接口之间的 CC 信号线开路。
4）辅助控制器电源与地之间的电压不正常。
5）辅助控制器的内部故障。

根据可能的故障原因进行具体诊断，如图 9-6 所示。

根据解码器的诊断结果，查阅电路图进行故障排除。首先，用万用表测试充电枪口 CC 对充电枪内部搭铁电阻，正常值约为 600Ω。如果不正常，更换有故障的充电枪。其次，检查充电枪和充电口的插脚是否松动。如果不正常，应更换。如果正常，继续检测。再次，用万用表测量控制器端子与插接器的接触是否良好。测量接头和控制器之间的线束电阻。如果电阻小于 1Ω，则正常。如果电阻无穷大，则线束开路，需要更换线束。然后，检查辅助控制模块的电源和接地线的导通性。如果正常，继续检查，如果不正常，更换线束。最后，在

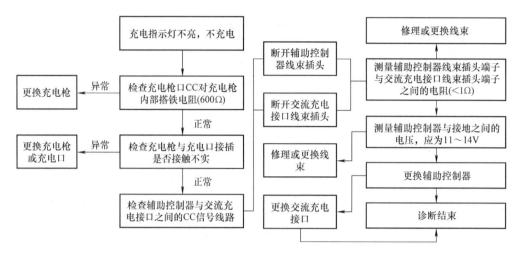

图 9-6 故障诊断流程

完成上述过程之后,如果故障仍然存在,则表明辅助控制模块可能存在问题。如果更换后排除了故障,则诊断完成。如果没有排除故障,更换交流充电接口。

9.3.3 吉利 EV300 车辆充电异常故障检查案例

1. 吉利 EV300 电动汽车充电系统介绍

吉利 EV300 电动汽车的整车结构如图 9-7 所示,前舱内主要元器件位置如图 9-8 所示。

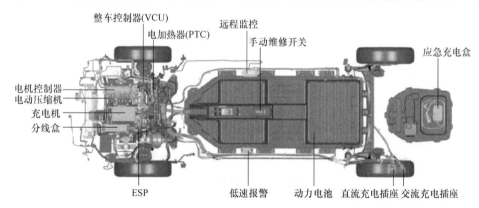

图 9-7 吉利 EV300 整车结构

吉利 EV300 搭载了电池智能温控管理系统。该系统可以实现动力电池在 -20℃ 快速充电,-30℃ 车辆仍可正常使用,并具备高温冷却和低温预热两种工作模式。

(1) 高温冷却功能

1) 放电模式与智能充电模式:动力电池系统温度高于 38℃ 开启冷却,低于 32℃ 停止冷却。

2) 快充模式:电池系统温度高于 32℃ 开启冷却,低于 28℃ 停止冷却。

3) 匀热模式:当上述两种模式达到关闭冷却温度时,若冷却液温度低于关闭冷却温度,则温控系统继续工作,直到一定时间内电池最高温度不发生变化。

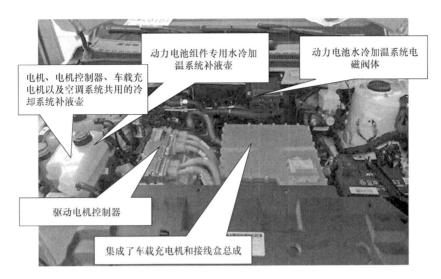

图 9-8 吉利 EV300 电动汽车前舱内主要元器件位置

（2）低温预热功能

1) 放电模式与智能充电模式：电池系统温度低于 0℃ 开启加热，高于 3℃ 加热停止。

2) 快充模式：电池系统温度低于 10℃ 开启加热，高于 12℃ 停止加热。

3) 匀热模式：当上述两种模式达到关闭加热温度时，若冷却液温度高于加热关闭温度，则温控系统继续工作，直到一定时间内电池最低温度不发生变化。

吉利 EV300 电动汽车电气系统主要由 BMS、电流传感器、CSC 采集模块、继电器、预充电电阻、维修开关（MSD）来实现高压电的输出和充电输入，充电控制原理如图 9-9 所示。

吉利 EV300 的动力电池总成安装在车体下部，包括各模块总成、CSC 采集系统、电池控制单元（BMU）、电池高压配电单元（B 盒）、维修开关等组件。动力电池总成标配热管理系统，采用三元锂电池，以钴酸锂、锰酸锂或镍酸锂为正极，锂离子植入碳材料为负极，有机电解液。

每一个电池单元有多个 CSC 采集系统，以监测其中每个电芯或电池组电压、温度信息。CSC 采集系统将相关信息上报电池控制单元（BMU），并根据 BMU 的指令执行电芯电压均衡。

电池控制单元（BMU）安装于动力电池总成内部，是电池管理系统核心部件。电池控制单元（BMU）将电芯电压、电流、温度及整车高压绝缘等信息上报整车控制器（VCU）并根据 VCU 的指令完成对动力电池的控制。

电池高压分配单元（B - BOX）安装在动力电池总成的正负极输出端，由高压正极继电器、高压负极继电器、预充继电器、电流传感器和预充电阻等组成。

电池高压配电系统常见故障的检修如图 9-10 所示。

直流母线位于前副车架上部，断开 12V 蓄电池正、负极，等待 5min 后，举升车辆，拔下直流母线连接充电机端插件。在检查和维护高压零部件前，断开直流母线可以确保切断高压。注意：在断开直流母线时，首先确保电池对外无电流输出，并且佩

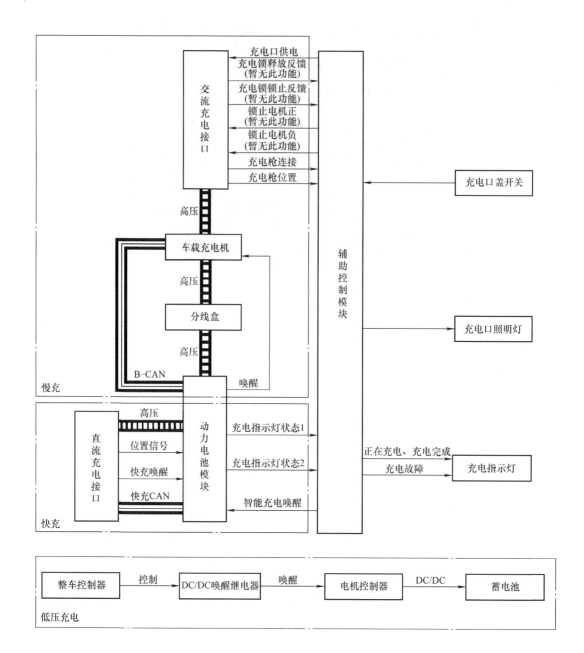

图 9-9 吉利 EV300 电动汽车充电控制原理

戴绝缘防护装备。

　　吉利 EV300 交流充电系统控制电路如图 9-11a、b 所示。
　　吉利 EV300 直流充电系统控制电路如图 9-12 所示。

项目九　动力电池管理系统故障检修

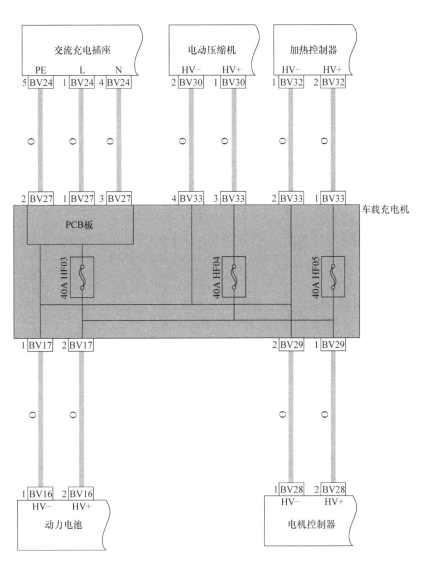

图 9-10　吉利 EV300 电池高压配电系统控制

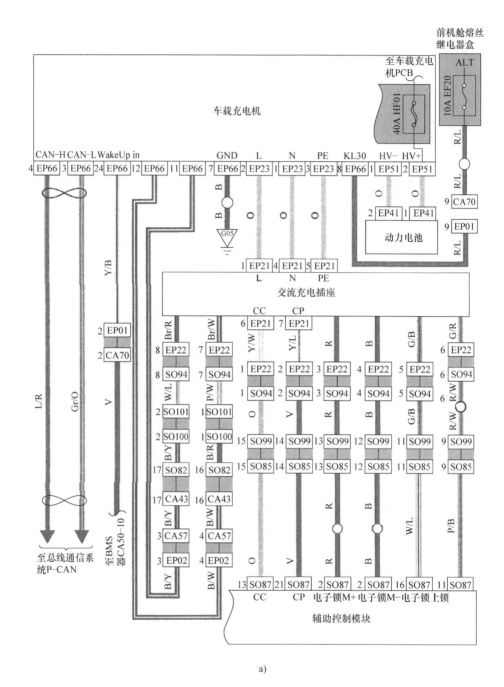

图 9-11 吉利 EV300 交流充电系统控制电路

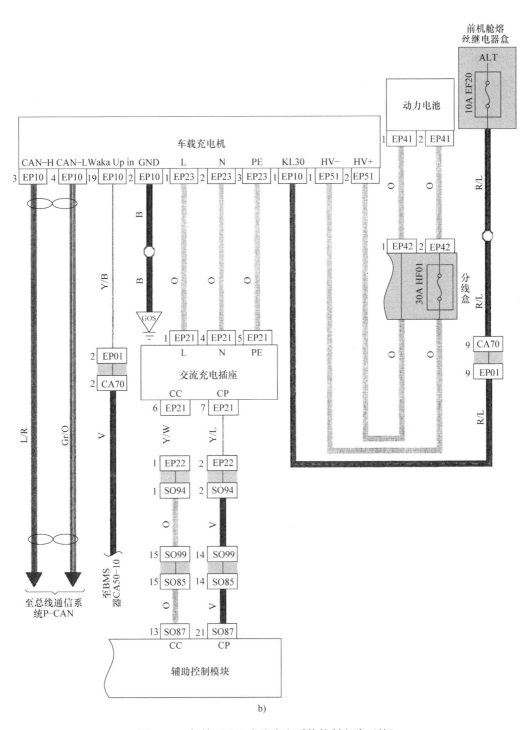

b)

图 9-11 吉利 EV300 交流充电系统控制电路（续）

电动汽车动力电池管理系统原理与检修

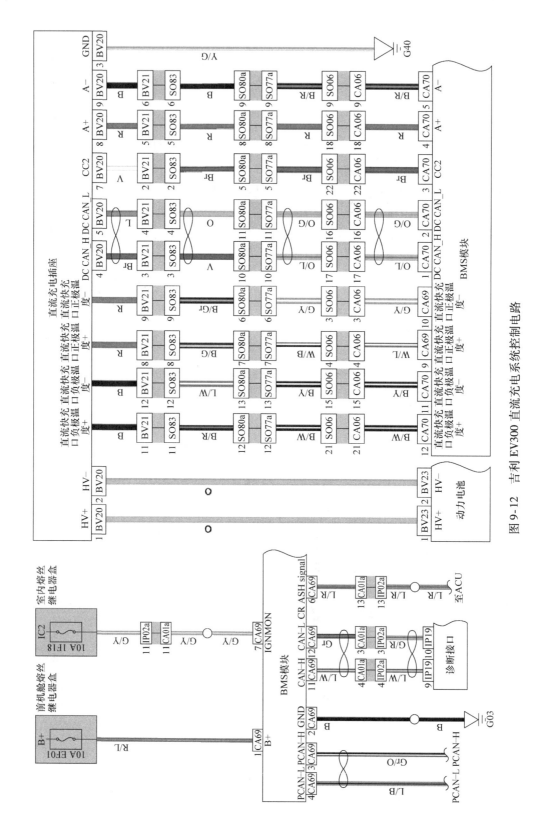

图 9-12　吉利 EV300 直流充电系统控制电路

2. 吉利 EV300 电动汽车充电系统常见故障维修

（1）维修案例 1　以慢充充电故障为例。进行慢充充电时，如果充电机指示灯显示故障并无法充电，应首先使用专用解码器对系统进行扫描，检查整个系统有无故障码。整车无法充电多为车载充电机故障导致，可以使用解码器进入车载充电机模块并读取相关数据流检查车载充电机是否正常。排除充电机异常后，插上充电枪后再扫描系统读取故障码，并检查随车充电器是否存在故障。然后再检查电机控制器是否工作异常，电机控制器有控制电机旋转、DC 转 AC、直流降压（DC/DC）、制动能量回收等作用。如果电机控制器故障，也会导致整车无法充电。

（2）维修案例 2　检查车辆充电异常时，应检查组合仪表故障提示，检查组合仪表是否显示充电界面、行驶里程、动力电池电压、充电电流，是否不显示快速充电提示"请连接充电枪"充电连接符号。检查步骤和方法如下：

步骤 1：检查充电枪与充电口插针是否松动（图 9-13）。

1）操作起动开关使电源模式至 OFF 状态。
2）检查充电枪插针是否松动。
3）检查充电口插针是否松动。

如果是，更换有故障的充电枪或充电口。

步骤 2：检查 BMS 与直流充电接口之间的 CC 信号线（图 9-14）。

图 9-13　充电枪接口

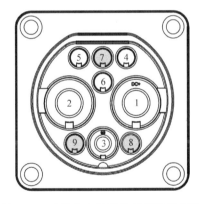

图 9-14　直流充电插座线束插接器 BV20

1）操作起动开关使电源模式至 OFF 状态。
2）断开车载充电机处直流母线。
3）断开 BMS 线束插接器 CA70。
4）断开直流充电插座线束插接器 BV20。
5）用万用表测量 CA70 端子 3、4、5 和直流充电插座线束插接器 BV20 端子 7、8、9 之间的电阻。电阻标准值：小于 1Ω。
6）确认测量值是否符合标准，如果不是，修理或更换线束。

步骤 3：检查 BMS 电源电路（图 9-15）。

1）操作起动开关使电源模式至 OFF 状态。
2）断开 BMS 线束插接器 CA69。

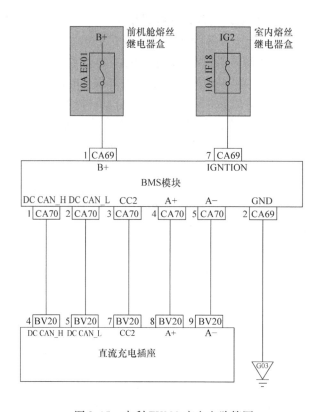

图 9-15 吉利 EV300 充电电路简图

3）操作起动开关使电源模式至 ON 状态。

4）用万用表测量 BMS 线束插接器 CA49 的 1 号端子和车身可靠接地之间的电压。电压标准值：11～14V。

5）用万用表测量 BMS 线束插接器 CA49 的 7 号端子和车身可靠接地之间的电压。电压标准值：11～14V。

6）确认测量值是否符合标准，如果不是，修理或更换线束。

步骤 4：检查 BMS 接地线路。

1）操作起动开关使电源模式至 OFF 状态。

2）断开 BMS 线束插接器 CA69（图 9-16）。

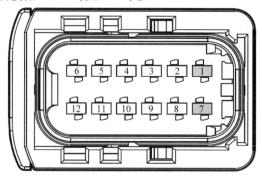

图 9-16 BMS 线束插接器 CA69

项目九　动力电池管理系统故障检修

3）用万用表测量 BMS 线束插接器 CA69 的 2 号端子和车身可靠接地之间的电阻。标准电阻：小于 1Ω。

4）确认测量值是否符合标准，如果不是，修理或更换线束。

步骤 5：更换 BMS。

1）操作起动开关使电源模式至 OFF 状态。

2）断开蓄电池负极电缆。

3）拆卸动力电池箱，更换 BMS。

4）确认故障排除。如果不是，更换直流充电接口，检查结束。

思　考　题

本项目的学习目标你已经达成了吗？请通过思考以下问题进行检验。

序号	问题	自检结果
1	充电接口的种类主要有哪些？	
2	电动汽车充电连接确认装置的结构有哪些？	
3	什么是 CC 检测？	
4	什么是 CP 检测？	
5	整个充电过程包括四个阶段：充电握手阶段、充电参数配置阶段、充电阶段和充电结束阶段，请简述这四个阶段的工作机理。	
6	充电系统常见故障有哪些？	
7	高压转低压常见故障的检查方法有哪些？	
8	动力电池高压断开/低压控制故障的检查方法有哪些？	
9	绝缘故障的检查方法有哪些？	
10	动力电池控制系统故障有哪些？	
11	电池老化的危害有哪些？	
12	电池系统故障项目诊断基本要求有哪些？	
13	电动汽车用动力电池管理系统技术条件有哪些？	
14	动力电池管理系统技术条件及实验方法有哪些？	
15	动力电池管理系统故障可能的原因有哪些？	
16	电池组外观检查主要有哪些内容？	
17	请简述使用专用诊断系统进行故障诊断的步骤。	

阅读与思考

某新能源汽车制造厂进行了一次动力电池系统大规模升级。李工作为项目负责人，深知任务重要性，召集多部门共同制定升级方案，强调团队协作。升级过程中，研发团队发现 BMS 算法存在问题，导致电池效率不理想。李工带领团队加班加点优化算法，秉持工匠精神严格测试。生产部门调整生产线，测试团队模拟极端工况评估。三个月后，升级任务完成，新车型性能显著提升。李工总结道，技术突破背后是团队共同努力的结果，团队协作和工匠精神是职业生涯中不可或缺的品质。

参 考 文 献

[1] 安德里亚. 大规模锂离子电池管理系统 [M]. 李建林, 李蓓, 房凯, 译. 北京: 机械工业出版社, 2016.

[2] 梅尔达德, 爱塞尼, 高义民. 现代电动汽车、混合动力电动汽车和燃料电池电动汽车 [M]. 杨世春, 华旸, 熊素铭, 译. 北京: 机械工业出版社, 2019.

[3] 朱升高, 冯健, 张德军. 电动汽车结构原理与维修 [M]. 北京: 机械工业出版社, 2019.

[4] 谭晓军. 电动汽车动力电池管理系统设计 [M]. 广州: 中山大学出版社, 2011.

[5] 蒋鸣雷. 新能源汽车动力电池结构与检修 [M]. 北京: 机械工业出版社, 2018.

[6] 王震坡. 电动车辆动力电池系统及应用技术 [M]. 北京: 机械工业出版社, 2017.

[7] 熊瑞. 动力电池管理系统核心算法 [M]. 北京: 机械工业出版社, 2018.

[8] 斯克罗沙廷, 加尔, 德尔梅兹. 电动汽车用先进电池技术 [M]. 胡信国, 译. 北京: 化学工业出版社, 2018.

[9] 雷迪. 电池手册 [M]. 汪继强, 刘兴江, 译. 北京: 化学工业出版社, 2013.

[10] 科特豪尔. 锂离子电池手册 [M]. 胡伟, 译. 北京: 机械工业出版社, 2018.

[11] 肖成伟. 电动汽车工程手册 第四卷 动力蓄电池 [M]. 北京: 机械工业出版社, 2019.

[12] 沃纳. 锂离子电池组设计手册 [M]. 王莉, 王向明, 赵云, 译. 北京: 清华大学出版社, 2019.

[13] 朱利恩, 玛格, 维志, 等. 锂电池科学与技术 [M]. 刘兴江, 译. 北京: 化学工业出版社, 2018.

[14] 杨光明, 陈忠民. 电动汽车动力电池及管理系统原理与检修 [M]. 北京: 化学工业出版社, 2019.

[15] 黄志坚. 电动汽车结构·原理·应用 [M]. 北京: 化学工业出版社, 2018.

[16] 王芳, 夏军. 电动汽车动力电池系统设计与制造技术 [M]. 北京: 科学出版社, 2017.

[17] 王顺利, 于春梅, 毕效辉, 等. 新能源技术与电源管理 [M]. 北京: 机械工业出版社, 2019.